江西理工大学优秀博士论文文库

IP 知识产权专题研究书系

SHANGBIAO QUEQUAN JIUFEN
XINGZHENG CAIJUE YANJIU

商标确权纠纷行政裁决研究

张 奇 陈楠楠 著

知识产权出版社
全国百佳图书出版单位
——北京——

图书在版编目（CIP）数据

商标确权纠纷行政裁决研究/张奇，陈楠楠著．—北京：知识产权出版社，2019.10
ISBN 978-7-5130-6328-9

Ⅰ.①商… Ⅱ.①张…②陈… Ⅲ.①商标权—民事纠纷—行政执法—研究—中国 Ⅳ.①D923.434

中国版本图书馆 CIP 数据核字（2019）第 118407 号

责任编辑：邓　莹　　　　　　　　责任校对：潘凤越
封面设计：SUN 工作室　　　　　　责任印制：刘译文

商标确权纠纷行政裁决研究

张　奇　陈楠楠　著

出版发行：知识产权出版社有限责任公司	网　　址：http://www.ipph.cn
社　　址：北京市海淀区气象路 50 号院	邮　　编：100081
责编电话：010-82000860 转 8346	责编邮箱：dengying@cnipr.com
发行电话：010-82000860 转 8101/8102	发行传真：010-82000893/82005070/82000270
印　　刷：保定市中画美凯印刷有限公司	经　　销：各大网上书店、新华书店及相关专业书店
开　　本：787mm×1092mm　1/16	印　　张：14.25
版　　次：2019 年 10 月第 1 版	印　　次：2019 年 10 月第 1 次印刷
字　　数：225 千字	定　　价：58.00 元

ISBN 978-7-5130-6328-9

出版权专有　侵权必究
如有印装质量问题，本社负责调换。

前　言

商标确权裁决，是指国家知识产权局对当事人针对注册商标提起的无效申请进行审查的活动。商标确权裁决是国家知识产权局居中裁决民事争议的活动，但是裁决对象却与行政管理活动密切相关。这是因为最终结果是宣告注册商标是否有效，而这涉及商标注册行为是否合法的问题。因此，商标确权裁决的对象又具有公法性。

根据《商标法》规定，商标确权裁决是当事人寻求司法救济的前置程序，即在提起诉讼之前，必须经过国家知识产权局的行政裁决，类似于复议前置。因此，公正合理的商标确权裁决对于有效保护当事人权利具有重要意义。

商标确权行政裁决是商标行政保护的重要内容。完善商标权纠纷的裁决制度，有利于提高商标行政保护水平。对当事人来说，争取利益最大化是其参与纠纷解决首要考虑的问题。

第一章商标确权裁决的界定、历史沿革。该章主要探讨商标裁决的内涵，并将商标确权裁决分为主观确权裁决和客观确权裁决两种类型。客观确权裁决是指根据2013年《商标法》第44条规定，任何单位或个人认为已经注册的商标，违反本法第10条、第11条、第12条的规定或者是以欺骗手段或者其他不正当手段取得注册的，可以请求国家知识产权局宣告该注册商标无效。主观确权裁决是指根据2013年《商标法》第45条的规定，已经注册的商标违反本法第13条第2款和第3款、第15条、第16条第1款、第30条、第31条、第32条规定的，自商标注册之日起五年内，在先权利人或者利害关系人可以请求国家知识产权局宣告该注册商标无效，国家知识产权局据此做出的裁决。主观确权裁决有主体资格和申请年限的限制，而客观确权裁决则没有这方面的限制。在此基础上，探讨商标确权裁决与商标侵权裁决。

第二章商标确权裁决的理论基础。该章将商标确权裁决的理论基础概括为正当法律程序、公众审查制度以及行政解决私权纠纷合宪性三个方面。商标注册这一行政行为具有第三人效力，这是商标专用权的当然要求。因此，给予第三人参与提起宣告注册商标无效是正当法律程序的必然要求。同时，虽然国家知识产权局会对注册商标进行实体审查，但是受制于人力等因素的影响，将公众审查引入商标评审程序有利于弥补前述不足。另外，授予行政机关裁决与行政管理有关的民事争议在一定程度上也符合宪法的规定，也与司法最终的原则相一致。

第三章商标确权裁决的基本原则。商标确权裁决应遵守个案审查原则与请求原则。个案审查原则在于排除商标审查过程中在先案例的适用，原因如个案商标使用情况、显著性、消费群体等因素均存在差异，因此其他案件的裁决结果通常不能作为另案获得相同裁决结果的当然依据。请求原则，即"依申请裁决原则"，是"依诉择判"原则在商标确权裁决中的具体体现，是指国家知识产权局应当针对当事人申请和答辩的事实、理由及请求进行审查。国家知识产权局只能在申请人请求宣告注册商标无效的理由范围内对是否应该宣告争议商标无效做出决定，而不得超出申请人提出的范围。

第四章无效商标确权裁决的适法性要件。本章以注册商标侵犯在先权分析无效商标确权裁决需符合的适法性要件。侵犯他人在先权利的商标构成无效宣告的理由。在先权利人有权请求国家知识产权局裁定该注册商标无效。实践中，常见的在先权利有商号权、著作权、肖像权、姓名权及外观设计、知名商品特有的名称、包装、装潢等。在先权种类的不同，构成注册商标权利障碍的构成要件也不同。

第五章商标确权裁决的程序和证据规则。商标确权裁决有主观确权裁决和客观确权裁决之分，前者由利害关系人在法定时间内提出，超过法定期限，利害关系人则失去申请的资格。国家知识产权局的审理一般有书面和口头审理两种，以书面审理为原则，但这存在一定问题，如一方当事人无法对另一方当事人提交的全部证据材料进行质证。商标确权裁决实行"当事人主义"，即由申请人提出证据证明自己的主张。未经质证的证据不得作为裁决的依据。另外，在本章还将对证据的认证、案件文书的送达等问题结合案例进行较为深入的分析。

第六章商标确权裁决的效力。国家知识产权局根据当事人提交的证据等情况，就争议商标做出是否无效的决定。当事人对此决定不服可以向法院提起行政诉讼。也就是国家知识产权局做出的决定不具有终局性。国家知识产权局若对争议商标做出无效宣告，那么其仍需将该无效决定予以公告。因此国家知识产权局需要判断其做出的裁决是否被诉，以免当事人向法院提起诉讼，同时其又将该商标无效决定予以公告，给当事人带来一定的损失。一事不再理原则也构成了商标确权裁决的效力。

PREFACE

Ruling of trademark ownership refers to the act that the Trademark Appraisal Committee (hereinafter referred to as TAC) reviews application on invalidation of registered trademark. It is an act that the TAC rules over civil disputes, however, the objects of the ruling are closely related to administrative activities. Where a registered trademark is invalidated, then comes the question whether registration of the trademark was legal. This is why objects of trademark ownership are concerns of public law.

According to the Trademark Law, ruling of trademark ownership is a preceding procedure for parties involved to seek judicial remedies, i. e. a dispute must be adjudicated by TAC before being brought to court. Therefore, fair and sound ruling of trademark ownership is of great importance to protection of rights of the parties involved.

Ruling of trademark ownership constitutes an important part of administrative protection of trademarks. Improvement of ruling of trademark disputes will help improve administrative protection of trademarks. To parties involved, maximum benefit is of top concern when they participate in dispute settlement proceedings.

Chapter I. Definition and Evolution of trademark ownership ruling. This part focuses on connotation definition of trademark ownership ruling and divides it into two types as the subjective type and the objective type. Objective trademark ownership ruling refers to the circumstance stipulated in Article 44 of the Trademark Law that "where a trademark registration violates the provisions of Articles 10, 11, and 12 of this Law, or the registration of a trademark was acquired by fraud or any other improper means, any organization or individual may request that the TAC make a ruling to invalidate such a registered trademark." Subjective trademark ownership ruling refers to the circumstance stipulated in Article 44 of the Trademark Law that "where a trademark registration violates the provisions of Articles 10 Paragraph 2 and Paragraph 3, Article 15, Article 16 Paragraph 1, Article 30, Article 31 or Article 32 of this Law, any holder of prior rights or any interested party may, within five years from the date of registration, request that the TAC make a ruling to invalidate the trademark's registration." The difference between the two types lies in that there is limit on qualification of subject and time limit for application for the objective type, where there is no such limit for the subjective type. Rulings on trademark ownership and trademark infringement are discussed basing on this.

Chapter II. Theoretical basis for trademark ownership ruling. Theoretical basis for trademark ownership ruling are legitimate legal procedure, public review and constitutionality of administrative ruling on private right dispute. Registration of a trademark has influence on third parties, which is a certain quality of the exclusiveness of trademark right. Therefore it is necessary to entitle third parties with right to apply for invalidation of a trademark registration. Meanwhile, though the Trademark Office carries out substantial review on registered trademarks, due to the limit of manpower, introduction of public review will help cover the shortage. It also complies with stipulation of the Constitution to authorize administrative bodies the right to rule civil disputes which involve administrative management.

Chapter III. Basic Principles for Trademark Ownership Ruling. Case Review and application are the basic principles for trademark ownership ruling. The purpose of case review principle is to exclude application of preceding cases basing on the fact that due to difference in use, conspicuousness and consumption group of different trademarks, the ruling of one trademark cases shall not be used as certain basis for another case. The application principle, i.e. the principle of ruling upon application, refers to that the

TAC shall review facts, reasons and application of application and defense of the parties. Ruling of the TAC shall not go beyond the scope applied by the applicant.

Chapter IV. Legal Conditions for Invalidating a Trademark. This part analyses legal conditions for invalidating a trademark from the aspect a registered trademark violates prior rights of others. Violation of prior rights of others constitutes a reason for invalidating a registered trademark. Owner of the prior right may request the TAC to invalidate the registered trademark. In practice, common prior rights include trade name right, copyright, portraiture right, name right, appearance design, unique name, packing and decoration of famous commodities. There are different conditions for different prior rights to be obstacle for registered trademarks.

Chapter V. Procedure of and Rule of Evidence for Trademark Ownership Ruling. As for subjective trademark ownership ruling, an interested party shall make the application within stipulated time. The TAC hearing includes written hearing and oral hearing, with written hearing as the principal method. However, in the event of written hearing, a party has no opportunity to cross-examine all evidence provided by the other party. In trademark ownership ruling, an applicant shall provide evidence to support its claim. Evidence not cross-examined shall not be used as basis for a ruling. This part also makes a profound analysis on attestation of evidences and delivery of case documents.

Chapter VI. Effect of Trademark Ownership Ruling. The TAC rules whether a disputed trademark shall be invalidated basing on evidences provided by parties involved. Where a party is not satisfied with the ruling, it may bring administrative suit to a court. That means the ruling of the TAC is not final. Where the TAC invalidates a disputed trademark, it shall announce its ruling to the public. Therefore, the TAC shall estimate whether the ruling it makes will be brought to court to avoid the event that it is announced to the public and being brought to the court in the same time which will cause certain loss to parties involved. The principle of non bis in idem also constitutes effect of trademark ownership rulings.

目 录

引 言 ………………………………………………………………………… 1
  一、问题的提出 …………………………………………………………… 1
  二、研究的意义 …………………………………………………………… 2
  三、研究内容 ……………………………………………………………… 4
  四、研究方法 ……………………………………………………………… 5

第一章 商标确权裁决的界定、历史沿革 ……………………………… 8
  一、商标确权裁决的界定及类型 ………………………………………… 8
  二、商标确权裁决的历史沿革 …………………………………………… 16
  三、国外或地区商标确权裁决制度介绍 ………………………………… 19

第二章 商标确权裁决的理论基础 ……………………………………… 30
  一、正当法律程序——商标确权行为的第三人效力 …………………… 30
  二、公众审查制度——参与式行政的要求 ……………………………… 46
  三、商标争议案件（私权争议）行政权介入的合宪性 ………………… 50

第三章 商标确权裁决的基本原则 ……………………………………… 55
  一、个案审查原则 ………………………………………………………… 55
  二、请求原则 ……………………………………………………………… 62

第四章　无效商标确权裁决的适法性要件——以在先权为例 ········· 76
　一、在先权界定 ········· 77
　二、姓名权 ········· 95
　三、在先权——商号权（企业名称、字号权）········· 101
　四、著作权 ········· 110
　五、商品名称权 ········· 121

第五章　商标确权裁决的程序和证据规则 ········· 125
　一、商标确权裁决的申请 ········· 126
　二、商标确权裁决的审理 ········· 139
　三、商标确权裁决中的证据规则 ········· 149
　四、商评委对案件文书的送达 ········· 178

第六章　商标确权裁决的效力 ········· 183
　一、商标确权裁决的效力 ········· 183
　二、一事不再理 ········· 184
　三、商标重审裁决中的若干问题 ········· 192

结　语 ········· 198

参考文献 ········· 200

引 言

一、问题的提出

商标确权裁决,是指根据2013年《商标法》❶ 第44条、第45条的规定,原商评委❷对当事人针对注册商标提起的无效申请进行审查的活动。❸ 商标确权裁决是原商评委居中裁决民事争议的活动,但是裁决对象却与行政管理活动具有密切关联,在后文中提到从表面上看,确权裁决的对象是当事人之间的权利争议,但是其最终的结果是宣告注册商标是否有效,但此结果涉及商标注册行为是否合法的问题。因此,商标确权裁决的对象又具有公法性。

根据《商标法》规定,商标确权裁决是当事人寻求司法救济的前置程序,即在提起诉讼之前,必须经过原商评委的行政裁决,类似于复议前置。因此,公正合理的商标确权裁决对于有效保护当事人权利具有重要意义。

商标确权行政裁决是商标行政保护的重要内容。完善商标权纠纷的裁决制度,有利于提高商标行政保护水平。对当事人来说,争取利益最大化是其参与

---

❶ 本书若没有特别注明,商标法均指2001年《商标法》。
❷ 根据中央机构改革部署,原国家工商行政管理总局、商标评审委员会、商标审查协作中心整合为国家知识产权局商标局,不再保留商标评审委员会、商标审查协作中心。机构调整后商标审查工作将以国家知识产权局的名义开展,原国家工商行政管理总局商标局、商标评审委员会、商标审查协作中心机构名称不再使用。本书写作时间早于机构改革前,为论述方便,仍使用商评委名称。
❸ 2001年《商标法》第41条称为撤销申请。本书中所说撤销与无效在含义上可以通用。

纠纷解决首要考虑的问题。在研究商标确权裁决的有关论文中，笔者发现了有关确权裁决亟待解决的问题。例如，商标确权裁决存在的合理性问题、基本原则、举证责任（裁决中的举证责任与诉讼中举证责任的关系）等问题。本书所关注的是实践中如何解决前述提出的问题，并按类型对案例进行系统梳理。

二、研究的意义

商标确权纠纷行政裁决具有以下意义。

（一）发挥商标主管部门的特长，为当事人提供及时有效的救济

商标确权裁决有助于弥补法官在技术性问题方面的经验与知识储备不足等缺陷，从而为及时化解纠纷，维护当事人合法权益，并将法官从不断增长的诉讼中解脱出来奠定基础。

（二）有效分流法院负担

1. 2011~2013 年原商评委审理案件与法院受理的案件对比

2013 年，原商评委裁决商标评审案件 14.42 万件，其中当事人不服，提起诉讼的有 1 760 件，比 2012 年 2 525 件下降 30%，占案件总数的 1.22%，与以往年份约 4% 的起诉率下降明显；进入二审程序的有 881 件，进入最高人民法院的案件有 57 件；与此同时，2013 年，原商评委共收一审、二审、再审判决分别是 2 004 份、1 158 份和 43 份；法院审结的案件中，2013 年原商评委一审胜诉率为 82.8%，二审和再审亦保持了较高的胜诉率。❶

2012 年，原商评委裁决商标评审案件 5.2 万件，其中当事人不服，提起诉讼的案件计 2 525 件，占案件总数的 4.86%，起诉率与 2011 年持平；进入二审程序

---

❶ 徐琳. 2013 年商标评审案件行政诉讼情况汇总分析 [J]. 中华商标，2014（8）：33.

的有919件；进入最高人民法院的有52件；2012年，原商评委共收到法院一审、二审、再审判决分别为2 143份、903份、52份；在法院审结的案件中，2012年原商评委一审和二审的胜诉率分别为82.3%和73.2%。❶

2011年，原商评委裁决商标评审案件35 043件，其中当事人不服，提起诉讼的案件计1 704件，占案件总数的4.86%，起诉率较2010年的5.06%降低0.2%；进入二审程序的有903件；进入最高人民法院的有56件；2011年，原商评委共收一审、二审、再审判决的数量分别是1 650份、940份、42份；已审结的案件中，2011年原商评委中一审、二审胜诉率分别为88.1%和76.9%，较2010年分别提高了4%和3.1.%。❷

2. 原商评委有效分流了法院的负担

2011~2013年，商标确权案例数量呈较快幅度增长，但是进入法院诉讼阶段的案例数量总体呈下降的趋势。这从一个侧面反映了原商评委有效阻止了大部分案件进入司法程序，节约了司法资源，另外，这反映了更多当事人权利在商标裁决阶段得到了维护。

2011~2013年，较为接近的胜诉率也反映了原商评委审理确权案件标准的连贯性，在审理标准上与法院较为一致。

（三）诉讼解决商标权争议的局限性

诉讼在解决知识产权争议方面有以下弊端：第一，诉讼难以应对知识产权争议中专业技术性问题；第二，诉讼周期长与知识产权争议解决时效性要求之间产生冲突；第三，诉讼公开性与知识产权争议解决保密性需要的矛盾；第四，诉讼解决跨国知识产权争议具有一定的困难；第五，诉讼解决知识产权争议依据不周

---

❶ 2012年商标评审案件行政诉讼情况汇总分析［EB/OL］．［2015-10-02］．http://www.saic.gov.cn/spw/cwtx/201304/t20130427_134815.html.
❷ 2011年商标评审案件行政诉讼情况汇总分析［EB/OL］．［2015-10-02］．http://www.360doc.com/content/13/0122/22/9851038_261857107.shtml.

延性与滞后性等。❶

三、研究内容

第一章商标确权裁决的界定、历史沿革。该部分主要探讨商标裁决的内涵，并将商标确权裁决分为主观确权裁决和客观确权裁决两种类型，同时对两者之间的关系进行初步探讨。在此基础上，探讨商标确权裁决与商标侵权裁决。在第二部分简单梳理商标确权裁决的历史沿革，并在第三部分对美国、日本和中国台湾地区商标确权的概念以及类型、提起的条件进行简单介绍。

第二章商标确权裁决的理论基础。该章将商标确权裁决的理论基础概括为正当法律程序、公众审查制度以及行政解决私权纠纷合宪性三个方面。笔者认为商标注册这一具体行政行为具有第三人效力，这是商标专用权的当然要求。因此，给予第三人参与提起宣告注册商标无效是正当法律程序的必然要求。同时，虽然国家知识产权局会对注册商标进行实体审查，但是受制于人力等因素的影响，将公众审查引入商标复审程序有利于弥补前述不足。另外，授予行政机关裁决与行政管理有关的民事争议在一定程度上也符合宪法的规定，也与司法最终的原则相一致。

第三章商标确权裁决的基本原则。笔者认为商标确权裁决应遵守个案审查原则与请求原则。个案审查原则在排除商标审查过程中排除在先案例的适用，原因如个案商标使用情况、显著性、消费群体等因素均存在差异，因此其他案件的裁决结果通常不能作为另案获得相同裁决结果的当然依据。而请求原则是指原商评委应当针对当事人申请和答辩的事实、理由及请求进行审查。原商评委只能在申请人请求宣告注册商标无效的理由范围内对是否应该宣告争议商标无效做出决定，而不得超出申请人提出的范围。

第四章无效商标确权裁决的适法性要件。本章以注册商标侵犯在先权为对象

---

❶ 倪静.知识产权仲裁机制研究［M］.厦门：厦门大学出版社，2013：30－57.

分析无效商标确权裁决需符合的适法性要件；侵犯他人在先权利的商标构成无效宣告的理由；在先权利人有权请求商评委裁定该注册商标无效。实践中，常见的在先权利有商号权、著作权、肖像权、姓名权及外观设计、知名商品特有的名称、包装、装潢等。

第五章商标确权裁决的程序和证据规则。商标确权裁决有主观确权裁决和客观确权裁决之分，前者由利害关系人在法定时间内提出，后者则没有主体资格和申请时间的限制。原商评委的审理一般有书面和口头审理两种，以书面审理为原则，但这存在一定问题，如一方当事人无法对另一方当事人提交的全部证据材料进行质证。另外，在本章还将对举证责任、证据的质证、认证等问题进行分析。

第六章商标确权裁决的效力。原商评委根据当事人提交的证据等情况，就争议商标做出是否无效的决定。当事人对此决定不服可以向法院提起行政诉讼。也就是原商评委做出的决定不具有终局性。原商评委若对争议商标做出无效宣告，那么其仍需将该无效决定予以公告。因此原商评委需要判断其做出的裁决是否被诉，以免当事人向法院提起诉讼，而同时其又将该商标无效决定予以公告，给当事人带来一定的损失。

四、研究方法

本书在进行研究过程中，采用了以下方法。

（一）个案分析方法

笔者选取司法实践中的典型案例，结合理论进行分析。案例有以下几个来源。

一是北大法宝的联想案例。案例主要包括2015年（含部分2015年）以前北京市第一中级法院、北京市高级人民法院和最高人民法院的商标争议裁决。这些案例附在法条后，具有较强的针对性，在一定程度上省去了对案例进行归类的工作，但该网站案例不能进行高级检索，在写作时仍然需要对案例进行较为细致的归类。缺点是这些案例基本上都是商标法修改前的案例，没有2013年商标法的案例。

二是中国裁判文书网的案例。笔者收集的案例包括最高人民法院、北京市高级人民法院发布的案例。该网站案例较为新颖，包括2015～2016年发布的最新案例，但是网站发布的案例不具有连贯性，也就是说案例是经过选择的，不能从该网站搜索到北京市高级人民法院一年的所有案例。

三是中国知识产权裁判文书网。该网站可以搜到部分最高人民法院和北京市高级人民法院的判决。

四是北京法院网。该网站判决较多，也可以进行一定程度的高级检索。缺点是该网站的判决大部分是北京市第一中级人民法院的，北京市高级人民法院的较少。导致一个案例的初审、终审无法查询到。

另外，北京市高级人民法院知识产权庭编写的《北京法院商标疑难案件法官评述》（1～4）为研究商标裁决提供了案例来源。该书中的案例附有法官的评述，缺点是该书中的案例叙述较短，笔者大胆推断有些法官评述直接来自判决书。且书中部分案例的结果不全面，不能涵盖最高人民法院的判决。

需要指出的是上述网站的判决均不全面，法院在上传时均经过选择，且上传的时间有一定的差异。因此，笔者在研究时无法窥见北京市高级人民法院、最高人民法院一年的全部案例，也就无法总结其中带有规律性的结论、裁判标准等问题。

笔者将搜索到的案例按照内容进行归类，如根据在先权的种类，将案例分为侵犯姓名权、商号权、著作权、商品名称权等类型，并根据原商评委或法院的判决将前述在先权构成在后商标权权利障碍的构成要件进行阐述，并提出一些评论、意见。

（二）文献分析法

文献分析法是指通过对与商标确权纠纷相关的文献阅读，结合行政法基础理论的相关著作和期刊，对其中的理论进行整理、归纳。此方法为本书研究提供了扎实的理论和实践指导。通过文献分析法和比较研究法的结合,分析我国商标确权裁决的类型、范围以及与诉讼的关联等问题。

(三) 规范分析法

该方法是对"法律体系的结构、对象以及作为其组成部分的法律规范的考察,通过对这些对象的分析,发现那些作为法律体系逻辑前提的原则、理论和概念,并借此安排司法和行政裁决的权威性资料"。❶ 笔者通过对规范的分析并结合上述案例分析法,围绕规范之后的案例,对司法实践中的处理情况进行系统总结并进行归类和梳理,期待通过案例解读文本中的法律。

---

❶ 何磊. 行政诉讼调解制度研究 [D]. 北京:中国政法大学,2014:3.

第一章 商标确权裁决的界定、历史沿革

对商标确权裁决内涵的准确确定是研究商标确权裁决的前提，在此基础上进一步对商标确权裁决进行类型化研究。另外，简要阐述了对我国商标确权裁决的历史，并对其他国家或地区的商标确权裁决的内涵和类型进行初步分析。

一、商标确权裁决的界定及类型

（一）商标确权裁决的内涵及类型

1. 商标裁决的内涵

商标裁决，又可称为商标评审，❶ 是指由专门机关对商标争议事宜进行评议审查，并作出相应的决定或裁定。❷

根据2013年《商标法》的规定，商标争议可以划分为确权争议和侵权争议两种基本形态，相应的可以将商标裁决分为商标确权裁决（"确权裁决"）和商标侵权纠纷裁决（"侵权裁决"）。确权裁决，是指专门机关（国家知识产权局）应当事人的请求，根据法律审理商标是否应该被授予的纠纷解决形式，而侵权裁

---

❶ 商标评审是原商标评审委员会审查商标复审案件的专用名词，为此，原商评委制定了专门的《商标评审规则》（2014版）。

❷ 王维连. 新中国商标评审制度的沿革与思考 [J]. 工商行政管理，2004（19）：16.

决是指行政机关（工商局的商标管理机构）居中裁断商标侵权纠纷的一种纠纷解决形式。❶

在1982年《商标法》中规定设立商评委负责审理商标争议。1983年，商评委成立，实行委员会制。第一届商评委由6人组成。❷ 成立之初，商评委每年处理的案件不多，仅有几百件。在2001年《商标法》修改前，商评委的裁决一直是终局性的，因此，商评委成立之初很注重商标的理论研究和审查标准建设。❸ 通过调研，查阅资料，商评委于20世纪80年代后期裁决了"大众汽车""雀巢咖啡"等一批国内外影响深远的商标注册争议案件。进入90年代，商评委审理的案件数量每年都数以千计，并且呈现出不断快速增长的趋势。其中，1983～1987年商评委裁决的案件一共有1 400件，而1991年仅一年就裁决了1 500多件。❹ 2004年商评委受理案件超过1万件。而到2012年，商评委裁决商标评审案件5.2万件，2013年商评委裁决评审案件达到14.42万件。❺ 另外，到1993年，商评委开始有了自己的专职副主任，而不是由商标局的副局长兼任。机构设置也从原来的一个办公室，到一个综合处和两个案件处，再到现今的9个职能处：综合处、案件受理处、案件审理一处、案件审理二处、案件审理三处、案件审理四处、案件审理五处、案件审理六处、法律事务处，相应的人员也从最初的几个人逐渐增至20人、30人，直至70人。之后商评委的主任也不再由总局领导兼任。根据《商标评审规则》（2014年）❻ 第27条的规定，商评委实行合议制度，特殊情况下可以实行独任审判，不再实行"委员投票表决制"，程序上也实行"不告不理"的原则。因此在一定程度上可以说商评委在商标裁决案件中具有"准司法性"。当然，2001年以后，随着我国加入WTO，权力机关对《商标法》进

---

❶ 张树义. 纠纷的行政解决机制研究——以行政裁决为中心 [M]. 北京：中国政法大学出版社，2006：193-198.

❷❸❹ 候淑雯. 商标评审委员会的准司法性 [J]. 知识产权，2005（2）：45-48.

❺ 国家工商行政管理总局商标评审委员会法务通讯总第60期、62期 [EB/OL]. [2014-09-26]. http://www.saic.gov.cn/spw/.

❻ 以下没有明确标示时均指2005年的《商标评审规则》。

行了修改,❶ 商评委的决定不再具有终局性。当事人不服,可以依据行政诉讼法的相关规定,以商评委为被告提起行政诉讼。

2. 商标确权裁决的类型

根据2013年《商标法》以及2014年《商标评审规则》第2条的规定,原商评委主要受理以下几种类型的案件:(1)不服原商标局驳回注册申请决定依照《商标法》第34条❷规定申请复审的案件("驳回复审");(2)不服商标不予注册决定,依照《商标法》第35条第3款❸规定申请复审的案件("不予注册复审");(3)不服原商标局宣告注册无效决定,依照《商标法》第44条第2款❹

---

❶ 为适应加入 WTO 的需要(《与贸易有关的知识产权协议》第41条第4款规定:"参与程序的当事人应当享有由司法机关对最终行政裁决决定进行审查的机会,并在遵守成员法律根据案件的重要性程度确定的管辖规定的前提下,至少对案件是非曲直的初审判决进行复审的机会。"在《关税和贸易总协定》《服务贸易总协定》《反倾销协定》《补贴与反补贴协定》《海关估价协定》《政府采购协定》等文件中都规定了司法最终审查的内容。李祖明.商评委在商标评审中的法律定位[J].中国工商管理研究,2005(11):19)我国现行商标法中引进了司法最终的原则,即因宪法和法律而引起的纠纷,原则上只有法院享有最终的裁决权。为此,2001年《商标法》在修订时,废除了原29条"商标评审委员会作出维持或撤销注册商标的终局裁定后,应当书面通知有关当事人"这一规定。

❷ 《商标法》第三十四条 对驳回申请、不予公告的商标,商标局应当书面通知商标注册申请人。商标注册申请人不服,可以自收到通知之日起十五日内向商标评审委员会申请复审。商标评审委员会应当自收到申请之日起九个月内做出决定,并书面通知申请人。有特殊情况需要延长的,经国务院工商行政管理部门批准,可以延长三个月。当事人对商标评审委员会的决定不服,可以自收到通知之日起三十日内向人民法院起诉。

❸ 《商标法》第三十五条第三款 商标局做出不予注册决定,被异议人不服的,可以自收到通知之日起十五日内向商标评审委员会申请复审。商标评审委员会应当自收到申请之日起十二个月内做出复审决定,并书面通知异议人和被异议人。有特殊情况需要延长的,经国务院工商行政管理部门批准,可以延长六个月。被异议人对商标评审委员会的决定不服的,可以自收到通知之日起三十日内向人民法院起诉。人民法院应当通知异议人作为第三人参加诉讼。

❹ 《商标法》第四十四条 已经注册的商标,违反本法第十条、第十一条、第十二条规定的,或者是以欺骗手段或者其他不正当手段取得注册的,由商标局宣告该注册商标无效;其他单位或者个人可以请求商标评审委员会宣告该注册商标无效。

商标局做出宣告注册商标无效的决定,应当书面通知当事人。当事人对商标局的决定不服的,可以自收到通知之日起十五日内向商标评审委员会申请复审。商标评审委员会应当自收到申请之日起九个月内做出决定,并书面通知当事人。有特殊情况需要延长的,经国务院工商行政管理部门批准,可以延长三个月。当事人对商标评审委员会的决定不服的,可以自收到通知之日起三十日内向人民法院起诉。

规定申请复审的案件（"无效复审"❶）；（4）不服原商标局撤销或者不予撤销注册商标决定，依照《商标法》第 54 条❷规定申请复审的案件（"撤销复审"）；（5）对已经注册的商标，依照《商标法》第 44 条第 1 款❸、第 45 条第 1 款❹规定请求宣告无效的案件（"无效裁决"）。

通过分析，前四种商标复审的对象是原商标局的行政行为的合法性（驳回决定、不予注册决定、撤销决定、无效决定），这是以原商标局为被申请人的行政复议案件，非行政裁决案件；❺ 而第五种为原商评委居间裁决平等主体之间纠纷的案件，具有行政裁决的性质。因此，本书所述商标确权裁决专指此种无效裁决案件。另外，原商评委在这两种类型案件中审理的范围、对象等也存在明显区别。在行政复议型案件中，根据《商标法实施条例》（2014）❻ 第 52 条的规定，原商评委可以在原商标局的决定中更改或补充新的评审理由和援引新的法律依据。"因为这些案件直接涉及商标评审委员对商标局履行法定职责行为的内部监督和救济，属于整个商标审查授权的行政程序的组成部分，这种监督应当是全面的，也可以是主动依职权的，不应该受商标局决定事由或者有关单位或个人请求的拘束。"❼ 这更符合行政复

---

❶ 此种类型的复审是由 2001 年《商标法》第 41 条、第 43 条修订而来，该法第 41 条第 1 款规定"已经注册的商标，违反本法第十条、第十一条、第十二条规定的，或者是以欺骗手段或者其他不正当手段取得注册的，由商标局撤销该注册商标；其他单位或者个人可以请求商标评审委员会裁定撤销该注册商标"；第 43 条第 1 款规定"商标评审委员会做出维持或者撤销注册商标的裁定后，应当书面通知有关当事人"。

❷ 《商标法》第五十四条　对商标局撤销或者不予撤销注册商标的决定，当事人不服的，可以自收到通知之日起十五日内向商标评审委员会申请复审。商标评审委员会应当自收到申请之日起九个月内做出决定，并书面通知当事人。有特殊情况需要延长的，经国务院工商行政管理部门批准，可以延长三个月。当事人对商标评审委员会的决定不服的，可以自收到通知之日起三十日内向人民法院起诉。

❸ 《商标法》第四十四条第一款　已经注册的商标，违反本法第十条、第十一条、第十二条规定的，或者是以欺骗手段或者其他不正当手段取得注册的，由商标局宣告该注册商标无效；其他单位或者个人可以请求商标评审委员会宣告该注册商标无效。

❹ 《商标法》第四十五条第一款　已经注册的商标，违反本法第十三条第二款和第三款、第十五条、第十六条第一款、第三十条、第三十一条、第三十二条规定的，自商标注册之日起五年内，在先权利人或者利害关系人可以请求商标评审委员会宣告该注册商标无效。对恶意注册的，驰名商标所有人不受五年的时间限制。

❺ 这应归因于行政裁决与行政复议的区别。根据《行政复议法》第 2 条规定，行政复议的对象是具体行政行为，而行政裁决的对象为平等主体之间的纠纷。但是文中所述的行政复议与行政复议法中所言的行政复议有一定的区别，前种复议机关与被申请人（商标局）同属于工商行政管理总局的内设机关，地位平等；而后者复议机关通常为被申请人的上一级机关，是领导与被领导的关系。

❻ 以下没有明确标示时均指 2002 年的《商标法实施条例》。

❼ 孔祥俊. 商标与不正当竞争法——原理和判例 [M]. 北京：法律出版社，2009：128 - 150.

议的对具体行政行为合法性、合理性进行全面审查的要求；而对第五种类型的案件，根据 2014 年《商标法实施条例》第 54 条之规定，原商评委应当针对当事人申请和答辩的事实、理由及请求进行审理，审查受限于申请的范围。

分析 2013 年《商标法》第 44 条、第 45 条，可以将商标确权裁决分为客观确权裁决和主观确权裁决两种类型。❶

（1）客观确权裁决

根据 2013 年《商标法》第 44 条规定，任何单位或个人认为已经注册的商标，违反该法第 10 条、11 条、12 条的规定，❷ 或者是以欺骗手段或者其他不正

---

❶ 在日本，主观诉讼与客观诉讼是以诉讼目的为基准界定的学理概念（马立群．论客观诉讼与我国行政审判权的界限［J］．甘肃社会科学，2011（1）：195 – 198．）。主观诉讼是指以保护公民个人的权利和利益为目的的诉讼，而客观诉讼则是以维护客观的法律制度和确保行政活动的适法性，而与原告个人的权利和利益无关的诉讼。主观诉讼的原告资格是以"法律上的利益"作为判断标准，诉讼当事人与诉讼对象具有法律上的利害关系是判断诉讼要件是否成立的标准之一。而客观诉讼的原告资格在于单行法律的特别规定赋予，并不以"法律上的利益"为判断标准。通常情况下，客观诉讼是以自己的法律利益无关的某种资格进行的诉讼。例如，根据《日本行政诉讼案件法》第 5～6 条的规定，民众诉讼是"以选举人资格或者其他无关自己法律上利益之资格"，而机关诉讼则是"国家或公共团体的机关相互之间"提起的诉讼。在民众诉讼中，违法行政行为侵犯的对象是公共利益和客观的法律秩序，对于普通公民通常只有不利影响，而无直接利益上的损失。主观诉讼与客观诉讼除了上述诉讼目的和原告资格不同之外，在诉讼对象和判决效力上也存在区别。参见林莉红．作为客观诉讼的行政公益诉讼［J］．行政法学研究，2011（4）：5 – 6；薛刚凌，杨欣．论我国行政诉讼构造［J］．行政法学研究，2013（4）：29 – 38．

❷ 第十条　下列标志不得作为商标使用：
　　（一）同中华人民共和国的国家名称、国旗、国徽、国歌、军旗、军徽、军歌、勋章等相同或者近似的，以及同中央国家机关的名称、标志、所在地特定地点的名称或者标志性建筑物的名称、图形相同的；
　　（二）同外国的国家名称、国旗、国徽、军旗等相同或者近似的，但经该国政府同意的除外；
　　（三）同政府间国际组织的名称、旗帜、徽记等相同或者近似的，但经该组织同意或者不易误导公众的除外；
　　（四）与表明实施控制、予以保证的官方标志、检验印记相同或者近似的，但经授权的除外；
　　（五）同"红十字""红新月"的名称、标志相同或者近似的；
　　（六）带有民族歧视性的；
　　（七）带有欺骗性，容易使公众对商品的质量等特点或者产地产生误认的；
　　（八）有害于社会主义道德风尚或者有其他不良影响的。
　　县级以上行政区划的地名或者公众知晓的外国地名，不得作为商标。但是，地名具有其他含义或者作为集体商标、证明商标组成部分的除外；已经注册的使用地名的商标继续有效。
　　第十一条　下列标志不得作为商标注册：
　　（一）仅有本商品的通用名称、图形、型号的；
　　（二）仅直接表示商品的质量、主要原料、功能、用途、重量、数量及其他特点的；
　　（三）其他缺乏显著特征的。
　　前款所列标志经过使用取得显著特征，并便于识别的，可以作为商标注册。
　　第十二条　以三维标志申请注册商标的，仅由商品自身的性质产生的形状、为获得技术效果而有的商品形状或者使商品具有实质性价值的形状，不得注册。

当手段取得注册的，可以请求商评委宣告该注册商标无效，商评委据此作出裁决。客观确权裁决对申请人没有资格限制，也不存在时效的限制。有学者将前述裁决的事由界定为对"公权"的侵犯，主要表现为干扰了正常的商标注册秩序、损害了公共利益。❶ 也有学者将其界定为因"绝对事由"引起的裁决。

（2）主观确权裁决

根据2013年《商标法》第45条的规定，已经注册的商标违反该法第13条第2款和第3款、第15条、第16条第1款、第30条、第31条、第32条规定的，自商标注册之日起五年内，在先权利人或者利害关系人可以请求商评委宣告该注册商标无效，商评委据此做出裁决。对恶意注册的，驰名商标所有人不受五年的时间限制。主观确权裁决要求申请人与案件有利害关系，且对申请期限有限制。主观确权裁决的事由界定为对"私权"的侵犯，❷ 主要表现侵犯对未在中国注册的外国驰名商标权、代理人或代表人抢注他人商标、侵犯他人在先权等。也有学者将其界定因"相对事由"引起的裁决。

3. 商标确权裁决的特点

第一，确权裁决的司法性。这体现在确权裁决奉行"不告不理"的原则，也体现在原商评委的审查范围基本上局限在申请人的申请范围和被申请人的答辩范围之内。

第二，商标确权裁决涉及私权利救济，但是审查的范围却与行政管理活动密切相关。根据2013年《商标法》第45条的规定，若申请人认为被申请人侵犯其在先权时，可申请原商评委针对该注册商标做出无效宣告，❸ 这相当于宣告原商

---

❶❷ 孔祥俊. 商标与不正当竞争法——原理和判例［M］. 北京：法律出版社，2009：128 – 150.

❸ 需要注意的是，在2013年《商标法》修订之前，申请人只能申请撤销该注册商标，而非申请宣告该注册商标无效，新商标法区分商标的无效和撤销。参见《商标法》（2001）第41条第2款已经注册的商标，违反该法第13条、第15条、第16条、第31条规定的，自商标注册之日起五年内，商标所有人或者利害关系人可以请求商标评审委员会裁定撤销该注册商标。对恶意注册的，驰名商标所有人不受五年的时间限制。但是不管是撤销还是宣告无效，效力基本上相同，即宣告无效的注册商标，该注册商标专用权视为自始即不存在。宣告注册商标无效的决定或者裁定，对宣告无效前人民法院做出并已执行的商标侵权案件的判决、裁定、调解书和工商行政管理部门做出并已执行的商标侵权案件的处理决定以及已经履行的商标转让或者使用许可合同不具有追溯力。但是，因商标注册人的恶意给他人造成的损失，应当给予赔偿。

标注册这一行政行为无效。据此，笔者认为尽管商标确权裁决源于私权纠纷，但是其归根结底还涉及公法争议，即审查的对象仍为原商标授权行为的合法性问题。

第三，无效宣告结论没有可执行性。这与商标注册行为的确权性质相一致。原商评委做出无效裁决决定，已经实现对已有商标专用权的否定，其决定本身并不具有需要执行的内容。但是，"当事人不服无效的决定而提起行政诉讼的，无效宣告决定暂不产生法律效力，权利仍然处于有效的状态。这点和行政决定的效力既定、诉讼不停止执行等原则存在一定的矛盾，但是与知识产权的权利特性并不矛盾。"❶

（二）商标确权裁决与商标侵权裁决的联系

第一，商标确权裁决为提起商标无效诉讼的必经阶段。但是，如前所述，2013年《商标法》第60条规定，侵犯商标专用权引起的纠纷，由当事人协商解决，不愿协商或者协商不成的，商标注册人或者利害关系人可以向人民法院起诉，也可以请求工商行政管理部门处理。由此看出，行政解决民事侵权纠纷，由当事人选择，而非法定的前置性程序，但原商评委的裁决是解决商标无效与否的必经阶段，此与侵权裁决有本质区别。

第二，无效宣告结论没有强制执行性。根据前述法律规定，若工商部门认为侵权行为成立的，应当同时责令停止侵权行为，并作出没收、销毁侵权商品和主要用于制造侵权商品以及罚款的行政处罚。笔者倾向于认为该类型的侵权裁决，在当事人逾期提起行政复议或行政诉讼时，具有强制执行力。❷ 但是，商标确权裁决结论—无效宣告—不具有可执行内容，也就不存在强制执行的问题。根据前述分析，原商评委在确权裁决中审理的对象是申请人的申请事由等，结论也只能

---

❶ 张树义. 纠纷的行政解决机制研究——以行政裁决为中心 [M]. 北京：中国政法大学出版社，2006：196.

❷ 对于是否具有强制执行力，商标法并没有做出明确规定。相反《专利法》第60条明确规定此类型的裁决具有强制执行力。

围绕是否无效而决定,但是侵权裁决中,工商行政管理部门不仅可以围绕申请事由作出结论,而且还可以作出行政处罚等超出当事人申请事由的结论。这与确权裁决有很大区别。

第三,侵权裁决解决的主要是权利冲突的问题,❶属于私权之间的争议。但是,确权裁决归根结底要解决的是商标是否无效以及商标授权行为是否合法的问题,而这与行政管理活动具有密切的内在联系,在一定程度上属于公法属性。

第四,时效性不同。根据 2013 年商标法的相关规定,申请客观确权裁决没有时限的限制,但是申请主观确权裁决的时间为自商标注册之日起五年,且通说认为该五年为不变期限,不发生中断、中止等情形(对其性质也存在一定争议)。超过五年,则不得申请主观确权裁决。但是只要侵犯商标权的行为一直存续,在先权利人在法定期限内仍可提起侵权裁决。也就是说,注册商标与他人权利相冲突,因超出商标法所规定的期限,而不能宣告无效,但在先权利人可提起侵权裁决或民事诉讼,请求认定侵权行为成立而获得民事赔偿等,但是不再裁决停止使用该注册商标。

第五,受理主体的不同。根据 2013 年商标法的相关规定,只有原商评委具有商标确权裁决权,而侵权裁决权的主体具有广泛性,为各级工商行政管理部门。

(三) 商标确权裁决的功能

有效化解社会纠纷是行政裁决的一般功能。

在此之外,商标确权裁决还具有维护商标确权领域公平竞争秩序,建立诚实守信的市场环境,制止商标领域不正当竞争行为等作用。❷ 如 2012 年在审理"海棠湾"商标争议案件中,原商评委认真落实中央决策和总局要求,充分考虑到该系列商标的确权不仅关系到海南省商标战略的实施,更事关党中央关于建设

---

❶ 孔祥俊. 商标与不正当竞争法——原理和判例 [M]. 北京:法律出版社,2009:548.
❷ 中华人民共和国国家工商总局商标局,商评委. 中国商标战略年度发展报告(2011)[R]. 北京:中国工商出版社,2012:124.

国际旅游岛的重大决策部署。因此，原商评委启动快速审理的绿色通道，对相关的11件评审案件进行快速审理，对恶意注册的商标予以撤销或者驳回，及时保护了商标权利人合法权益，有力提升了海南经济发展的竞争力。❶

2011年，原商评委建立了恶意评审案件的提前审理制度，对该类型案件进行提前排查，对恶意利用评审程序牟取不正当利益的予以打击，有效解决了恶意申请评审问题。❷

另外，原商评委在2012年"对涉嫌恶意抢注的案件专门开通审理通道，及时依法予以驳回、不予核准注册或予以撤销"，❸ 2012年共审理涉及恶意抢注的商标争议案件近3000件，有力地打击了恶意抢注商标的行为。❹ 2013年，共审理涉及恶意抢注的商标争议案件逾万件。❺ 这些措施为建立公平合理的市场竞争秩序起了积极推进作用。

二、商标确权裁决的历史沿革

我国《商标法》自1982年制定以来，在1993年、2001年、2013年和2019年先后经历四次修正，在商标评审范围以及案件审理方式等方面进行较大幅度的修正。

（一）商标评审范围的沿革

依据1983年《商标法》，原商评委审理以下7种案件：驳回复审、异议复

---

❶ 中华人民共和国国家工商总局商标局，商评委. 中国商标战略年度发展报告（2012）[R]. 北京：中国工商出版社，2013：110；相应的判决参见最高院（2013）知行字第42号。

❷ 中华人民共和国国家工商总局商标局，商评委. 中国商标战略年度发展报告（2011）[R]. 北京：中国工商出版社，2012：124；何训班：中国商标评审制度30年[J]. 中国工商管理研究，2012（8）：15-18.

❸ 2014年工商机关打击商标侵权假冒违法行为成效显著[J]. 中华商标，2015（5）：18-20.

❹ 中华人民共和国国家工商总局商标局，商评委. 中国商标战略年度发展报告（2012）[R]. 北京：中国工商出版社，2013：109.

❺ 中华人民共和国国家工商总局商标局，商评委. 中国商标战略年度发展报告（2013）[R]. 北京：中国工商出版社，2014：42.

审、商标争议、商标注册不当案、驳回续展复审、驳回转让复审、注册商标撤销复审案,❶ 且审理后做出的决定为终局决定,不能对其提起行政诉讼。在 7 种案件中,注册商标争议案件具有确权裁决的性质。且根据 1983 年《商标法》第 27 条规定,对已注册商标有争议的,可自该商标注册之日起一年内,向商评委申请裁定。对申请裁定的时间做出限制。

1993 年《商标法》第一次修订,对原商评委的受案范围并未做出较大修改。但是在该法 27 条主观确权裁决的基础上增加了任何人或单位可以注册商标侵犯"公权"❷ 为由,申请原商评委撤销该注册商标。

2001 年修改后的《商标法》,商标评审案件限制在四种。❸ 其中就包括对注册商标争议案件的商标确权裁决,只是修订后的商标法对侵犯"公权"❹ 的事由做出扩大规定。本次修改后的商标法规定,原商评委决定或裁定不再具有行政终局的效力。

---

❶ 曲彤彤. 注册商标无效制度问题研究 [D]. 上海:华东政法大学,2014:33.
❷ 指违反《商标法》第 8 条的规定,参见《商标法》(1993) 第八条　商标不得使用下列文字、图形:
　　(1) 同中华人民共和国的国家名称、国旗、国徽、军旗、勋章相同或者近似的;
　　(2) 同外国的国家名称、国旗、国徽、军旗、相同或者近似的;
　　(3) 同政府间国际组织的旗帜、徽记、名称相同或者近似的;
　　(4) 同"红十字""红新月"的标志、名称相同或者近似的;
　　(5) 本商品的通用名称和图形;
　　(6) 直接表示商品的质量、主要原料、功能、用途、重量、数量及其他特点的;
　　(7) 带有民族歧视性的;
　　(8) 夸大宣传并带有欺骗性的;
　　(9) 有害于社会主义道德风尚或者有其他不良影响的。
　　县级以上行政区划的地名或者公众知晓的外国地名,不得作为商标,但是,地名具有其他含义的除外;已经注册的使用地名的商标继续有效。
❸ 参见《商标评审规则》(2002) 第二条　依据《商标法》及其《实施条例》的规定,国家工商行政管理总局商标评审委员会(以下简称商标评审委员会)负责处理下列商标争议案件:
　　(一) 不服国家工商行政管理总局商标局(以下简称商标局)驳回商标注册申请的决定,依据《商标法》第三十二条规定申请复审的案件;
　　(二) 不服商标局的异议裁定,依据《商标法》第三十三条规定申请复审的案件;
　　(三) 对已经注册的商标,依据《商标法》第四十一条规定请求裁定撤销的案件;
　　(四) 不服商标局依照《商标法》第四十一条第一款、第四十四条、第四十五条的规定作出撤销注册商标的决定,依据《商标法》第四十九条规定申请复审的案件。
❹ 2013 年《商标法》第 10 ~ 12 条与 2001 年《商标法》第 10 ~ 12 条内容上基本没有变化。

2013年《商标法》经过修订后，将原商评委的受案范围限定为五种，在法条分布上，将以侵犯"公权"和"私权"为基础的商标确权裁决分成两条进行表述，避免了认识上的错误和适用标准的不统一。

2019年《商标法》对商标评审案件类型的规定与之前的法律基本相同，但扩大了作为侵犯"公权"而申请无效的情形，即增加"不以使用为目的的恶意"注册商标，任何单位或个人可以请求宣告该注册商标无效，而该申请不受申请人资格和时效的限制。

（二）案件审理方式的转变

《商标评审规则》（1995）第7条规定"商标评审委员会处理商标评审事宜，采用委员投票表决制"。第23条规定，商标评审委员会处理商标评审事宜，应当有2/3以上的委员参加，并根据投票表决结果做出裁定。在审理方式上，根据第8条和第26条的规定，采取的是以书面审理为原则，以开庭审理为例外。

2002年《商标评审规则》对商标评审案件的程序从申请与受理、审理、公开评审、证据规则到期间与送达等方面做出详细规定，如用合议制代替委员会制；增加独任审理方式；案件审理采用书面与开庭审理相结合的方式；[1] 确立了"当事人主义"的商标评审程序，体现在《商标评审规则》的申请与受理、审理、证据规则等规定之中。[2]

2005年《商标评审规则》进行第二次修订，增加了当事人和解等内容。

2014年《商标评审规则》进行第三次修订，对审理程序等内容的规定基本没有变化。

---

[1] 叶挺舟. 商标法上在先权救济机制的质疑与重构 [J]. 四川理工学院学报·社会科学版, 2013 (5): 72-78.

[2] 史新章. 我国商标评审法律制度的历史、现状与制度完善 [J]. 知识产权, 2011 (5): 64. 当事人主义在商标评审程序中体现为两个方面：首先是当事人在商标评审程序的启动、终止和评审审理对象上拥有控制权。其次是商标评审委员会在审理范围方面受当事人主张的限制，而且证据资料的取得方式上以来源于当事人为原则，商标评审委员会依照职权主动调取证据为有例外。当事人主义的确立使得商评委在商标裁决案件中居于裁决者的中立地位。

三、国外或地区商标确权裁决制度介绍

(一) 美国商标确权裁决制度

在美国，商标权是商标所有人就自己的商标所享有的权利。"按照美国的商标法律，包括联邦商标法❶和各州的普通法，商标权作为一项财产权，是通过商标在商业活动中的使用而获得。联邦的商标注册虽然可以为商标所有人带来一些额外的好处，但不是财产权的获得方式。根据普通法，任何市场主体，只要在商业活动中采纳并且使用了具有显著性的商标，就可以获得排他性的商标权。在这方面，相关的市场主体不需要做广告，也不需要注册或者向世人宣称自己使用了某一商标。❷ 因为，使用某一商标，已经表明他就该商标享有了权利。这就是一般所说的通过使用而获得商标权。"❸

---

❶ 此处引用的商标法反映了截至2011年5月商标法所作出的修订。1946年9月，美国国会通过了实体性的联邦商标法《兰哈姆法》。这部法律不仅规定了美联邦一级的商标注册程序，还规定了一些实体性权利。由于最后通过的是由众议员兰哈姆提出的法案，故而称之为《兰哈姆法》。直到今天仍然有效。实际上，1870年美国国会颁布了第一部联邦商标法，规定对普通法所保护的商标予以注册，并规定了一些实体性权利。1876年，国会又修改了该法，规定了对于侵犯注册商标和仿冒注册商标的刑事措施。但在1879年的"商标案"中，美国最高法院却裁定，1870年商标法违宪。最高法院认为，第一，在普通法中，商标的专有权产生于对它的使用，而依据国会的这部法案，这种专有权由注册而来；第二，联邦宪法中的"贸易条款"中的贸易是指美国公民与外国公民和印第安部落之间的贸易，是指不同州的公民之间的贸易，但绝对不包括同一个州的公民之间的贸易。而后者的立法权不在国会规范之内。因此，国会根据宪法的贸易条款制定商标法，并且将商标的保护局限于与外国和印第安部落的贸易，局限于州际之间的贸易，应当不会发生宪法性的问题。参见李明德. 美国知识产权法（第二版）[M]. 北京：法律出版社，2014：455－458.

❷ 尽管注册不是商标保护的前提条件，但是在主簿上注册的商标拥有许多重要的的优势，主要包括：①全国性的推定使用和公告，从而剥夺他人使用相同或类似商标的权利；②5年后可能成为不可争议的商标，这样可以减少许多抗辩，从而有力地加强商标权；③进行联邦诉讼的权利，无论争议的种类和数额大小。参见 [美] 墨杰斯. 新技术时代的知识产权法 [M]. 齐筠，等译. 北京：中国政法大学出版社，2013：595－596.

❸ 李明德. 美国知识产权法（第二版）[M]. 北京：法律出版社，2014：508. 即使在1988年以后《兰哈姆法》中有了"意图使用"即可注册的规定，商标权的最终获得仍然是以"使用"作为必要条件，或者说，只有当注册人实际使用了相关的商标以后，才可以获得财产性权利。

"美国主管专利和商标等工业产权的行政部门是美国专利与商标局（USPTO），隶属于商业部。"❶ 根据商标法的相关规定，对于审查员驳回注册申请不服的、对于公告的商标有异议的、对于已经注册的商标提起撤销的，都由商标复审委员会受理。❷ 后两种案件类型类似于我国商标法中的商标确权裁决，此时商标复审委员会居于裁判的地位，且双方当事人均为普通公民（或法人）。

在美国，商标异议，可以在该商标注册以前提出。根据《美国商标法》（《美国法典》第15编第22章）第13条（a）款的规定，任何人认为标记在主注册簿上注册会损害其权益的主体，可以缴纳规定的费用，在该要求注册的商标公告后30日内，向专利商标局提出异议，申请其主张根据。❸ 异议人必须申请并证明：①他有可能因申请人注册而受到损害（作为基本要件）；②他有有效的法律依据证明申请人无权注册其注册争议商标的举证责任，一般来说，目前已经出现放宽基本条件的趋势，"要提出异议，异议人只要证明他不是在无理取闹或在为他人进行报复就可以了"。❹

在商标实际予以注册后，该商标仍然可以在双方程序中受到对抗。撤销的理由与异议的理由基本相同，例如相关的商标是描述性的或者通用名称，相关的商标与自己在先的商标相冲突等。撤销程序的申请人是相关的利害关系人。撤销程序的启动，通常应当在相关商标获准注册之后的5年内进行。如果过了5年，相关的商标就会成为"不可争议商标"，通常不能撤销。但如果有关的商标是通过欺诈而获准注册，或者在使用中变成了通用名称，则不受5年期间的限制。规定"不可争议性商标"，其基本理念是，相关的商标注册在一开始可能有问题，但在5年的使用过程中，由于商标所有人持续的使用和投资，以及消费者的认可，已经足以消除原有的问题或者弊病。事实上，即使是在5年的可撤销期间内，商标复审委员会和法院也应当综合考虑商标所有人、撤销提起者和社会公众的利

---

❶ 安娜.我国驰名商标权行政法保护制度研究［D］.上海：复旦大学，2010：44.
❷ 也有将其翻译为"商标审判和上诉委员会"，参见［美］墨杰斯，等.新技术时代的知识产权法［M］.齐筠，等译.北京：中国政法大学出版社，2013：595－596.
❸ 美国商标法［M］.杜颖，译.北京：知识产权出版社，2013：19.
❹ ［美］墨杰斯，等.新技术时代的知识产权法［M］.齐筠，等译.北京：中国政法大学出版社，2013：609.

益，予以妥善处理。❶

（二）日本商标确权裁决制度

在日本，由特许厅负责审查商标注册、商标争议等案件。商标确权裁决的形式由商标无效审判、不使用撤销审判以及其他类型的撤销审判构成，其共同点均是由特许厅组成3~5名审判员，按照准司法程序作出准司法判决，❷ 且双方当事人都是对立的民间同业人士，而这也构成了与商标异议的区别。❸

1. 商标注册无效审判

无效审判是指任何人对于违反不满足商标注册要件的商标申请被核准注册的决定自始不存在的审判。❹ 无效的事由限于《日本商标法》第46条第1款规定❺

---

❶ 李明德. 美国知识产权法（第二版）[M]. 北京：法律出版社，2014：516-517.
❷ 由特许厅内部设立的相当于我国商标局内部设立（应是工商总局内设的——引者注）的评审委员会的准司法审判机构——特许厅审判部审判课，就驳回商标注册申请的决定不服、驳回申请书修改的决定不服、宣告注册商标无效的申请、撤销商标注册的申请，按照准司法程序进行审理后作出的审查结论。准司法审判机构就相关案件审理结束后，是以准判决的形式作出审查结论的，而我国商评委作出复审后，是以决定的形式作出审查的。参见日本商标法[M]. 李扬，译. 北京：知识产权出版社，2011：7.
❸ 注册异议是请求特许厅长官对注册决定再次审查的制度，而无效审判是将商标权人作为被申请人，就权利的正当性产生争论，由民间对手提起的审判。商标异议是以行政机关为对手进行争议，因此此处论处商标裁决时将商标异议略去。参见[日]森智香子，广濑文彦日本商标法实务[M]. 北京林达知识产权代理事务所，译. 北京：知识产权出版社，2012：75.
❹ [日]森智香子，广濑文彦，北京林达知识产权代理事务所翻译. 日本商标法实务[M]. 北京：知识产权出版社，2012：76. 也有学者将无效审判的提起主体限定为利害关系人（参见李龙. 日本知识产权法律制度[M]. 北京：知识产权出版社，2012：319.），但是通过查找日本商标法法条，发现该法第46条并未对请求主体的资格进行限制。因此，笔者采前书说法。
❺ 《日本商标法》第46条第1款规定商标注册具有下列情形之一的，可以提出该商标注册无效的准司法审判。如果商标注册有两个以上指定商品或指定服务的，可以按照每个指定商品或者服务分别提出请求。（一）该商标注册违反第三条、第四条第一款、第七条之二第一款、第八条第一款、第二款或者第五款、第五十一条第二款、第五十三条第二款或者第七十七条第三款中准用的《特许法》第25条的规定的；（二）该商标违反条约的；（三）该商标注册系由没有承继该商标注册申请所生权利的人提出的商标注册申请的；（四）商标注册后，其商标权人按照第七十七条第三款中准用的特许法第25条的规定变成了不能享有该商标权的人的，或者该商标注册违反条约的；（五）商标注册后，该注册商标变成了第四条第一款第一项至第三项、第五项、第七项或者第十六项所列商标的；（六）地域集体商标注册后，该商标权人丧失了协会等的资格，或者该注册商标作为表示商标权人或者其他成员所属业务的商标或者服务的标识在消费者不再广为知晓或者不再符合第七条之二第一款规定的地域集体商标的。日本商标法[M]. 李扬，译. 北京：知识产权出版社，2011：39-40.

中各项所列举的事由。

根据《日本商标法》第47条的规定，无效审判的期限，除了公共利益事由外，一般规定为5年。

2. 不使用撤销审判❶

根据《日本商标法》第50条规定，不使用撤销审判是指注册商标在日本国内连续3年以上，未能在指定商品或服务上使用，他人可以提出不使用撤销审判，从而有可能撤销注册，也就是说，对于设定注册的商标，到开始使用之前有3年的缓冲期。❷

需要指出的，《日本商标法》第50条第2款将不使用撤销审判的举证责任做出了明确规定，即提出不使用审判请求时，只要被请求人不能证明在该核准司法审判请求登记之前的3年内在日本国内商标权人、专有使用权人或者通常使用权人中的任何一个在请求撤销的任何一种指定商品或者指定服务上使用了注册商标的，该商标权人在该指定商品或服务上的注册商标就必须被撤销。但是，被请求人证明在该指定商品或者指定服务上不能使用注册商标具有正当理由时，不在此限。但是审判请求前3个月内使用，如果证明是知道被提出撤销审判后使用的，不能算作使用。

撤销裁定一旦确定，商标注册从裁定确定后消灭。

---

❶ 日本商标法中的不使用裁判类似于我国台湾地区的"废止裁决"，二者适用的情形与我国商标法中商标撤销裁决类似。但是我国商标法中的撤销裁决的主体是商标局，而非前文中所说的商评委，因此其适用的程序也并非商评委的裁决程序。这也是本书将商标局作出的撤销决定未纳入分析的原因。

❷ [日] 森智香子，广濑文彦. 日本商标法实务 [M]. 北京林达知识产权代理事务所，译. 北京：知识产权出版社，2012：75.

3. 其他的撤销审判

其他类型的撤销审判有商标权人不正当使用撤销审判❶、商标使用被许可人的不正当使用审判❷、伴随权利转移的不正当撤销审判❸、因代理人等原因的不正当注册的撤销审判❹等。

第一，在请求主体上，前三种撤销审判并没有主体资格的限制，第四种撤销审判的主体资格限定为请求人应该是巴黎公约的缔约方、世贸组织成员或者商标法条约的缔约国拥有商标权，且应为利害关系人。

第二，对于前三种撤销审判在请求期限上有 5 年除斥期间的限制，且撤销判决一旦确定，对于相关权利人在 5 年内不能在指定商品（或服务）上注册此商标或近似商标。

---

❶ 《日本商标法》第 51 条规定，商标权人故意在指定商品或者指定服务上使用与注册商标近似的商标或者在与指定商品或者指定服务类似的商品或者服务上使用注册商标或者与其近似的商标，致使他人对该商品的质量或者服务的品质发生误认或者与他人业务所属商品或者服务发生混淆的，任何人都可以提出撤销该商标注册的准司法审判请求。曾经作为商标权人的人，按前款规定撤销商标注册的准司法判决生效之日起五年内，不得在该商标注册的指定商品或者指定服务或与其类似的商品或者服务上，将该注册商标或者与其近似的商标申请商标注册。

第 52 条 前条第一款的准司法审判，在商标权人停止该款规定的商标使用事实之日起满五年的，不得再提出请求。

❷ 《日本商标法》第 52 条之二规定，商标权人转移导致使用在相同商品或者服务上的近似注册商标或者使用在类似商品或者服务上的相同或者近似商标的商标权属于不同的商标权人的，其中任何一个注册商标的商标权人出于不正当目的，在指定商品或者指定服务上使用注册商标导致和其他注册商标的商标权人、专有使用权人或者通常使用权人业务所属的商品或者服务发生混淆的，任何人都可以提出撤销该注册商标的准司法审判请求。第 51 条第 2 款以及前条的规定，适用于前款的准司法审判。

❸ 《日本商标法》第 53 条规定，专有使用权人或者通常使用权人在指定商品或者指定服务或者与其类似的商品或者服务上使用注册商标或者与其近似的商标，致使他人对商品的质量或者服务的品质发生误认或者和他人业务所属的商品或者服务发生混淆的，任何人都可以提出撤销该注册商标的准司法审判请求。但是，商标权人不知道上述事实并且尽到了注意义务的，不在此限。

商标权人或者专有使用权人或者通常使用权人进行前款规定的使用时，自按前款规定撤销商标注册的准司法判决生效之日起未满五年的，不得在该商标注册的指定商品或者指定服务或者与其类似的商品或者服务上，将该注册商标或者与其近似的商标申请注册商标。第 52 条的规定，准用于第 1 款的准司法审判。

❹ 《日本商标法》第 53 条之二规定注册商标属于在巴黎公约成员国、世界贸易组织成员或者商标法条约缔约国境内享有商标权利的人使用在该权利所属商标指定商品或者指定服务或者与其类似的商品或者服务上的相同商标或者近似商标，并且该商标注册申请属于没有正当理由未经享有商标权利的人的许可、由其代理人或者代表人或者在该商标注册申请日之前一年内由其代理人或者代表人提出的，就该商标享有权利的人可以提出撤销该商标注册的准司法审判请求。

4. 小结

通过介绍日本商标争议裁决制度，我们发现其具有以下特点。

第一，区分商标撤销与无效。商标撤销不具有溯及力，而商标无效是自始无效，具有溯及力。

第二，请求主体的广泛性。除了"因代理人等原因的不正当注册的撤销审判"要求请求主体为利害关系人外，无论是无效审判还是撤销审判，对申请人资格均没有限制。

第三，普遍施加权利恢复的限制。如在"商标权人不正当使用撤销审判"中，一旦撤销确定后，对于商标权人而言，也不能从撤销裁定确定之日起5年内在指定商品或服务上注册此类商标或近似商标。

（三）中国台湾地区商标确权裁决制度

中国台湾地区"商标法"的实施机关是经济部门，具体商标业务由经济部门指定的专责机关办理，即"智慧财产局"。由该部门受理商标的注册申请以及注册商标争议、评定、废止等事宜。这与大陆由专门机关（原商评委）负责注册商标争议的处理有重大区别。台湾地区"商标法"于1930年制定，最近的一次修改在2011年。

在台湾地区，注册商标发生争议，可以通过异议程序、评定程序以及废止程序予以解决。

1. 商标异议裁决

根据台湾地区现行"商标法"第48条规定，注册商标违反"商标法"第29条第1项❶、第30条第1项或者第65条第3项❷之规定，任何人得自商标注册公告

---

❶ 台湾地区"商标法"第29条第1项：商标有下列不具识别性情形之一，不得注册：
　一、仅由描述所指定商品或服务之质量、用途、原料、产地或相关特性之说明所构成者。
　二、仅由所指定商品或服务之通用标章或名称所构成者。
　三、仅由其他不具识别性之标识所构成者。

❷ 注册商标有第六十三条第一项第一款规定情形，经废止其注册者，原商标权人于废止日后三年内，不得注册、受让或被授权使用与原注册图样相同或近似之商标于同一或类似之商品或服务；其于商标专责机关处分前，声明抛弃商标权者，亦同。

日后3个月后，向商标主责机关提出异议。

商标异议的申请时间，因采公共异议制度或采注册公告制度而不同。

台湾地区2003年以前的"商标法"规定，经审查申请注册的商标合法的，应先公告；公告之日起3个月内，无异议或异议不成立者，给予注册，即在2003年以前，是采注册前异议，换言之，在申请人未取得商标权前，即可进行异议程序，此制度着重于商标权利安定性之维持。❶ 实际上，原规定之异议制度常被恶意之第三人作为不当阻挠申请人早日取得商标权之手段。所以该法在2003年修订后，取消商标公告异议制度，而改注册异议制度。

对于提起商标异议的主体，商标异议制度因采公众审查之精神，故不以利害关系人资格为限，任何人均有机会提出异议。❷

该法第48条第2项规定，商标异议得仅就注册商标指定使用之部分商品或服务为之，且异议人就部分商品或服务主张异议时，应具体声明主张其应予撤销注册之商品或服务的范围，否则商标专责机关将无从进行审查。

审理商标异议案件采用的是准司法程序。提出异议，"应以异议书载明事实及理由，并附副本。异议书如有提出附属文件者，副本中应提出；商标专责机关应将异议书送达商标权人限期答辩；商标权人提出答辩书者，商标专责机关应将答辩书送达异议人限期陈述意见"。❸ 如果异议人所提异议之事实及理由不明确或者不完备的，专司机关应当通知异议人限期补正，同时提出异议之申请人也必须提出相关之证据，不能凭空任意申请，致破坏法律所保护的正当商品之效

---

❶ 汪渡村．商标法论［M］．台北：五南图书出版公司，2008：204．
❷ 在1993年台湾地区"商标法"修订之前，原规定仅对审定商标有利害关系之人，始能对审定之商标提出异议。但是1993年修订时，认为本法规定审定公告3个月无人异议，给予注册的目的，乃借公众审查之程序，阻止违法商标之注册，如规定仅得由利害关系人提出异议，故与公众审查之本旨相违背。参考美日等商标先进国家的立法经验，故删除了关于利害关系人之限制。参见1993年第46条修正理由。
❸ 台湾地区"商标法"第49条［EB/OL］．［2014-9-10］．http：//blog.sina.com.cn/s/blog_b9a38e540102v58t.html．

能。❶ 为求商标异议案件审理过程中，双方之整点、事实与证据等均能完整呈现，以确保商标核准注册之正当性，自应提供商标争议案件当事人及利害关系人，就争议事由、证据及法律见解等有进行言辞辩论的机会，而审查人员也可斟酌听证调查的全部事实、证据及言辞辩论之结果，根据论理及经验法则判断事实真相，形成内心确信，并据此做出裁决决定。❷

商标异议人或商标权人，就其主张之事实或有利之点，均应承担举证责任。

商标异议案件，若经审定后认为异议成立，此时属于商标注册自始存在瑕疵，应撤销注册。

2. 商标评定裁决❸

所谓商标评定，是指利害关系人认为核准商标注册之处分违法，请求主管机关予以撤销的制度。商标评定是"立法者为弥补商标专责机关职权审查之不足，而赋予利害关系人的申请评定，以维护合法商标专用权之正常运作"。❹

提起商标评定的法定原因是已注册之商标违反"商标法"第29条第1项、第30条第1项或第65条第3项的规定。商标评定的原因与商标异议基本相同。但是提起商标评定的主体限定为利害关系人。

对于提起商标评定的期限，根据评定原因对提起商标评定的期限作了不同的规定，有三年或五年。❺

---

❶ 台湾地区行政管理机构1978年第685号判决，"利害关系人申请撤销他人已注册之商标，应提供相当之前提证据，以释明其主张为真实，不能凭空任意申请，以破坏商标法所保护正当商品之效能"。

❷ 台湾地区"智慧财产局". 商标争议案件听证作业要点，2005.

❸ 台湾地区商标评定程序的启动有两种情形：一是利害关系人申请；二是审查人员依照职权提请商标专责机关评定。本书仅对前者作一简单介绍。

❹ 汪渡村. 商标法论 [M]. 台北：五南图书出版公司，2008：218.

❺ 台湾地区"商标法"第57条第2项规定"以商标之注册违反第三十条第一项第十款规定，向商标专责机关申请评定，其据以评定商标之注册已满三年者，应检附于申请评定前三年有使用于据以主张商品或服务之证据，或其未使用有正当事由之事证。"第58条规定"商标之注册违反第二十九条第一项第一款、第三款、第三十条第一项第九款至第十五款或第六十五条第三项规定之情形，自注册公告日后满五年者，不得申请或提请评定。商标之注册违反第三十条第一项第九款、第十一款规定之情形，系属恶意者，不受前项期间之限制。"法条来源参见 http://blog.sina.com.cn/s/blog_b9a38e540102v58t.html，2014－05－01.

"商标评定案件由商标专责机关首长指定审查人员三人以上为评定委员评定之"。❶ 前述人员应是未参加被审定商标注册案之审查,且应适用有关回避的规定。

对于评议决定,该法有明确规定。

"商标法"第60条规定,评定案件经评定成立者,应撤销其注册。但有学者认为,商标权应溯及消灭,才能达到救济之目的;但是撤销商标权使其自始失其效力,将损及交易安全,因此,商标专责机关评决时,应当个案考量行政程序法第117条第2款之适用,即如应撤销系争商标注册,致使损害之交易安全过大时,应不予撤销处分较妥。❷

但是若阻碍商标注册的原因消失后,在维护公共利益和当事人利益平衡的情况下,可以做出商标评定不成立的决定。❸ 此为情况决定之规定。如商标申请注册时虽属于著名之法人、商号或者其他团体之名称,但是评决时该法人等已非著名,因消费者对其来源已无误认之虞,故似无救济之必要性,且该商标经过一定时间之使用,可能已累积一定之商誉,商标权人对其商标注册之合法性,也产生一定之信赖,故如坚持撤销其商标注册,对商标权人亦不尽公平,因此于评定时,如该违法事由已经不存在的,在情势变更原则、公共利益和当事人利益等因

---

❶ 台湾地区"商标法"第59条.[EB/OL].[2014-05-01]. http://blog.sina.com.cn/s/blog_b9a38e540102v58t.html.
❷ 汪渡村.商标法论[M].台北:五南图书出版公司,2008:226.
❸ 台湾地区"商标法"第60条.[EB/OL].[2014-05-01]. http://blog.sina.com.cn/s/blog_b9a38e540102v58t.html. 立法理由为:"三、原条文但书系情况决定之规定,着重于公私利益之平衡,主要在于考虑商标注册时之违法情形,于评定时,因既存之客观事实促使构成违法事由不存在者,得为不成立之评决。至注册商标经评定撤销注册之处分,于行政救济程序中,发生评定当时所未能预料之情事,例如引据商标另案遭撤销注册确定在案,或引据商标已移转于系争商标权人等事实变更,商标主管机关或法院依当事人申请,变更原法律效果之处分或判决,则属情事变更原则适用,二者性质上有所不同。又原条文中'经斟酌公益及当事人利益后'之用语,实指商标专责机关所考虑者,应为斟酌公益与当事人利益之衡平,为臻明确,爰予修正。四、另商标异议案件,须于商标注册公告日起三个月内为之,其短期间内公益与私益变动较为轻微,故无适用本条但书规定之必要,并予说明。"

素下，决定做出商标评定成立与否的决定。❶

3. 商标废止裁决

根据"商标法"第63条之规定，商标废止裁决是指对已经注册公告商标于注册后未合法使用的或基于公益之考量，❷ 商标专责机关根据第三人申请，终止该商标注册效力之制度。❸

在2003年以前，只有利害关系人可以启动商标废止裁决之程序，但是废止制度乃以促使商标权人与商标依法注册后，应继续合法使用该商标为主要目的，并基于公益考量，宜开放公众监督，故不宜限制提起人资格。商标废止与商标异议、商标评定等间有一定的区别，如商标异议或评定之对象，为违法注册之商标，但废止之对象为合法注册之商标，其违法之事由是于注册后发生的。另异议与评定成立之法律效果，将使商标权溯及失去效力，但是废止之法律效果，是使商标注册之效力对将来失其效力。❹

---

❶ 汪渡村. 商标法论[M]. 台北：五南图书出版公司，2008：227.《德国商标法》第50条第2项与第3项第2款有类似规定，第2项前段，"商标之注册违反第3条、第7条或者第8条规定者，应撤销其注册，但以该禁止注册事由撤销之决定作成时仍存在者2年为限"；第3项第2款规定，"禁止注册事由于撤销决定作成时仍存在者"应依职权撤销。换言之，如于撤销决定作成时已经不存在的，得不撤销之。

❷ 商标废止的主要理由有：第63条商标注册后有下列情形之一，商标专责机关应依职权或据申请废止其注册：

一、自行变换商标或加附记，致与他人使用于同一或类似之商品或服务之注册商标构成相同或近似，而有使相关消费者混淆误认之虞者。

二、无正当事由迄未使用或继续停止使用已满三年者。但被授权人有使用者，不在此限。

三、未依第四十三条规定附加适当区别标示者。但于商标专责机关处分前已附加区别标示并无产生混淆误认之虞者，不在此限。

四、商标已成为所指定商品或服务之通用标章、名称或形状者。

五、商标实际使用时有致公众误认误信其商品或服务之性质、质量或产地之虞者。

被授权人为前项第一款之行为，商标权人明知或可得而知而不为反对之表示者，亦同。

有第一项第二款规定之情形，于申请废止时该注册商标已为使用者，除因知悉他人将申请废止，而于申请废止前三个月内开始使用者外，不予废止其注册。

废止之事由仅存在于注册商标所指定使用之部分商品或服务者，得就该部分之商品或服务废止其注册。

❸ 商标废止程序的启动可以依照任何第三人的申请，也可以是商标专责机关的依职权行使。此处主要阐述与大陆相类似的商标确权裁决，因此将依职权启动的废止忽略。

❹ 汪渡村. 商标法论[M]. 台北：五南图书出版公司，2008：232.

商标废止裁决程序可以参照商标异议程序中的相关规定。"商标专责机关应将废止申请之情事通知商标权人,并限期答辩;商标权人提出答辩书者,商标专责机关应将答辩书送达申请人限期陈述意见。但申请人之申请无具体事证或其主张显无理由者,得径为驳回。"❶ 所谓无具体事证系指申请人并无主张任何具体之证据,足以使商标专责机关基于一般经验法则或社会上一般人通常指认知,得以产生构成废止商标权法定事由之合理怀疑者,如仅以空言指称系争商标不具有识别性,或所提之事证其证据力明显不足等即属无具体事证。另所谓显无理由者,是指申请人所指称之事实,显然不构成法律规定的废止事由的。换言之,只要申请人所提出之证据方法,已可使商标专责机关产生薄弱之心证,信为大概如此者,应可认为已尽其释明之责,其主张即非显无理由。❷

商标注册后有无废止之事由,适用申请废止时之规定。对于商标废止裁决的效力,原则上应自废止起,丧失其商标权效力,与商标遭受撤销时溯及既往失去效力有所不同。

4. 小结

如前所述,中国台湾地区商标确权裁决可以分为三种:异议裁决、评定裁决以及废止裁决。其中前两种裁决的法定原因基本相同——违法的注册商标,但在提起期限上也有所不同。异议裁决类似于上文中大陆商标法中的客观确权裁决,对提起主体没有限制,但是大陆商标法对提起的期限没有限制。评定裁决类似于大陆的主观确权裁决。但是需要注意的是,大陆区分客观裁决与主观裁决的标准是侵犯的是"公权"还是"私权",因侵犯公权而引起的客观裁决在任何时候都可以提起,但是因侵犯私权引起的主观裁决的期限是5年。

---

❶ 台湾地区"商标法"第65条［EB/OL］.［2014-09-10］. http://blog.sina.com.cn/s/blog_b9a38e540102v58t.html.
❷ 汪渡村. 商标法论［M］. 台北:五南图书出版公司,2008:232.

第二章 商标确权裁决的理论基础

"行政法基础理论是指研究中对学科具有指导性的理论,也是指导行政法治建设和行政法学研究的根本性的理论。就其存在的价值而言,其具有四个功能:一是指导功能,指导行政法制建设和理论体系建构。二是整合功能。行政法理论基础贯穿于具体的规范和制度之间,使其有序、统一。三是阐释功能。行政法的定义、边界、方向、方法、内容、形式等通过理论基础能够做出比较明晰的解释。四是修复功能。理论基础必须要具有开放性和宽容性,不断地自我修复满足时代发展。"❶ 本书从正当法律程序、公众审查制度以及行政解决民事争议合法性三个角度对商标确权裁决的理论基础进行分析。

一、正当法律程序——商标确权行为的第三人效力

(一) 商标注册行为的性质

1. 对商标注册性质的争议

关于核准注册行为的性质,归纳起来有下列几种。

(1) 行政许可说

该说认为,商标注册属于维护他人权益的独占许可。❷

---

❶ 杨海坤,章志远. 中国行政法基本理论研究 [M]. 北京:北京大学出版社,2004:83-84.
❷ 张莉. 行政法教程 [M]. 北京:对外经济贸易大学出版社,2010:128.

(2) 行政授权说

该观点认为"国家采取行政授权的方式确认权利人的专有权、独占权。为使该项权利的排他性得到充分的体现……又作出行政公告，公示该项权利的具体内容，使不确定的义务人得以明确该项权利的存在，规限自己的行为，不至于侵犯该项专有权……"[1]

孔祥俊认为，"注册商标并不以实际使用为前提和基础，也即不是对于已实际存在的商标权益的确认，因而核准注册商标不是一种行政授权行为，而属于授予或者创设注册商标专用权的行为。……商标一旦注册，就在全国范围内享有注册商标专用权，而与原来的使用范围无关，也即不是对于业已实际存在的权利的反映性确认"。[2]

(3) 行政确认说

该说认为，"商标权所确立和保护的，只是商标权人对特定商标标记与特定范围的商品之间的联系"。[3] 注册程序确认的是商标标识与其所使用商品或服务之间的关系，商标是联系商标标识与商品之间的纽带，商标权属于私权，并非由公权力授予。[4]

(4) 备案说

该学说认为，由于商标权是民事权利，商标注册是对该民事权利的备案，商标中蕴含的创造性成果是对其进行保护的依据。"行政权力在产生商标权等知识产权的过程中所具有的意义，就更可以被理解为是一种备案。"[5]

(5) 准司法行为说

该说认为，获得核准的商标权，有法律效力，未经法定机关、法定程序不得撤销或宣告无效，若对商标注册行为不服可以提起诉讼，而这体现了商标确权行

---

[1] 王晔. 论公示公信原则与知识产权保护 [J]. 知识产权，2001 (5)：21.
[2] 孔祥俊. 商标的标识性与商标权保护的关系 [J]. 人民司法，2009 (15)：46.
[3] 郭禾. 知识产权法（第三版）[M]. 北京：中国人民大学出版社，2009：189.
[4] 刘春田. 民法原则与商标立法 [J]. 知识产权，2010 (1)：9.
[5] 阳平. 商标行政行为是一种"备案" [J]. 中华商标，2004 (7)：35.

为的准司法性。❶

2. 对上文观点的评价

（1）关于行政授权说与行政许可说

前者是指"某些行政法规范的制定机关通过法律或者法规的形式将一定范围的行政权授予行政系统以外的组织或机构行使的法律"。❷ 可见行政授权的前提是授权人本身享有所授予的权利，但对于商标权来说，公权力机关自身并不具有。因此知识产权中的授权与行政授权内涵不同。

《行政许可法》第2条规定，行政许可"是指行政机关根据公民、法人或者其他组织的申请，经依法审查，准予其从事特定活动的行为"。关于行政许可的性质，有赋权说、解禁说等观点。"赋权说"认为"行政相对人没有该项权利，只是因为行政机关的允诺和赋予才获得被许可的权利"。❸ 因此，知识产权中的"授权"与行政许可应该是同一个意思。

可将行政许可分为财产型许可和自由型许可，"财产权许可是指政府基于其对资源的所有权或垄断经营权而通过与公民缔结合同的方式将使用权、开采利用权或经营权转让给公民的许可。"❹ 如果商标核准属于财产型许可，则公权力机构首先需拥有对商标的所有权，只有这样其才可能许可他人商标权。但商标权并非先由公权力机构占有，这是因为商标权是私权，因此公权力机构不可能将不享有的权利许可他人。因此，行政许可说也存在一定瑕疵。

（2）关于行政确认说

行政确认是指"行政主体依职权或依当事人的申请，对一定的法律事实、法律关系、权利、资格或法律地位等进行确认、甄别、证明等的行政行为"。❺ 其后果是，当事人之间的权利义务关系并不直接得到变更。

---

❶ 杜颖，王国立. 知识产权行政授权及确权行为的性质解析 [J]. 法学，2011（8）：96.
❷ 关保英. 社会变迁中行政授权的法理基础 [J]. 中国社会科学，2013（10）：103.
❸ 杨解君. 整合视野下的行政许可定位分析 [J]. 江海学刊，2001（4）：80.
❹ 王智斌. 行政特许的私法分析 [D]. 重庆：西南政法大学，2007：11.
❺ 杨解君. 整合视野下的行政许可定位分析 [J]. 江海学刊，2001（4）：82.

而目的在于"利用行政主体的公信力，免去相对人费时费力的追寻事实的负担，方便相对人的生活"。❶ 通过对知识产权的权利归属进行行政确认。❷ 他人可以迅速了解权利状态，以调整自己的行为。登记制度是行政确认中重要的一种方式。

行政确认具有中立性，并不直接创设权利义务，其只是依据法律关系做出评价和证明，而这是区别于行政许可最本质的特征。

设立商标注册的原因之一是避免权利公示、取证难等方面的不足，商标注册具备公告、公示等作用，通过商标公告，权利人可向他人公告商标权所属，他人就可以知道商标资源的权利归属，避免侵权行为发生。而"至于这个商标有没有财产权，要看经过使用后消费者是否对它所代表的商品和服务产生了积极评价，也即是否有商誉产生"。❸

因此，商标核准行为对行政机关来说属于行政确认。但其并不直接创设权利义务，商标权也并非源于商标注册，而是商标使用过程中。因此，商标经过使用，产生相应的商誉，就具备了受法律保护的财产权的属性，无论其是否进行注册。

（3）关于行政备案说

行政备案是指他人"将与行政管理有关的具体事务的相关材料向行政主体报送，行政主体对报送材料收集、整理、存档备查的一种程序性事实行为和行政法律制度"。❹ 备案属于事实行为，而事实行为最本质的特征在于"对外不具有法律效力"，❺ 不会直接导致权利义务的产生或变更。从商标权源于创造性劳动而非自许可上来看，商标注册具备行政备案的特点，但是在"行政备案中，行政机关保持中立，只是对客观法律事实或法律关系的了解和记载，并不进行价值

---

❶ 应松年. 行政法 [M]. 北京：北京大学出版社，2010：130.
❷ 杨解君. 整合视野下的行政许可定位分析 [J]. 江海学刊，2001（4）：82.
❸ 李明德. 驰名商标是对商誉的保护 [J]. 电子知识产权，2009（8）：18.
❹ 朱最新，曹延亮. 行政备案的法理界说 [J]. 法学杂志，2010（4）：64.
❺ 王红建. 行政事实行为概念考 [J]. 河北法学，2009（7）：59.

判断"。❶

但由于商标局需要同时从形式要件和实质要件两方面对申请商标注册文件进行审查,前者主要对申请文件是否符合要求进行形式审查,并无价值判断的因素,后者需对申请商标是否符合法律规定进行审查,看其是否符合商标要求、是否属于禁止注册的情形等,而这有价值判断的因素。因此,从此点看,商标注册并非行政备案。该说在理论上也存在一定的缺陷。

(4) 关于准司法行为说

当今中国,知识产权实行行政与司法保护双轨模式。2001年以前原商评委的裁决行为具有终局性,当事人不服是不能提起行政诉讼的,而这违背了司法最终的原则,在后来的商标法中对此进行了修改。如前所述,商标裁决奉行不告不理,谁主张谁举证的原则,其行为更符合准司法行为说,而非商标注册行为。

3. 行政审批

国家市场监督管理总局（原国家工商行政管理总局）将"商标注册"界定为"行政审批",❷ 而非行政许可。行政审批是指有关机关根据申请"经过依法审查,准予其从事特定活动,许可其资格资质、确认特定民事关系或特定民事权利能力和行为能力的行为。"❸ 相比行政许可概念,二者有重合的地方。

但行政审批还包含"有关请示报告事项的审批、有关行政机关对其他机关或者对其直接管理的事业单位人事、财务、外事等事项的审批"。❹ 而这些都不能包括在行政许可的范畴之内。

在实践中,还出现了"非行政许可审批"这一概念。目前法律对其并无明确的定义。有认为其指"行政机关及其具有行政执法权的事业单位或其他组织根据申请,依照法律、法规规章或特殊的规范性文件设定的行政许可以外的其他审

---

❶ 姜雪. 行政备案的概念及法律属性分析 [D]. 北京:中国政法大学,2011:31.
❷ 参见国家工商总局网站。
❸ 郭勇. 行政审批概念的反思 [J]. 机构与行政,2014 (2):6.
❹ 张莉. 行政法教程 [M]. 北京:对外经济贸易大学出版社,2010:126.

批事项，实施审批、审核核准、同意、审查等行为，从而准予申请人从事某种特定活动或赋予其特定权利、资格的行为"。❶

但"非行政许可审批"还是得到官方认可，并将其中一部分界定为行政确认中的审批，其中就包括商标注册，认为"商标注册不是行政许可。但是法律、行政法规规定的必须使用注册商标的商品（如烟草制品）的商标除外"。❷

本书认为商标注册行为本质是属于行政确认。

（二）商标确权裁决是正当法律程序的要求

1. 正当法律程序的内涵

（1）行政程序的含义及行政程序法的价值

"程序是指按照一定的方式、步骤、时间和顺序作出法律决定的过程，其普遍形态是按照某种标准和条件整理争论点，公平地听取各方意见，在使当事人可以理解或认可的情况下作出决定。"❸ 程序的价值在于"实现了所谓正义不仅要得到实现，而且要以人们看得见的方式实现，程序具有正义之通道或桥梁之功能与意义"。❹

各国对行政程序法适用的对象和范围等规定并不一致，对行政程序的定义也不尽一致，奥地利将其界定为"产生裁决为其结果之程序。瑞士学者将行政程序称为，'处分系基于一项准备之程序而作成，此项程序称为行政程序'，亦系以该国行政程序法之适用对象为依据。德国联邦行政程序对行政程序之意义，则迳以法条规定，其第九条曰：本法所谓行政程序系指官署为审查要件，

---

❶ 张恩蓉．非行政许可审批现象初探［J］．求索，2013（3）：204．对行政审批的上述界定存在一定的缺陷。笔者认为对于一般公民来说，行政审批更多的倾向于行政许可，因此如该作者的界定，行政机关可以逃避《行政许可法》对行政许可设定的法律规定，而在其他规范性文件中设定所谓的"非行政许可审批"。很明显，这违背了行政许可法的立法意图。

❷ 周怡萍．"非行政许可审批"内涵刍议［J］．人大研究，2010（10）：40．

❸ 转引自金亮新，杨海坤．正当行政程序研究［J］．理论月刊，2008（2）：93；季卫东．程序比较论［J］．比较法研究，1993（1）：6．

❹ 金亮新．正当行政程序原则研究［D］．苏州：苏州大学，2009：3．

准备或作成行政处分以及缔结公法契约所为对外发生效力之行为，包括作成行政处分与缔结公法契约之行为本身在内"。❶ 中国台湾地区"行政程序法"第2条第1项将行政程序界定为"系指行政机关作成行政处分、缔结行政契约、订定法规命令与行政规则、确定行政计划、实施行政指导及处理陈情等行为之程序"。

中国没有统一的行政程序法，对行政程序的适用范围等没有统一的界定。对行政程序法的价值观点各异。有观点认为行政程序法的价值在于控制行政权。❷ 还有观点认为行政程序法具有"规范、制约、监督、促进行政权的合理行使；保障行政相对人的合法权益，规范行政相对人的参与程序，促进行政民主化；通过权力与权利的沟通、协调、平衡，促进行政效率的提高"。❸ "规范和控制行政权；保护相对人合法权益；保障行政效率；促进行政民主；实现人性尊严、社会正义、民主行政、责任政府是行政程序法的基本价值。"❹ 台湾学者吴庚认为行政程序法具有"贯彻依法行政、维持处分之正确性、保障人民参与决策机会、代替行政争讼程序、保障人民权益"等功能。❺

以上对行政程序法功能的不同表述可以将其概括为保障人民权益、控制行政权。而正当行政程序是达到以上功能所必须具备的。

（2）正当行政程序的内涵

"英国的'自然正义'原则……的两个基本要求，即任何人不得作为自己案件的法官、任何人在其利益有可能受到不利影响应当享有表达意见并为自己辩护

---

❶ 吴庚. 行政法之理论与实用（增订10版）[M]. 台北：三民书局，2008：559-560.
❷ 章剑生. 行政程序比较研究[M]. 杭州：杭州大学出版社，1997：1-24.
❸ 转引自金亮新. 正当行政程序原则研究[D]. 苏州：苏州大学，2009：8；杨海坤，黄学贤. 中国行政程序法典化——从比较法角度研究[M]. 北京：法律出版社，1999：20-25，65-75.
❹ 皮纯协. 行政程序法比较研究[M]. 北京：中国人民公安大学出版社，2000：19-68.
❺ 吴庚. 行政法之理论与实用（增订10版）[M]. 台北：三民书局，2008：562-565.

的机会，主要就是为了保障法律程序的公正和公平。"❶

在美国，正当程序或正当法律程序，是宪法确立的对行政等机关在行使权力过程中提出的程序要求，对其内涵，宪法没有做出明确规定，但是联邦最高法院通过判例，对正当程序的含义和基本要求，逐渐形成了一些基本原则，这些原则成为行政机关在行使行政权时应当遵循的程序要求。❷美国宪法中的正当程序可以分为程序性正当法律程序和实体性正当法律程序。❸前者是指"包括行政机关在内的国家机关在做出决定剥夺公民的生命、自由或财产时，必须遵循正当的法律程序，即行政过程在程序上必须满足最低限度的公平，行政相对人也获得了一项概括性的程序性权利，即'受到公正程序对待的权利'"❹。

通过判例，美国联邦最高法院确立程序性正当程序的基本要求："第一，告知相对一方有关的事实和权利……第二，为相对一方提供有效的听证机会……第三，主持程序活动的决定者必须是独立的，其中相对方的听证权被认为是最重要

---

❶ 转引自王锡锌. 行政程序法理念与制度研究［M］. 北京：中国民主法制出版社，2007：208. 自然正义（公正）也可以概括为"公平听证权和反偏私原则。就公平听证而言，其假定是必须赋予相关个人以下三项权利：第一，充分告知；第二，个人有权知悉对其不利的证据；第三，向裁判机构陈述，获得正当机会对不利证据提出异议、反驳或相反意见。在许多情况下，说明决定的理由构成正当程序权利的重要内容。相对于公正听证权相比，普通法上的反偏私原则得到了更为严格的适用。反偏私原则，是任何决定程序都必须遵守的一项基本要求。"对此，英国首席大法官休厄特在一起案件中精辟概括到"反偏私不只是具有某些重要意义，而是至关重要。不仅要实现公正，而且公正的实现要看得见，做到清清楚楚，毫无争议"。这表明，只有两种可能，要么存在偏私，要么不存在偏私。而且这一程序机制不仅关系到决定者是否实际上曾存在偏私的事实问题，而且关系到决定者是否可能存在偏私的可能性问题。不能作自己案件法官原则旨在保证法院和裁决人员事实上是独立的。它要求法官和裁决人员不得与处理的问题有任何个人利益牵连，只有这类人员才能作出公正的决定。反偏私原则最初包括两方面内涵：第一，裁决人不得与程序有任何金钱或财产上的利益牵连；第二，不得有任何偏私的迹象和可能。行使裁判权之人与行使追诉职能者，不能为同一人。参见［英］彼得·莱兰、戈登·安东尼：英国行政法教科书［M］. 杨伟东，译. 北京：北京大学出版社，2007，第15章；刘雨婷. 我国非诉行政执行听证制度研究［D］. 长春：吉林大学，2011：6-7.
❷ 转引自王锡锌. 行政程序法理念与制度研究［M］. 北京：中国民主法制出版社，2007：208.
❸ 张千帆. 西方宪政体系：美国宪法［M］. 北京：中国政法大学出版社，2000：205-258.
❹ 王锡锌. 行政程序法理念与制度研究［M］. 北京：中国民主法制出版社，2007：212.

的，甚至被认为是正当程序的最低要求。"❶

中国虽然没有统一的行政程序法典，但是在先后通过的《行政处罚法》《行政许可法》等单行法中对行政程序均有规定。如《行政处罚法》第 3 条确立法定程序的意义——没有法定依据或不遵守法定程序的，行政处罚无效；第 31 条确立了行政机关的说明理由义务——应告知作出行政处罚决定的事实、理由及依据及享有的权利；第 32 条确定了当事人的权利——当事人有权进行陈述和申辩。行政机关不得因当事人申辩而加重处罚。另外，行政处罚一般程序中还确立了听证程序，并规定了听证的范围以及程序、当事人在听证中享有的权利等。在行政许可法中也有类似之规定。

概言之，正当行政程序确保了当事人参与行政决定过程的权利，也有利于保障当事人权利，限制行政机关滥用权力。

2. 商标注册行为的效力——附第三人效力的行政行为

商标注册制度主要的目的，是为避免消费者的混淆、误认，要达到此目的，必须确保相通或近似的商标仅能由特定人专用，他人非经授权不得使用。因此，商标专责机关（原国家工商总局商标局）核准商标注册之效力，乃禁止商标权人以外的第三人，使用与注册商标同一或近似之商标于相同或类似之商品或服务上，而致消费者有混淆误认之虞，性质上对第三人课以不作为之义务。❷ 概言之，无论将商标注册行为界定为行政许可抑或是行政确认、行政审批，但商标专用权乃是经过注册后产生的。❸

---

❶ 王锡锌. 行政程序法理念与制度研究 [M]. 北京：中国民主法制出版社，2007：218 - 219. 1908 年，最高法院在 Londoner v. Denver 一案中就指出 "就其本质意义上讲，听证要求享有听证权的人有权通过论辩支持自己的主张，无论其论辩多么简单；在必要时，有权提供证据支持自己的主张，反驳对方的观点，无论这些证据多么非正式"。1974 年，最高法院大法官怀特在 Wolf v. McDonnell 一案中代表法院对正当程序所要求的听证作出了总结性的意见。他写道："法院一贯认为，在个人被剥夺财产或利益之前的某个时间，某种形式的听证是必须的。"
❷ 汪渡村. 商标法论 [M]. 台北：五南图书出版公司，2008：203.
❸ 即便在美国商标权源于使用而非注册，但是按照商标法注册后的商标具有一定的优势。参见 [美] 墨杰斯，等. 新技术时代的知识产权法 [M]. 齐筠，等译. 北京：中国政法大学出版社，2013：595 - 596.

注册商标专用权"是指商标注册人在核定使用的商品或服务上专有使用核准注册的商标的权利,它是一种法定权利。"❶"所谓核定使用的商标是指注册时核准使用的指定商品类别中的具体商标。核准注册的商标和核定使用的商品是确定注册商标专用权保护范围的两个具体标准,它们是相互依存、不可分割的统一整体。两个因素必须结合起来,不存在没有确定商品的商标专用权。"❷ 只有两个因素同时具备的情况下,商标注册人才享有商标专用权,受到法律保护,任何人都不得侵犯。

而根据 2013 年《商标法》第 57 条之规定,未经注册商标专用权的商标人许可的实施侵犯他人商标权的行为,需要承担民事赔偿责任,甚至构成犯罪。

也就是说,注册商标专用权的取得对第三人意味着禁止其实施《商标法》第 57 条规定的行为。

另外,在我国商标专用权的取得并非源于使用,而是注册。因此,也会存在 2013 年《商标法》第 32 条所规定的"损害他人现有的在先权"❸"以不正当手段抢先注册他人已经使用并有一定影响的商标"等违法行为。因此,商标注册行为在确定予申请人注册商标专用权的同时,也可能对他人在先权产生影响,那么在商标法中规定权利受到不利影响的其他人享有陈述、申辩及要求重新审查商标注册行为的权利,也符合正当程序的要求。

综上,笔者将商标注册行为界定为附第三人禁止效力的行政行为,❹ 并且由于申请人获得的是独占性的商标专用权,因此其又具有独占性"行政许可"的性质,故可以参考行政许可法的相关规定,对核准注册商标的行为赋予第三人陈

---

❶❷ 郎胜. 中华人民共和国商标法释义 [M]. 北京:法律出版社,2013:105.

❸ 他人现有的在先权是指在商标注册申请人提出商标注册申请之前,他人已经取得的权利,如外观设计专利权、著作权、企业名称等。郎胜. 中华人民共和国商标法释义 [M]. 北京:法律出版社,2013:67.

❹ 第三人效力处分包括两种情形:一种为对相对人之负担处分同时产生对第三人之受益效果,另一种为对相对人为受益处分同时产生对第三人负担之效果。商标注册行为人即属后者。建构第三人效力处分概念具有重要意义,处分效力所及之第三人通常具有程序上当事人或利害关系人资格,享有当事人权利。参见吴庚. 行政法之理论与实用(增订 10 版)[M]. 台北:三民书局,2008:356 - 358.

述意见之机会。❶ 2013年《商标法》设置原商评委居中审查注册商标是否侵犯他人在先权等权利，正是给第三人提供救济的路径。就此，笔者认为商标确权裁决是正当法律程序的内在要求。这也是原商评委行使商标确权裁决的理论基础所在。

(三) 从行政行为无效角度

1. 无效行政行为的概念及标准

无效行政行为，是违法行政行为之一种，"通常是指因具有重大而且明显的违法情形而自始不产生法律效力的行政行为。在后果上表现为自始、当然、确定无效"。❷ 无效行政行为主要是大陆法系国家行政法上的概念、理论和制度。在我国，目前既没有成熟的无效行政行为理论，也缺乏完善的无效行政行为制度。❸

行政行为是否达到最严重之无效程序，学说上有"严重说"与"显著说"两种主要见解。

第一种理论：所谓严重说"是指行政行为的内在或外观产生的违法程度已经极为严重，以至于不能承认其是一个合法有效的行政行为"。❹ 至于严重之程度需以各个行政行为之情形及所涉及法规之不同，作个案分析。

第二种理论：显著说，又分为内在违法显著说及外观违法显著说。前者乃探求违法的实质面、整体面显著违法，而后者认为只要在外观上有显著瑕疵，任何

---

❶ 《行政许可法》第四十七条 行政许可直接涉及申请人与他人之间重大利益关系的，行政机关在作出行政许可决定前，应当告知申请人、利害关系人享有要求听证的权利；申请人、利害关系人在被告知听证权利之日起五日内提出听证申请的，行政机关应当在二十日内组织听证。我国台湾地区"行政程序法"第102条规定："行政机关作成限制或剥夺人民自由或权利之行政处分前，除已依39条规定，通知处分相对人陈述意见，或决定举行听证外，应给予该处分相对人陈述意见之机会。但法律另有规定者，从其规定。"
❷ 金伟峰. 我国无效行政行为制度的现状、问题与建构 [J]. 中国法学，2005 (1)：39.
❸ 对行政行为有效、无效、撤销、确认违法判决之间的区别，金伟峰. 我国无效行政行为制度的现状、问题与建构 [J]. 中国法学，2005 (1)：39.
❹ 苗连营. 试论行政行为公定力之有限性 [J]. 河南社会科学，2004 (1)：97.

人皆可发现。❶

中国台湾地区在个案实际判断时，有采取以上两种见解，即"外观显著重大瑕疵"理论。❷

有人认为"重大且明显说"（第二种）应当是我国行政程序法中确认无效行政行为的一般标准。因为它兼顾瑕疵的重大性要件和瑕疵的明显性要件。但其同时认为该说在实践中只能作为一个原则性的确认标准，而不能成为可操作的具体判断基准。❸ 因此，对于行政程序法而言，除了应当抽象地规定"行政行为有重大且明显的瑕疵时无效"这一原则以外，还必须明确地对无效行政行为的具体情形做出列举规定，其认为指出无权行政行为、违反一事不再理原则做出的行政行为、行政主体违反正当程序做出的行政行为等应属法定无效范畴。笔者认为违反正当程序的行政行为不应一律无效，应该区分不同的违法程度而定。

2. 利害关系人的权利救济

有学者针对无效行政行为提出应当赋予相对人抵抗权。❹ 对于抵抗的方式，行政法学者普遍接受拒绝说，即认为相对人对于无效行政行为有权拒绝或不予执行；而对于抵抗权的性质，有学者主张，既是权利也是义务，因为如果行政行为严重违法，执行后将给人民生命财产造成重大的无法挽回的损失，相对人可以而

---

❶ 陈新民. 行政法学总论 [M]. 台北：三民书局，2000：341-343.
❷ 中国台湾地区"行政程序法"行政处分有下列各款情形之一者，无效：
一、不能由书面处分中得知处分机关者。二、应以证书方式作成而未给予证书者。三、内容对任何人均属不能实现者。四、所要求或许可之行为构成犯罪者。五、内容违背公共秩序、善良风俗者。六、未经授权而违背法规有关专属管辖之规定或缺乏事务权限者。七、其他具有重大明显之瑕疵者。
《德国行政程序法》第44条规定（无效行政行为）（1）有特别严重错误，且理智考虑所有有关情况后错误明显时，行政行为无效；（2）除第1款所指情形外，下列情形中行政行为亦属无效：1. 行政行为以书面方式作出但未报作出行政机关认可的；2. 依据法律规定作出行政行为时须递交有关文书但未符合这一形式的；3. 行政机关在第3条第1项所指管辖之外作出行政行为且未获得授权的；4. 有关行政行为事实上无任何人能执行的；5. 行政行为要求作出属犯罪或治安罚款情形的违法行为的；6. 行政行为违反善良风俗的。参见德国技术合作公司、中国国家行政学院. 联邦德国的宪法和行政法 [R]. 1999：144.
❸ 金伟峰. 我国无效行政行为制度的现状、问题与建构 [J]. 中国法学，2005（1）：43-44.
❹ 王锡锌. 行政行为无效理论与相对人抵抗权 [J]. 法学，2001（10）：16-20.

且应该将之视为一个无效行政行为，不予执行。❶ 笔者认为，这种将判断行政行为是否无效的决定权赋予相对人，将可能导致行政行为无效标准流于形式，在适用法律上势必不统一。因此，行政行为无效，是任何人可主张其无效。但行政行为无效，仍由行政机关依职权或依利害关系人申请确定为好。❷

所以，行政行为的无效，虽然是自始无效，但并非当然无效而无须利害关系人请求确认，就当然无效。因此"可规定相对人在提起确认无效诉讼前，必须先向原行政主体或上级行政主体请求确认无效。如果原行政主体或上级行政主体确认行政行为有效或在法定期限内未予答复，则可向法院提起确认无效诉讼"❸。也就是说提起确认无效诉讼应以行政确认程序为前置条件。❹

因此，在先权利人或其他利害关系人认为原商标局准予注册申请（申请人因而获得注册商标专用权）的行为，侵犯其在先权，而根据2013年《商标法》第45条的规定此一违法注册行为构成无效行政行为，故而应先由行政机关自行确认该行政行为的无效，对行政机关的确认行为不服才能提起行政诉讼。这符合无效行政行为应由行政机关先行确认的理论。而这也构成了商标确权裁决的理论基础。

---

❶ 转引自金伟峰．我国无效行政行为制度的现状、问题与建构［J］．中国法学，2005（1）：45．
❷ 中国台湾地区"行政程序法"第113条规定：行政处分之无效，行政机关得依职权确认之。行政处分之相对人或利害关系人有正当理由请求确认行政处分无效时，处分机关应确认其为有效或无效。
　《德国行政程序法》第44条第5款规定：行政机关依职权可随时确定行政行为的无效性；出于合理权益申请确认无效时，行政机关应依申请予以确认。参见德国技术合作公司，中国国家行政学院．联邦德国的宪法和行政法［R］1999：145．
❸ 金伟峰．我国无效行政行为制度的现状、问题与建构［J］．中国法学，2005（1）：46．
❹ 中国台湾地区"行政诉讼法"第6条规定（确认之要件）确认行政处分无效及确认公法上法律关系成立或不成立之诉讼，非原告有即受确认判决之法律上利益者，不得提起之。其确认已执行而无回复原状可能之行政处分或已消灭之行政处分为违法之诉讼，亦同。
　确认行政处分无效之诉讼，须已向原处分机关请求确认其无效未被允许，或经请求后于三十日内不为确答者，始得提起之。确认诉讼，于原告得提起或可得提起撤销诉讼、课予义务诉讼或一般给付诉讼者，不得提起之。但确认行政处分无效之诉讼，不在此限。应提起撤销诉讼、课予义务诉讼，误为提起确认行政处分无效之诉讼，其未经诉愿程序者，行政法院应以裁定将该事件移送于诉愿管辖机关，并以行政法院收受诉状之时，视为提起诉愿。

3. 商标注册行为为附款行政行为

（1）行政行为之附款

行政行为是行政机关对特定事件的规制。因此，每一个行政行为，在概念上均有一个不可或缺之规制。有时，一个行政行为除该主要规制外，并另以附加规定，对主要规制予以补充或限制。该附加规定，相对于行政行为之主要规制而言，即行政行为之附款。❶ 对行政行为附款的允许性，我国台湾地区"行政程序法"第93条明确规定，"行政机关作成行政处分有裁量权时，得为附款。无裁量权时，以法律有明文规定或为确保行政处分法定要件之履行而以该要件为附款内容为限，始得为之"。"附款的形式期限、条件、负担、保留行政处分之废止权、保留负担之事后附加或变更。"❷

条件在意义上与民法之规定相同，条件可以分为停止条件和解除条件。"停止条件之行政处分，于条件成就时，发生效力；附解除条件之行政处分于条件成就时，失去效力。行政机关或相对人对于条件之成就，均应顺其自然，任凭可能出现之不确定事实，不得以违背诚实信用之方法，促使或阻碍条件之成就。"❸ 对于条件之分类，有偶成条件、随意条件、混合条件、真正条件及不真正条件等之分。❹ 需要注意的是废止保留是解除条件的一种特殊情况。终止行政行为效果的事件是行政机关声明的保留，废止保留的提示收件人以后废止的可能性，从而排除值得保护信赖的产生。❺

"期限系使法律行为效力的发生或消灭，系于将来确定事实之附款。"❻ "条件与期限同以将来的事实为内容，其主要区别在于条件系针对客观上不确定的事实，期限则为确定发生的事实。"❼ 期限中使行政行为之效力为因特定时点之到

---

❶ 陈敏. 行政法总论 [M]. 台北：新学林出版有限公司，2011：499.
❷ 陈铭聪. 我国台湾地区"行政程序法"立法争议问题研究 [J]. 甘肃行政学院学报，2012（2）：113.
❸ 吴庚. 行政法之理论与实用（增订10版）[M]. 台北：三民书局，2008：371.
❹ 王泽鉴. 民法总论 [M]. 北京：北京大学出版社，2009：335-337.
❺ [德] 毛雷尔. 行政法学总论 [M]. 高家伟，译. 北京：法律出版社，2000：317.
❻ 王泽鉴. 民法总论 [M]. 北京：北京大学出版社，2009：346.
❼ 王泽鉴. 民法总论 [M]. 北京：北京大学出版社，2009：332.

来而发生者，为始期；反之，使行政行为之效力因特定时点之到来而消灭者为终期。❶ 由于条件和期限只限定行政行为效果的开始和结束，本身没有实体处理，而只是从时间角度界定行政行为的主要处理内容，其中，条件必须与行政行为客观上具有联系，因此，期限和条件是行政行为的内在组成部分，没有独立性。❷

负担是指附加于授益处分之特定作为、不作为或忍受的义务而言。❸ 负担本身具有实质之规制内容，因此不同于仅为行政行为内在组成部分的期限及条件，而附加的负担设定，因而本身是一个行政行为。负担是必须履行的，为此可以强制执行，也可单独撤销或废除。❹ 负担保留是负担的一种特殊形式，是指行政机关在做成行政行为之际，保留稍后再附加负担或对原有负担保留再予变更或补充之机会。❺ 如果行政行为做出时特定的影响可能发生（如相邻人的噪音负担），但又不是完全确定，或者行政机关打算保留对事后的状态变化（如相邻人的噪声负担增加）做出反应的机会，就可以适用这种保留，与废止保留一样，负担保留也排除值得保护信赖的产生。❻

我国没有统一的行政程序法，对行政行为的附款没有专门规定。只是在行政许可法中有零星规定。

（2）核准注册行为的附款类型

原商标局核准商标注册，并发给注册商标商标专用权证书，并不意味着申请人可以无限制的享有该商标专用权。

首先，根据2013年《商标法》第49条之规定，没有正当理由，注册商标三

---

❶ 陈敏. 行政法总论 [M]. 台北：新学林出版有限公司，2011：500.
❷❹ [德] 毛雷尔. 行政法学总论 [M]. 高家伟，译. 北京：法律出版社，2000：317.
❸ 中国台湾地区"行政程序法"第123条规定，附负担之行政处分，受益人未履行该负担者，得由原处分机关依职权为全部或一部之废止。《德国行政程序法》第36条第2项第4款明确规定，负担系对受益人为某项行为、容忍或不作为的条款（附条件）。
❺ 吴庚. 行政法之理论与实用（增订10版）[M]. 台北：三民书局，2008：371.
❻ [德] 毛雷尔. 行政法学总论 [M]. 高家伟，译. 北京：法律出版社，2000：320.

年不使用的,❶ 任何单位或者个人可以向原商标局申请撤销该注册商标。这里的撤销类似于行政行为的废止,❷ 该注册商标专用权自公告之日起终止,也就是说该撤销行政行为向后发生效力。而这与上面所述的注册商标无效有本质不同。TRIPS 协议也有类似的规定。也就是说,商标核准注册行为具有授益行政行为的特征,但是其同时附加申请人连续使用的负担,此构成了授益行政行为的附款。

---

❶ 对于该规定的立法目的,全国人大常委会法制工作委员会编写的《商标法释义》认为"对注册商标长期搁置不用,不但该商标不会产生价值,发挥商标功能和作用,而且还会影响到他人注册登记或使用,实际上有碍于他人申请注册与其相同或近似的商标,商标的法律机制也就失去存在的意义"(曹佳音. 我国商标法中"商标使用"概念辨析 [J]. 北方法学, 2016 (2): 34.)。原商标局编写的《商标法释义》明确该规定是"为了鼓励商标的使用,以促进企业之间的公平竞争,同时也是为了清除《商标注册簿》中不使用的商标,以扫除他人使用的障碍"(曹佳音. 我国商标法中"商标使用"概念辨析 [J]. 北方法学, 2016 (2): 34.)。在第 895161 号"太阳 Sonnen Weisse 及图"案中,北京市高级人民法院认为该规定的目的在于"督促商标权人正确、有效、积极、连续地使用注册商标"(2009 高行终字第 1415 号)。在第 1530748 号"袁桥老八五"案中,北京市高级人民法院再次指出《商标法》第 44 条第 4 项(现行商标法第 49 条第 2 款)的立法目的在于"督促商标权人积极使用注册商标,清理长期不使用的商标,使商标资源得以有效利用"(2010 高行终字第 409 号)。最高人民法院明确提出"注册商标长期搁置不用,该商标不仅不会发挥商标功能和作用,而且还会妨碍他人注册、使用,从而影响商标制度的良好运转。因此《商标法》第 44 条第(4)项规定,注册商标连续三年停止使用的,由商标局责令限期更正或者撤销其注册商标(注意:2013 年商标法修订时将商标局主动撤销注册商标删除)。应当注意的是,该条款的立法目的在于激活商标资源,清理闲置商标,撤销只是手段,而不是目的"(2010 知行字第 55 号)。曹佳音. 我国商标法中"商标使用"概念辨析 [J]. 北方法学, 2016 (2): 34.)。可见,我国商标法规定连续三年不使用撤销制度的目的与其他国家或地区一样,是强调商标的使用,克服注册主义下注而不用的弊端,确保商标制度的良好运转。

但是对于何为注册商标的使用,商标法没有明确规定。《商标审查标准》将商标的使用界定为商标的商业使用,包括将"商标用于商品、商品包装或者容器以及商品交易文书上,或者将商标用于广告宣传、展览以及其他商业活动中"。最高人民法院认为"只要在商业活动中公开、真实地使用了注册商标,且注册商标的使用行为本身没有违反商标法律规定,则注册商标权利人已经尽到法律规定的使用义务,不宜认定注册商标违反该项规定"。

因此,商标使用要求商标权人既有实际使用的主观意图,又有实际使用的客观表现。从司法实践看,目前判断商标权人是否尽到使用义务的基本标准是公开、真实、规范。其中公开、真实商业性使用是对使用行为性质的要求;规范是指包括时间、地点、标志、商品或服务、主体等要素需要符合要求。商标使用是整体考虑、综合判断的结果,既涉及对当事人提交证据的证明力的审查,也涉及对相关事实在法律标准上的评价,个案性较强,不能简单化、"一刀切",需要具体案情具体分析。参见周云川. 商标授权确权诉讼:规则与判例 [M]. 北京:法律出版社, 2014.

❷ 笔者认为商标法应将该条的撤销修改为废止,这可以与行政许可法保持一致。

行为人三年内无正当理由不连续使用的，将承担注册商标使用权被废止的法律后果。也可以认定此授益行政行为同时保留废止的可能性。

其次，如前所述，根据2013年《商标法》第44条之规定，任何单位或个人在发现注册商标有绝对无效事由时，可以发起无效宣告程序，由原商评委宣告该注册商标无效，并溯及既往地发生法律效力。此种注册商标被宣告无效的原因在申请人一方。在此意义上，核准商标注册的具体行政行为在做出时，原商标局保留了撤销的权力，而此也可以构成核准注册行为的附款。而由原商评委优先解决商标注册行为之附款是否成立在一定程度上也符合行政保留原则。

二、公众审查制度——参与式行政的要求

2013年《商标法》第44条规定，已经注册的商标有法定的违法行为，"或者以欺骗手段或者其他不正当手段取得注册的"，其他单位或个人可以请求商评委宣告该注册商标无效。❶ 也就是说，任何人在此情况下可以发起无效宣告程序，无须与注册商标专用权有利害关系，其维护的是商标注册秩序，这是上文中将其归结为客观确权裁决的原因。这在本质上引进了公众审查制来辅助商标审查，以弥补商标注册机关人员及资源的不足。这也是现代社会"参与

---

❶ 需要注意的是，根据2013年《商标法》第34条、第35条的规定，对初步审定的公告的商标，自公告之日起3个月内，任何人认为违反商标法第10~12条之规定，可以向商标局提出异议。对初步审定公告的商标提出异议，商标局应当听取异议人和被异议人陈述事实和理由，经调查核实后，自公告期满之日起12个月内作出是否核准注册的决定，并书面通知异议人和被异议人。若商标局作出核准注册决定的，发给商标注册证，并予公告。异议人对此不服的可以对此经核准注册后的商标提起无效宣告程序。修改后的商标法对商标异议程序进行了较大幅度的修改。修改前的《商标法》第33条规定对初步审定、予以公告的商标提出异议的，商标局应当听取异议人和被异议人陈述事实和理由，经调查核实后，做出裁定。当事人不服的，可以自收到通知之日起15日内向商标评审委员会申请复审，由商标评审委员会做出裁定，并书面通知异议人和被异议人。2013年《商标法》如此修改的目的在于简化商标异议程序，缩短商标注册时间，限制其他人滥用异议程序期间造成申请人申请核准注册时间无期限的延长。

式"行政、"合作式"❶ 行政这一新行政法模式在商标审查中的体现。

(一) 参与式行政的内涵

参与式行政是指"在社会公众以平等主体身份的参加下,行政主体通过充分听取意见建议、进行协商合作等各种良性互动的方法开展行政立法、行政决策和行政执法活动,以实现行政为民的宗旨,保障行政具有正当性与合理性的一种民主行政模式"。❷ 其核心"就是通过将公众和各类社会成员纳入行政过程形成PPP机制,促进行政的民主化、理性化、科学化和规范化、提升行政活动的公开、公平、公正和效率"❸。

参与式行政,可"追溯至英国普通法上的自然原则,即任何权力必须公正行

---

❶ 类似的概念有公众参与、合作治理、参与式治理等。学界对公众参与的研究很多停留在行政层面,如有学者认为公众参与是指"行政主体之外的个人和组织对行政过程产生影响的一系列行为的总和"。(姜明安,李春燕. 公众参与趋势对行政法和行政法的挑战 [J]. 中国法学,2005 (6).)而参与式治理下(王锡锌. 参与式治理与根本政治制度的生活化 [J]. 法学杂志,2012 (6);公众参与和中国法治变革的动力模式 [J]. 法学家,2008 (6).),参与的主体也是公众,参与的对象也是公共行政。因此笔者认为公众参与与参与式治理在内涵上基本相同,只是后者强调参与的对象,而前者强调参与的主体。美国行政法学者朱迪·弗里曼提出了合作治理的概念([美]朱迪·弗里曼. 行政国家的合作治理 [M] //朱迪·弗里曼. 合作治理与新行政法. 毕洪海、陈标冲,译. 北京:商务印书馆,2010.)。该文研究的对象是行政的合作治理。在该文中,作者分析了传统管制模式的弊端,如在规则制定中,"非正式规则制定的焦点是行政机关,当事人就没有机会建设性地彼此连续接洽,他们在通告与评论程序中常常会采取极端的立场,更偏向于采取期望诉讼的状态,而不关注行政机关提出的关键问题。这就鼓励行政机关就对抗性的立场进行妥协或折中,结果就将解决方法限于有限的范围,或当事人所代表的两极之间某处的标准。通告和评论还会损害规则的实施,因为无法鼓励受规则影响最大的当事人进行对话或协商。"而且"传统的许可程序因为具有高度的对抗性和规则限制性而遭到了抨击。行政机关和申请人彼此通常会采取一种对抗性的姿态"。作者进一步分析认为利益代表模式、公民共和主义行政法、公共选择理论并不能完全应对现在的挑战(参见胡敏洁. 合作行政与现代行政法发展的新方向——读《合作治理与新行政法》[J]. 行政法学研究,2012 (2).),在此基础上其提出合作治理的行政法模式。认为合作模式对问题的解决往往带来质量更优的规则,而"参与可以改进规则的信息基础从而提升决定的质量,并因此增加成功实施的可能性并且就规则在实践中的效果提供重要的反馈。利害关系人与受影响的主体参与解决管制问题具有独立的民主价值",其性质不同于利益代表模式所期望的参与。因此参与是社会公众参与行政从而达到合作治理的路径。因此,参与式行政、公众参与、合作治理在目前来说意思基本一致(杨春福. 风险社会的法理解读 [J]. 法制与社会发展,2011 (6):112.)。

❷ 方世荣,邓佑文,谭冰霖. 参与式行政的政府与公众关系 [M]. 北京:北京大学出版社,2013:28.

❸ 莫于川. 公众参与潮流和参与式行政法制模式 [J]. 国家检察官学院学报,2011 (4):54.

使，对当事人不利的决定必须听取他的意见"，❶ 而在现代法治社会，普通公民对政治活动，尤其是政治决策活动的参与被视为民主政治的重要标志，"民主的最重要原则是，当影响到他们的集体生活和利益的事态发生时，人民有权自己统治自己而与民主政治的进程相适应的是行政民主化，公众参与行政过程无疑是行政民主化的重要体现，也是公众参与的最重要的方式之一"❷。

"参与式行政……体现了实现公共利益、处理公共事务过程中政府和公民之间的协调……实现了社会的多元共治……使得行政过程得以自我合法化。"❸

参与式行政为公众与政府之间构建了信息共享平台，增强了行政决策的科学性。❹ 公众参与提高了行政的民主性、转变了政府职能、提高了行政的合理性、有利于制约行政裁量权的滥用。❺

本书将商标评审中的参与式行政，称为商标公众审查制。此种公众审查制区别于一般的参与式行政有其特殊性，表现在以下几个方面。

第一，参与主体没有资格的限制，参与主体具有当事人资格。如前所述，根据 2013 年《商标法》的相关规定，任何人或单位都可以启动商评委的无效宣告程序，主体没有资格限制，并且对商评委的决定不服可以原告的名义向法院提起行政诉讼。这与其他参与式行政的主体有较大区别。在城市规划领域，存在公众参与的主体较窄，缺少集体或社会组织参与、参与程度低等问题。❻ 再者，行政机关对参与主体拥有选择权，参与主体也不享有当事人资格，社会公众就城市规划决定一般也不能提起诉讼，有的则采取抗议、罢工等极端形式表达对行政决策或其他决定的不满。❼

第二，参与的时间没有限制。根据 2013 年《商标法》第 44 条的规定，任何

---

❶ 转引自胡肖华，聂辛东. 论社会公权力制约的新元素：公众参与引入的动因、机理、优势与进路 [C] //行政法论丛. 北京：法律出版社，2015：109.
❷ 王青斌. 论参与有效性的提高 [J]. 政法论坛，2012 (7)：53.
❸ 转引自刘莘，金成波. 参与式行政：一种新型的行政法制模式 [J] 江淮论坛，2013 (6)：105.
❹ 刘莘，金成波. 参与式行政：一种新型的行政法制模式 [J]. 江淮论坛，2013 (6)：106.
❺❻ 王青斌. 论公众参与有效性的提高 [J]. 政法论坛，2012 (7)：53 - 54.
❼ 王锡锌. 我国行政决策模式之转型——从管理主义模式到参与式治理模式 [J] 法商研究，2010 (5)：5 - 6.

人或单位在任何时候都可以发动公众审查，没有期限限制。但需要注意的是公众审查只能在原商标局核准注册后才能提起。但是，根据2013年《商标法》第39条规定，注册商标的有效期为10年，那么在该注册商标专用权消灭后，能否发起公众审查，商标法没有明确规定。❶ 对此，可以从《商标法》相关条文的解释中获得答案。首先，注册商标侵犯违反绝对不予注册事由，该核准注册的行政行为属于绝对无效的行政行为。对此行为，通说认为在任何时候都可以主张其无效，不受时间的限制。其次，2013年《商标法》第45条对侵犯在先权等权利之利害关系人发起商标确权裁决规定了5年的时间限制，但是在第44条却没有规定时间，那么我们可以推定第44条发起公众审查的时间没有限制，即便该注册商标权已过法定有效期。而对于其他参与式行政来说，并不是在任何时候都能实施。如根据《城乡规划法》第26条的规定，征求公众意见的时间是"报送审批前"。也就是说对城市规划草案的参与时机为城市规划草案成型之后。当然在城市规划得到审批后无疑也就丧失了参与的机会。概言之，城市规划草案等类型的参与是对行政机关未做出最终的决定的参与，而商标公众审查是对原商标局已经发生法律效力的核准注册决定不服而开启的参与程序。

第三，参与的保障机制较好。根据2013年《商标法》第45条第2款之规定，商评委收到无效申请后，应当通知相关当事人，并责其限期答辩，并应当自收到申请之日起12个月内做出维持注册商标或者宣告注册商标无效的裁定。也就是说，相关当事人提起无效宣告的申请后，原商评委必须根据申请开启商标确权裁决这一法定程序，并在评审程序中审查被申请商标是否无效。

概言之，商标法赋予任何人当事人资格，开启商标评审程序，而商评委也必须根据申请做出回应（相当于诉讼中的诉判关系）。此种类型的公众参与程序为准司法程序。而相对于其他领域的公众参与来说，则没有如此程序和机制保障。❷

---

❶ 在日本，对此问题，《商标法》第46条第2款明确规定，"前款的准司法审判，即使在商标权消灭后也可以提出请求"。
❷ 王青斌. 论公众参与有效性的提高[J]. 政法论坛, 2012 (7)：57.

（二）引入参与式行政（公众审查）的原因

参与式行政引入商标评审中，具有弥补审查人员及资源不足的缺陷，对商标审查制度具有重要的补充作用。

据统计 2013 年原商标局共受理商标注册申请 188.15 万件，同比增长 14.15%，商标注册申请量急剧增加与审查力量严重不足之间的矛盾越来越突出……现在审查 1 件商标相当于 2008 年年初审查 2.2 件的工作难度；自 2008 年以来，我国商标审查员始终处于超负荷工作状态，人均月审查超过 450 件，相当于美国、日本等发达国家的 3 倍。在申请量仍然快速增长，审查难度不断提高的情况下，2013 年《商标法》将商标审查周期进一步缩短到 9 个月，使商标局面临艰巨任务和严峻挑战。❶

如果按照商标局的统计，人均日审查超过 20 件（每月按照 21 天工作制计算），那也就意味着每个商标审查的时间不超过 1 小时。如此高强度的审查负担，将大大限制审查人员搜索该申请商标的有关资料，这也将在一定程度上降低商标审查的质量。因此，商标法在引入公众审查机制对注册商标进行审查，将有效弥补商标审查存在的人力资源不足问题，完善商标审查注册制度。

三、商标争议案件（私权争议）行政权介入的合宪性

如果当事人"以他人使用在核定商品上的注册商标与其在先的注册商标相同或者近似为由提起民事诉讼的，人民法院应当根据《民事诉讼法》第 111 条第 3 项的规定，告知原告向有关行政主管机关申请解决"。❷ 也就是说商标确权裁决

---

❶ 国家工商总局. 商标注册：持续快速增长 [N]. 中国工商报，2014-04-24（T02）；中华人民共和国国家工商总局商标局，商评委. 中国商标战略年度发展报告（2013）[R]. 北京：中国工商出版社，2014：5-9.
❷ 《最高人民法院关于审理注册商标、企业名称与在先权利冲突的民事纠纷案件若干问题的规定》第 2 条第 1 款。

构成当事人寻求司法救济的前置程序，这在一定程度上构成了对当事人诉权的限制。那么商标法采取行政途径解决民事纠纷，并将其规定为司法程序的前置程序，此一规定是否具有合理性？

（一）商标争议案件的属性

本书第一章指出，商标确权裁决的原因为注册商标对"公权""私权"的侵犯，从而导致商标无效宣告程序的启动。但是不管基于何种原因导致商标确权裁决，此类纠纷终为发生在平等主体之间，可以将其纳入私主体之间纠纷的范畴，而这与发生在以公权力为一方的公法争议有较大的区别。但是此类私主体之间的争议与一般的私权争议有一定的区别。

私权争议通常是指个人间之法律关系的争议，具体是指以私法为依据之法律的争议。❶ 本书将其界定为因民事权益而产生的争议。那么此处涉及的商标权究竟为私权抑或为公权？

商标是民事权利，其功能在于区分商品或服务。❷ TRIPS 协议在序言中承认"知识产权是私权"。对商标权的私权性已无异议。但"商标权的产生关乎公共政策，是利益相关者要求与公共政策选择相结合的产物。一方面，利益相关者对商标有保护的要求。利益相关者即商标经营者，他们通过诚实经营使商标凝聚了良好的声誉，得到了消费者的认可，故此希望这一既得利益获得法律保障，使假冒商标者受到制裁。另一方面，从公共政策的角度而言，对商标权给予保护契合国家竞争政策目标实现的需要：对商标权给予保护有利于通过打击盗用他人商誉的无良经营行为，强化公平竞争的商业伦理，确立鼓励诚实经营的正向行为激励模式；商标权保护为消费者选择商品提供了一条便捷的通道，确认并保障了消费者通过商标选择商品的利益，能有效防止消费者对商品来源的混淆，减少了信息搜索成本。正由于商标权是立法者为实现竞争政策而设的制度产品，其产生便不

---

❶ 黄茂荣. 行政机关介入私权争议之研究 [R]. 台北"行政院"研究发展考核委员会，2000：10.
❷ 周波. 商标知名度的认定与商事主体的历史传承 [J]. 人民司法，2011（8）：63.

可避免地具有政策工具的属性,即社会属性。因此,是否有利于竞争政策的实现便成为以商标权保护为中心的制度设计是否合理的重要价值判断标准"。❶ 对商标权的保护方式、路径、范围等也成为一种国家战略选择。在这个意义上商标权具有一定的公共利益导向,具有一定的公法性。

以商标权无效为对象的商标确权裁决,其实质是对核准注册商标的具体行政行为是否违法进行审查。因此,虽然纠纷的双方是平等主体,但是其对象涉及具体行政行为的合法性,而这与行政管理活动有关,同时又具有一定的公法争议的属性。因此,商标确权纠纷不同于纯粹意义上的私权纠纷。

(二) 行政裁决与司法最终的原则

对于行政介入民事纠纷的合法性问题,目前基本上不存在争议。

从"行政裁决制度产生发展的历程看,它是基于社会现实的需求,而不是脱胎于某种先验的理论。在英国,行政裁判所的发展是基于社会立法的需要、司法的保守性、司法程序的烦琐等因素的综合作用而导致的"。❷

在美国,在当前情况下,国会几乎能够授权行政机关处理一切民事争端,而不违反宪法的分权原则。1932 年,美国最高法院在先例性的案件克罗威尔诉本森案中,指出在对司法审判不造成阻碍的情况下,授予行政机关裁判权力既是合理的也是必要的。在判断将裁判权授予公共机构的合宪性时,法院认为"国会没打算对法律问题作出界定,国会毫无疑问想保留联邦法院一贯的处理所有问题的全部权力。这里也不存在干预法院审判活动的问题,而是有相当多的特殊规定便利了法院审判活动"。❸ 该判决显示,美国最高法院认为,只要不排除司法审查,一切私权案件都可以由国会规定用行政方法审理。通常来说,未排除司法最终原

---

❶ 罗晓霞. 商标权的双重属性及其对商标法律制度变迁的影响 [J]. 知识产权,2012 (5):31.
❷ 黄臻臻. 论民事纠纷的行政裁决 [D]. 厦门:厦门大学,2007:25.
❸ [美] 肯尼思·F. 沃伦. 政治体制中的行政法 [M]. 王丛虎,等译. 北京:中国人民大学出版社,2005:98.

则的立法符合宪法有关分权的原则。❶

在1974年的沃基根市诉污染控制委员会案中，沃德法官认为，美国联邦地区法院一直主张，将裁决权授给行政机关是合适的；其还引用了几个行政法专家的观点争辩说，只要有有效的立法或司法审查机构存在，任何权力的授予（无论是立法权还是裁决权）都不违反权力分立原则，"如果立法机关或司法审判机关能够有效地纠正某个机构的过错，那么即使这个机构具有立法或司法的特征也是无关紧要的"。❷ 但1982年最高法院在北方输油管建设公司案件中，抛弃了克罗威尔案件，恢复传统的司法权力委任理论，认为国会只能授权行政机关裁决公法案件（public right），纯粹私人之间的案件只能由普通法院受理，不能授权行政机关裁决。❸ 但在三年后的托马斯诉联合碳化物农业公司案中，最高法院通过完全反对公私权力的划分和重新确认久已确立的司法观点（立法机关有权力将裁判权授权给行政机关，无论是涉及公权还是私权，但条件是被授权机关的裁判应该接受司法审查）纠正了其在判决中明显的错误。❹ 然而，最高法院在S.A.格南芬拉诉诺伯格案中又一次适用了公私权力划分的原则，引起了更大的困惑。

总之，美国最高法院对国会能够授权行政机关行使司法权力的界限，有时以公权力作为标准，有时以司法审查作为标准。最高法院判例的徘徊不定，一方面由于最高法院的判决受具体案情的影响，不一定遵循一个抽象的原则；另一方面由于法官的观念不一致，判决虽然由多数法官通过，然而往往反映起草判决的法官的观点。❺ 但是，因为法院没有时间也没有专业知识解决各种争议，甚至是双

---

❶ 王名扬. 美国行政法［M］. 北京：中国法制出版社. 2005：310.
❷❹ ［美］肯尼思·F. 沃伦. 政治体制中的行政法［M］. 王丛虎，等译. 北京：中国人民大学出版社，2005：98.
❸ 王名扬：美国行政法［M］. 北京. 中国法制出版社. 2005：311. 行政法评论教授施瓦茨和其他许多人一样，对该判决提出了批评，认为运用公私权力的划分来决定裁判权力的授予的做法在一个世纪以前就遭到了反对，"在我们的行政法的发展史上，质疑立法权将裁判权授权给特种机构的反对意见来的太迟了。只要行政机关的裁决是接受司法审查的，那么公司权力的裁决权都可以授权给他们。在北方管道建设公私一案中作出的相反判决一样，在行政法发展史上倒退了几乎一个世纪。"参见［美］肯尼思·F. 沃伦. 政治体制中的行政法［M］. 王丛虎，等译. 北京：中国人民大学出版社，2005：99.
❺ 王名扬. 美国行政法［M］. 北京：中国法制出版社，2005：311.

方当事人都是私人的争议,所以法院将会继续允许行政机关裁决上述争议,如此行政裁决成本远低于法院审判,结果更一致、更精确,也减轻了法院大量的不能承担的巨大负担。❶ 笔者认为,美国国会授权行政机关裁决民事纠纷是出于纠纷数量巨大、专业性较强,而法院又不能及时、有效地给予当事人救济所导致的。迟到的正义是非正义。

从美国的实践来看,通过立法授予行政机关裁决民事纠纷的合法性得到确认,此种合法性源于司法对民事争议的最终决定权,行政机关的裁决决定需要接受司法审查,对法官没有拘束力。

从我国商标法立法沿革来看,将商标确权裁决界定为先行前置程序是该法一贯的做法,但是在 2001 年以前,商标法将确权裁决界定为终局决定,不可接受司法审查。这实际上剥夺了当事人的诉权,也构成了对法院司法权的侵犯。随着中国加入 WTO,商标法将前述规定做出了修改,确权裁决仍需接受司法审查,不具有终局性。这贯彻了司法最终原则,虽然构成了对诉权的限制,但并未剥夺诉权,也未对司法权构成侵犯。这符合司法最终的原则,具有正当性。

---

❶ [美] 肯尼思·F. 沃伦. 政治体制中的行政法 [M]. 王丛虎,等译. 北京:中国人民大学出版社,2005:99.

第三章　商标确权裁决的基本原则

"行政法的基本原则是指导和规范行政法的立法、执法以及指导、规范行政行为的实施和行政争议的处理的基础性规范。它贯穿于行政法具体规范之中，同时又高于行政法具体规范，体现行政法的基本价值观念。"[1] 当然，商标确权裁决需要遵守行政法的基本原则。但是，确权裁决又具有准司法性，因此在实践和理论层面又发展出其特有的原则。本章主要围绕个案审查原则和请求原则对商标确权裁决所需遵守的基本原则作深入阐述。

一、个案审查原则

在商标确权行政案件中，存在着根据个案情况处理和坚持审查标准之间的冲突问题。

在很多案件中，对于商标局不予注册的决定或在被诉请宣告无效时，商标申请人或注册权人往往会提供此前商标局或商评委准予与诉争商标相同或相近似的商标获准注册的先例来主张诉争商标也应获得注册或不构成相同或近似。但商评委和法院通常会以商标注册的审查系个案审查，其他商标的获准注册并不当然能够证明诉争商标能够获准注册或不构成无效的理由，对商标申请人或注册权人的

---

[1] 姜明安. 行政法与行政诉讼法 [M]. 北京：北京大学出版社，高等教育出版社，2011：65.

主张不予支持。如在"好乐迪股份公司案"❶ 中,法院认为,"商标授权审查因个案事实情况不同可能结论各异,故其他商标,如'美乐迪''麦乐迪及图'的核准注册情况与本案中争议商标能否维持注册无必然联系。原告关于本案应参照其他商标授权案件处理的诉讼主张缺乏事实与法律依据,本院不予支持。"从而判决维持商评委的撤销决定。

(一) 个案审查原则的内涵及原因

商标的个案审查,是指在商标审查过程中排除在先审查案例的类推适用。❷ 也就是说"个案的裁决结果仅对个案发生法律效力,个案的裁决结果不能成为另案获得相应裁决的当然依据"❸。最高人民法院在 2012 知行字第 64 号裁定书,针对再审申请人提出的一审、二审法院违反商标近似判断的个案审查原则时,指出,"本案一审、二审法院虽查明商标评审委员会于 2008 年 7 月 16 日作出商评字〔2008〕06551 号《关于第 3404183 号'XINEYU'商标异议复审裁定书》的事实,但并未将该裁定的认定结论作为本案认定争议商标与引证商标是否近似的依据,而是依照商标近似性判断的个案审查原则将本案的争议商标与引证商标进行对比后,得出二者不构成类似商品上近似商标的结论。"审查商标是否近似主要看争议商标与引证商标是否构成混淆,商评委或法院在引证商标之外添加其他引证商标均构成违反商标个案审查原则。

实行个案审查原则的原因有以下几点。❹

第一,在涉及商标注册的"相对理由"的案件中,由于个案中商标具体使用情况、显著性、消费群体、消费强度、消费者施加注意力、销售渠道等因素均存在差异,因此,其他案件的裁决结果通常不能作为另案获得相同裁决结果

---

❶ 北京市一中院(2011)一中知行初字第 787 号判决。
❷ 蒋利玮. 商标个案审查原则评析[J]. 电子知识产权,2009(12):32.
❸ 北京市一中院(2012)一中知行初字第 1759 号判决。
❹ 蒋利玮. 商标个案审查原则评析[J]. 电子知识产权,2009(12):32;北京市一中院(2012)一中知行初字第 1759 号判决。

的当然依据。

在杭州网易公司申请"倩女幽魂 online"商标案中，商评委认为该商标为网络游戏名称，作为商标使用在计算机软件设计等服务上，消费者不易将其作为表明服务来源的标志进行识别，缺乏商标应有的显著性，属于《商标法》第 11 条第 1 款第（3）项所指不得作为商标注册之标志。该决定被后来的判决所维持。但是该商标在原告其他类别上被核准注册。据此，法院判定商标显著性须结合其使用的商品或服务加以判断。

商标的显著性会随着时间的不同而有所不同，因此审查商标是否具有显著性应该以审查时的状态为准，也就是说要采取个案审查的原则。如在"PM2.5"商标案中，商评委认定"PM2.5"指定使用在医用导线等商品上，消费者一般会取其与指定商品相关的含义，易使消费者误认为商品的型号，不得作为商标注册（也就是说不具有显著性）。二审法院认定申请商标不具有显著性，其解释道，在环境、大气污染日益严重及空气质量引起公众关注的最近两年，相关公众在看到、听到"PM2.5"时，多将其意思理解为"细微颗粒物"，而并非"下午两点半"，而且"PM2.5"也并非英文"下午两点半"的正确表达方式。因此，申请商标使用在指定商品上难以起到区分商品来源的作用，不具有显著性。[1]

第二，理论上而言，涉及商标可注册的"绝对理由"的案件，由于其已禁止使用，因此个案具体事实的不同不应成为个案裁决不同的理由，因此个案中的裁决应当具有同一的审理标准。但是无论涉及"相对理由"案件，抑或是"绝对理由"案件，针对商标的审查，商标法规定了商标初审程序、商标异议程序、商标无效程序以及司法终审程序。而在上述不同程序中，由于社会经济发展水平的变化等因素可能导致对同一法律条款理解产生的一定的偏差，因此，其他程序中的裁决结果亦不能作为另案做出相同裁决的当然依据。

第三，消费者认知受到社会整体环境和商标使用情况的影响，会随着时间的推移而发生改变。商标审查也会受到地域环境的影响。上海某公司申请"Shimi-

---

[1] 北京市高院（2014）高行终字第 1935 号。

zu"字样的商标,原商评委以申请商标含有公众知晓的外国地名,不得作为商标使用为由做出驳回复审决定,其认为商标审查具有地域性原则,含有"Shimizu"(日本地名:清水)字样的商标在其他国家或地区获准注册,不能作为申请商标获准注册的当然依据。❶

第四,商标法针对商标的审查规定了不同的程序,且存在审级关系。由于个案的差异或各个阶段针对具体法律条款认识的不同,采用相同的判断原则并不代表对于个案的处理,在各个阶段均会产生相同的结论。由于商标法针对商标审查规定了上述的审级关系,原则上在先审级程序中做出的认定不能用于约束在后审级程序,否则将使得上述审级制度失去存在的意义。在某公司申请"流氓兔"商标,原商标局以申请商标含有悖社会主义道德风尚的语言,以此作商标易在社会上产生不良影响为由,驳回注册申请。在后续的评审程序和行政诉讼程序中,该决定均被维持。❷ 但此前同一申请人的"流氓兔"商标在第 20 类家具等商品上已经获得注册。类似的案例还有如在"骨葆"商标案中,❸ 原告指出该商标在商评字〔2010〕第 39192 号《"骨葆"商标驳回复审决定书》中被原商标局以"有害于社会主义道德风尚或者其他不良影响"为由,驳回注册申请,因此在该案中也应当适用相同的审查标准,被告认为前述决定中所涉及的被异议商标指定使用的商品与本案被异议商标不同,故审查结论有所不同。这一决定为法院所支持。

在"东方古岭神"商标案中,原告主张在第 33 类商品上有很多包含"古岭"二字的商标被核准注册,在其他类别上也有很多包含"古岭"二字的商标共存,从而认为就同样事实、同样情况,商标审查标准应当是一致的为由请求法院撤销商评委的决定,但法院最终还是维持了商评委的撤销

---

❶ 北京市一中院(2011)一中知行初字第 562 号;也可参见北京市高级人民法院知识产权庭.北京法院商标疑难案件法官评述(2012)[M].北京:法律出版社,2013:41-44.

❷ 北京市一中院(2006)一中行初字第 765 号和第 766 号行政判决书、北京市高级人民法院(2009)高行终字第 467 号行政判决书。

❸ 北京市一中院(2012)一中行初字第 2585 号。

决定。❶

还有的判决认为商标审查采个案审查的原则是由于"我国并非判例法国家，因此，在先生效的裁判文书以及行政决定原则上对于在后的案件并无拘束力"。❷

（二）商评委遵循个案审查原则的实践

个案审查适用于判定商标的合法性、显著性、商标近似、商品或服务类似、混淆可能性、驰名商标等问题，但并不适用于解释法律条文，❸ 因为商标审查标准应当是统一，不能任由商标审查员通过个案解释法律条文，否则《商标审理和审查标准》的制定就显得没有必要了。北京市高级人民法院认为，商评委审理商标案件实行个案审查原则，但应根据《商标法》所规定的依据和标准，对商标注册是否合法予以审查。因此商评委在其裁定中"以舒英公司的'BENCH'商标与第342318号'BenChi及图'商标已经构成类似商品上的近似商标为由驳回了舒英公司对'BENCH'商标的注册申请，但在本案中却又维持了与342318号'BenChi及图'商标构成类似商品上的近似商标的争议商标'Bench.'的注册，显属适用法律错误"，❹ 因此撤销了商评委和一中院的裁定。

实践中，针对"商品或服务类似"在个案审查中容易引起争议。很多案件都直接根据《类似商品和服务区分表》（下称《区分表》）做出判定。❺ 突破前

---

❶ 北京市一中院（2010）一中知行初字第3310号。
❷ 北京市一中院（2011）一中知行初字第649号判决。
❸ 蒋利玮. 商标个案审查评析［J］. 中华商标. 2009（10）：14.
❹ 北京市高级人民法院知识产权庭. 北京市高级人民法院2009年商标案件审判新发展［J］. 中国专利与商标，2010（3）：33.
❺ 如在（2011）高行终字1540号判决中，被异议商标指定使用在第12类车辆液压系统、陆地车辆传动齿轮、小型机动车、陆地车辆用离合器、陆地车辆刹车等商品上，而引证商标使用在第7类空气制动气系统的阀门及其修理零件商品上。由于被异议商标指定使用的商品与引证商标核定使用的商品在《类似商品和服务区分表》中分属不同类似群组，两者在功能、用途、生产部门、销售渠道、消费对象等方面也不尽相同，故异议商标于引证商标未构成使用在相同或类似商品上的近似商品，被异议商标的注册未违反《商标法》第28条的规定。参见北京市高级人民法院知识产权庭. 北京法院商标疑难案件法官评述（2012）［M］. 北京：法律出版社，2013：203.

者的情况较少,而一旦有所突破,很容易被误认为应当对在后的案例有约束力,理由是商品类似是个客观事实,具体商品之间的类似关系应当是固定的,在具体案件中得出的商品类似关系应当具有普遍的适用性。❶

对此,笔者认为,"类似商品是指在功能、用途、生产部门、销售渠道、消费对象等方面相同,或者相关公众一般认为其存在特定联系,容易造成混淆的商品……认定商品或服务是否类似,应当以相关公众对商品或者服务的一般认识综合判断,而《类似商品和服务区分表》可以作为判断类似商品或服务的参考,不能作为唯一依据"。❷ 因为"商品和服务的项目更新和市场交易情况不断变化,类似商品和服务的类似关系不是一成不变……如果还立足于维护一致性和稳定性,而不考虑实际情况和个案因素,则背离了制度设置的目的和功能。因此在商标异议、争议和后续诉讼以及侵权诉讼中进行商品类似关系判断时,不能机械、简单地以《区分表》为依据或标准,而应当考虑更多实际要素,结合个案的情况进行认定。……因此(2005)高行终字第 27 号判决书认定服装和鞋不属于类似商品并不意味着两者在特定案情下不构成类似"。❸

另外,在一定情况下,商品存在一定的联系,也可以构成"类似"。

最高院认为,第一,判断商标近似、商品类似的目标是避免发生市场混淆误认,因此需对商标标识、指定使用商品之间的关系进行综合判断;不能完全依据商品区分表的分类,也不能要求两商标所使用的商品在功能、用途、销售渠道等方面均相同或近似;第二,该案争议商标核定使用的"电剪、电动剪刀、电动剪刀专用刀片(机器部件)"商品,与引证商标核定使用的"剪刀片(机器零件)"商品,虽属于《商品区分表》第 7 类中的不同类似群,两者在用途、消费对象方面也存在一定的差别,但是两者在功能、用途、生产部门之间存在特定的关系,

---

❶ 文学. 商标使用与商标保护研究 [M]. 北京:法律出版社,2008:94-95.
❷ 《最高人民法院关于审理商标民事纠纷案件适用法律若干问题的解释(法释[2002]32 号)》,第 11 条、第 12 条。
❸ 最高院(2011)知行字第 37 号驳回再审申请通知书。

而构成类似商品。❶

(三) 个案审查与平等保护原则

个案审查与商标审查标准是否一致、是否违背平等保护原则?

行政行为,无正当理由时,不得为差别待遇。但行政法上的平等原则,并非指绝对、机械之形式上平等,而更包括相同事物性质应为相同的处理,非有正当理由,不得为差别待遇而言;倘事物性质不尽相同而为合理之分别处理,应为不同处理。❷ 不同的商标案件由于其指定的商品类别、消费群体、商标强度、商标使用情况、当事人主观意思状态、相关消费者对商标之熟悉程度、销售渠道等因素存在差异,具体个案的审查结果自有不同,这是"不同情况不同处理"之个案审查的结果,并不违背平等原则,也与行政自我拘束原则相一致。

一方面,每个案件的具体情况不可能完全相同,故对个案的审查应当充分考虑个案的差异,这就是个案审查原则,另一方面,对于案情大致相同的类型化案件尤其是关联案件,应当考虑审查标准的适当统一,不宜以个案审查为由完全忽视类型化案件的类似性。类型化案件应当有大致统一的裁判标准,当类型化案件的类似性对案件裁判结果的影响大于其差异性对案件裁判结果的影响时,应当尽量统一裁判标准;当类型化案件的差异性对案件裁判结果的影响大于类似性对案件裁判结果的影响时,应当适用个案审查规则。❸ 无论是适用个案审查还是统一标准,笔者认为,针对申请人提出的其他商标得以注册的事实,商评委必须就此案与其他案件的不同点进行解释和回应,不能径以商标个案审查原则为由驳回,这违反了行政决定的说明理由原则,也不符合申请权对裁判权限制的原则。

---

❶ 最高院(2012)知行字第80号行政裁定书。
❷ 城仲模. 行政法之一般法律原则(二)[M]. 台北:三民书局,1997:108.
❸ 北京市高级人民法院知识产权庭. 北京市高级人民法院知识产权审判新发展(2006~2011)[M]. 北京:知识产权出版社,2012:300.

二、请求原则

（一）请求原则的内涵

2013年《商标法实施条例》第54条规定，商评委审理商标无效案件，"应当针对当事人申请和答辩的事实、理由及请求进行审理"。这是请求原则的体现，即商评委只能在申请人请求宣告注册商标无效的理由范围内对是否应该宣告争议注册商标无效做出决定，而不能以申请人未提出的理由，宣告注册无效。该条体现了申请权对裁决权的限制原则，即商标确权裁决中适用"依申请裁决原则"，法院判决将其称为"请求原则"。

依申请裁决原则是"依诉择判"原则在商标确权裁决中的具体体现。"依诉择判"是指法院不得在当事人请求之外裁判，法院裁判不得超出当事人请求的范围，即禁止诉外裁判原则。❶

在民事诉讼中，"依诉择判"是一项基本原则，只有发生纠纷，原告提起诉讼，法院才能依法受理，当事人的请求已产生约束法院裁判的功能，法院不得诉外裁判。❷

刑事诉讼中，"依诉择判"是指"法院审判行为指向的诉讼客体应与检察机关经由起诉所确立的诉讼客体保持一致。实行诉判同一原则是由现代刑事诉讼的基本结构所决定的，同时对保障被告的辩护权这一原则。……这集中表现在：各国对于法院变更指控事项（包括指控事实、指控罪名以及处罚条款等）的权限进行了严格限制，即不得逾越诉讼客体同一性的范畴。"❸

但是诉判不同一、出现差异是司法实践中的一个常见问题。"有学者经过统计某检察院诉判不统一的数量，2006年至2010年，收到一审判决案件总数为

---

❶❷ 邓刚宏. 行政诉判关系的逻辑及其制度建构[D]. 武汉：武汉大学，2009：107.
❸ 张小玲. 诉判同一原则理论与实践之评析[J]. 法商研究，2006（3）：102.

1518件,其中存在诉判差异的案件数为229件,占一审判决案件总数的15%;而一审后被告人上诉获检方抗诉而收到的二审判决中存在的诉判差异的总计为28件34处。"❶《刑事诉讼法》(1996)对审判和起诉关系的界定,为法院主动变更起诉罪名奠定了法律基础。司法实践中,法院变更起诉罪名较为普遍。陈瑞华将变更起诉划分为"单纯法律评价的变更""指控事实依据的变更""指控事实依据的追加"以及"指控罪名的合并、拆分和追加"四种,而将出现以上变更罪名的原因归结为"指控事实与法律评价的分离""反形式理性的裁判理念"以及"司法被动性的丧失"等。❷

行政诉讼中,一般认为,依诉择判也是一般基本原则。判与诉是相对应的,判决是对诉讼请求的回应,也就是说裁判不能超出诉讼请求。行政诉讼法的宗旨除了实现公民、法人和其他组织权益的有效救济外,还承担着建构和保障客观法律秩序,推进国家治理体系和治理能力现代化转型的任务,因此我国行政诉讼目标定位除了救济权利的功能外,还应通过行政诉讼法来建构和保障客观的公法秩序。❸ 行政诉讼法应是主观诉讼和客观诉讼的集合体。法院对具体行政行为的合法性进行全面审查。

---

❶ 曹坚,樊彦敏.公诉案件差异问题研究——以某检察院五年来公诉判决案件情况为例[J].中国刑事法杂志,2012(5):103-106.
❷ 陈瑞华认为1998年最高院颁布的《关于执行中华人民共和国〈刑事诉讼法〉若干问题的解释》第176条第(2)项"起诉指控的事实清楚,证据确实、充分,指控的罪名与人民法院审理认定的罪名不一致的,应当作出有罪判决"(2012年最高院的刑事诉讼法司法解释第241条第二项 "起诉指控的事实清楚,证据确实、充分,指控的罪名与审理认定的罪名不一致的,应当按照审理认定的罪名作出有罪判决"这与1998年的规定相似)的规定为法院更改指控罪名的提供了合法化的基础。这也为那些主张法院有权直接变更罪名的法官和学者,提供了强大的法律支持。不仅一审中可以变更罪名,二审阶段也可以,按照前述1998年司法解释第257条,二审法院在审理被告人一方提起上诉的案件,若发现原判认定事实清楚、证据充分,但罪名认定不当,可在不加重刑罚的前提,直接更改罪名。陈瑞华认为,刑事诉讼法有关行使审判权的规定为最高院授权法院主动变更罪名的司法解释提供了法律依据。根据刑事诉讼法第一章的规定,检察机关负责公诉,法院负责审判;法院、检察机关的活动都属于刑事诉讼的范畴,都须"以事实为依据,以法律为准绳";而公检法三机关在各自负责的范围内,较为独立地开展刑事诉讼活动,做出有关的诉讼决定。这一流水作业式的诉讼构造,为法院独立地、不受起诉范围约束地确定被告人的罪名,奠定了制度上的基础。陈瑞华.问题与主义之间——刑事诉讼基本问题研究[M].北京:中国人民大学出版社,2003.
❸ 薛刚凌.行政诉讼法修订基本问题之思考[J].中国法学,2014(3):229-246.

1989年《行政诉讼法》第54条第1款确立的维持判决为学者所诟病。有学者认为维持判决与原告诉讼请求相冲突,违背了司法的被动性。这是因为"判与诉是相对应的,判决是对诉讼请求的回应。任何超出诉讼请求的问题,法院都不应主动去裁判,否则便超出了司法权的范围。"❶ 维持判决使得法院中立、公正形象的塑造更显艰难,因为维持判决给人"不管原告的诉求,只顾行政的权威"的印象。❷ 也许基于此原因,2014年《行政诉讼法》修改时用驳回诉讼请求判决取代了维持判决。❸

(二) 适用请求原则的原因

通常认为,诉讼中"依诉择判"的理论基础基于司法被动性、处分原则以及正当法律程序。❹ 实际上商标确权裁决中"请求原则""依申请裁决"原则的理论基础与前者类似。

在本节第一部分中,对商标裁决的性质界定为准司法性,其奉行"不告不理"的原则,即商评委裁决权的被动性。商评委审理商标确权案件源于他人的申请,该申请构成了对商评委裁决的限制,也构成了裁决结论的基础。商评委裁决程序为什么需要保持被动性呢?这可以从以下几个方面得到解释:第一,被动的运用裁决权,可以保证商评委在争议双方之间保持中立和不偏不倚;第二,商评委可为双方平等地参与裁决程序,平等地对裁决结论施加积极的影响,创造基本的条件;第三,有助于裁决者的冷静、克制和自律,防止出现偏见、预断;第四,保证裁决过程、决定的公信力。❺

请求原则是处分原则的体现。处分原则一般是指当事人有权决定诉讼的开

---

❶ 马怀德. 行政诉讼原理 [M]. 北京:法律出版社,2003:430.
❷ 张旭勇. 行政诉讼维持判决制度之检讨 [J]. 法学,2004 (1):50.
❸ 也有学者为维持判决辩护,参见邓刚宏. 行政诉讼维持判决的理论基础及其完善 [J]. 政治与法律,2009 (4):4;杨桦、张显伟. 行政诉讼维持判决制度之维护,[J]. 法学杂志,2010 (4).
❹ 邓刚宏. 行政审判关系的逻辑及其制度建构 [D]. 武汉:武汉大学,2009:109-113.
❺ 参考孔军. 禁止双重危险原则及其我国的确立 [D]. 北京:中国社会科学院研究生院,2012:66.

始、诉讼的对象及终了诉讼的诉讼原则。❶《日本民事诉讼法》第246条规定，对当事人没有申请的事项，法院不得做出判决。❷《法国民事诉讼法》则直接在总则部分的第5条规定，法官应当以所有请求事项并且仅对所请求的事项为裁判宣告。❸但我国行政诉讼法并没有明确规定处分原则。处分原则在商标确权裁决中体现为裁决程序的发动、裁决对象的确定、裁决程序的结束等，申请人有决定权。在商标评审中，申请人有权撤回评审请求，以终结裁决程序。

（三）请求原则在实践中的体现

请求原则将商评委的确权裁决限定在申请人的申请范围内。

1. 商评委变更申请人的法律依据

在"王某某与商评委商标争议案"中，申请人九阳公司依据的是《商标法》第13条，理由却是"含义极其相似，并且在相同商品上使用势必造成误导相关公众的法律事实"，而这属于《商标法》第28条规定的撤销事由，申请人将其归结到第13条。因此商评委认定，申请人对法律理解有误，进而将其法律依据更改为同法28条。❹该案商评委根据当事人的真实意思变更法律依据符合法律规定。

但是，商评委无权更改当事人的请求来迎合法律规定。在"海澜之家与商评委商标争议案"中，申请人海澜之家没有明确提出争议商标违反《商标法》第13条的理由，而仅提出两个商标构成近似、争议商标侵犯申请人在先权、违反诚信原则等理由，未明确提出争议商标的注册违反了《商标法》第13条的规定

---

❶ [日] 兼子一，等. 民事诉讼法 [M]. 白绿炫，译. 北京：法律出版社，1995.
❷ 日本民事诉讼法 [M]. 白绿炫，编译. 北京：中国法制出版社，2000：93.
❸ 法国新民事诉讼法典 [M]. 罗结珍，译. 北京：中国法制出版社，1999：4.
❹ 北京市高级人民法院（2010）高行终字第479号. 解释意思表示，应探求当事人之真意，不得拘泥于所用之词句。这是意思表示解释的目的。王泽鉴. 民法总则 [M]. 北京：北京大学出版社，2009：320. 对于该案另参见 http：//lawyer.legaldaily.com.cn/judgment/default/detail/uuid/147582468077153025 [EB/OL]. [2015-10-02].

的理由,❶由于申请人的理由与第 13 条的理由有本质不同,不能认定为对法律不理解,因此商评委未依据第 13 条审理该案符合法律规定。❷

2. 商评委有权归纳当事人的法律依据

在"谢某某诉商评审会商标争议行政纠纷案"中,商评委认为烟台威龙公司提起商标争议时虽未明确指明请求适用的法律条款为《商标法》第 28 条和第 41 条第 3 款,但是其所提争议理由中认为,争议商标与引证商标使用在第 33 类葡萄酒等商品上,是极为近似的商标的内容。而针对该理由进行评审应该适用前述法条的规定。商评委的决定未超出评审范围。❸ 商评委根据当事人的申请事由归纳其法律依据,并在此范围内进行评审,未违反法律规定。

在"马某某与商评委商标争议行政纠纷上诉案"❹ 中,根据申请书中所载"争议商标与引证商标属于类似商品上的近似商标作为撤销理由"之一,且在被申请人的答辩书中也针对该撤销理由进行了答辩,商评委根据前述焦点而将争议的法律依据归结为《商标法》第 28 条,并据此做出裁决。法院认为该裁定未超出申请人的申请范围,对此予以支持。

3. 对未列出评审理由的请求,商评委可以不予审查,不构成遗漏

在"微软公司诉商评委商标争议行政纠纷案"中,商评委认为,微软公司仅在评审请求中列明了请求的依据是《商标法实施条例》第 29 条,但其并没有明确列明争议商标违反第 29 条的理由,对此评审请求,其不予审查。❺ 法院认可此一观点。

---

❶ 商标法(2001)第十三条 【禁止使用复制、摹仿或翻译他人的驰名商标】就相同或者类似商品申请注册的商标是复制、摹仿或者翻译他人未在中国注册的驰名商标,容易导致混淆的,不予注册并禁止使用。
就不相同或者不相类似商品申请注册的商标是复制、摹仿或者翻译他人已经在中国注册的驰名商标,误导公众,致使该驰名商标注册人的利益可能受到损害的,不予注册并禁止使用。
❷ 北京市高级人民法院(2011)高行终字第 961 号。
❸ 北京市一中院(2010)一中知行初字第 2629 号。
❹ 北京市高级人民法院(2012)高行终字第 977 号。
❺ 商评委商评字〔2011〕第 21202 号。

（四）请求原则与商标共存

商评委在裁决过程中需要尊重当事人的处分权，这是商标权私权性质所决定。

商标裁决的对象、理由等都需由当事人来决定，也就是说其对于裁决标的具有处分权，即在商标裁决过程中，商评委需尊重当事人对标的的处分权。但是当事人的处分权并非无条件行使的。当事人行使处分权的表现形式有多种，如撤回申请，在法定期限内变更请求等。本书对前述处分形式不作探讨。此处所要探讨的是确权裁决过程中，当事人之间若就商标共存达成协议，此时商评委是否一律予以认可的问题。

1. 商标共存协议

商标共存是指，"在后商标使用人如不知在先使用人（或商标权人）已使用该商标，出于善意，在距离原使用人（或商标权人）的远方区域市场上于相同或类似的商品/服务商使用相同或近似的商标并已形成一定的商誉，其不引起消费者混淆时，可以在原范围及其自然扩张区域享有商标权的制度。这一制度是商标权人享有排他性商标权的例外，彰显了商标制度维护善意使用人商誉的公平性价值。"❶

共存协议是商标共存的基础和前提。

"商标共存协议涉及消费者混淆、市场垄断等因素，其合理性不断受到质疑。……若从消费者免于混淆等公共利益的角度看，若允许相同或近似商标共存于市场上，共存协议将会弱化商标法最初的目的——保护消费者。但依财产进路，权利人对财产的处分却是合法的。换言之，假如商标是一项财产，那么商标法最主要关注的就是商标权人的利益，而不是社会公众。"❷那么对于当事人之间签订的商标共存协议，商评委和法院在裁决时该如何处理呢？

在美国，在通常情况下，共存协议在审查中具有较大作用，如果没有其他因素明显地表明存在混淆可能性，则会尊重当事人的判断。❸

在欧盟，"欧洲内部市场协调局（OHIM）从最初不考虑共存协议转变为更

---

❶ 李雨峰. 寻求公平与秩序：商标法上的共存制度研究［J］. 知识产权，2012（6）：4-6.
❷ 李雨峰. 寻求公平与秩序：商标法上的共存制度研究［J］. 知识产权，2012（6）：11.
❸ 美国专利商标局译. 美国商标审查指南［M］. 北京：商务印书馆，2008：309-313.

为折中的方式，一定限度地参考共存协议的内容，如在 OMEGA 案和 COMPARE 案中，OHIM 认为评估是否造成混淆并不能由私有的协议来决定，并且作为私权领域的协议和约定不应凌驾于商标作为对公众权利的对世权之上，而在 SKY 案中，OHIM 的复审委员会开始关注共存协议约定的内容。"❶

在通常情况下，商评委和法院对共存协议予以尊重的，但这并不必然导致商标得到注册或有效。共存协议将并与其他因素一起考量，综合考虑是否存在混淆可能性。

在我国，从笔者搜集到的案例显示，商评委和法院的观点不太一致。

(1) 商评委的观点

在 2013 年"CLOT"商标案中，商评委裁定引证商标与申请商标构成近似，且使用在同一种或类似商品上，两商标共存于市场容易引起混淆误认，裁定申请商标予以驳回。在商评委裁决程序中，其并没有考虑引证商标人与申请商标人之间签订的共存协议。❷ 而在"华润万家"商标案❸中，商评委认为申请商标与引证商标二者具有一定区别，在双方权利人签有共存协议的情况下，可视为无权利冲突；另外，在商标共存会误导消费者从而损害消费者利益的情况下，引证商标一的权利人在《共存协议》中对其商标的处分行为不具有效力，该《共存协议》无法排除混淆可能性，据此商标予以驳回。

据此，我们可以将商评委的观点归结为，共存协议的效力予以考虑，但是其不得妨碍商标区分商品来源等功能的发挥，从而误导消费者。"故在决定是否允许共存时应考虑双方商标整体上是否能够为消费者区分，共存是否容易造成混淆。"❹ 商评委对商标共存协议的效力予以一定的考虑，如果出现两个商标近似程度较高，消费者不易区分，即使存在共存协议，在后商标也不予以注册或裁定无效。另外也需要"考虑双方当事人对市场格局是否有明确的划分，并约定了避免混淆的合理必要措施。若共存协议仅仅是表明了在先权利人对他人注册商标的

---

❶ 薛洁. 商标共存制度初探 [J]. 电子知识产权，2010 (8)：67.
❷ 北京市高院 (2013) 高行终字第 959 号。
❸ 北京市高院 (2014) 高行终字第 1175 号。
❹ 应苏楚. 消费者认知决定"共存协议" [J]. 中华商标，2007 (12)：20.

认可，而并无关于限定彼此商标使用的商品或对市场格局进行划分等避免混淆的合理必要措施，则该共存协议并不能成为排除混淆可能性的充分证据。"❶

（2）法院判决

与商评委观点相比，法官对于商标确权行政诉讼中如何对待当事人之间的共存协议，存在一定的分歧。

有观点认为商标能否注册应该依照商标法的相关规定进行审查，如果两个商标属于相同或者类似商品上的相同或近似商标，按照商标法的相关规定则不能同时注册，即便存在共存协议，在先权利人同意在后商标注册，此种协议不能对抗商标法的规定。在前述"CLOT"商标案中，一审、二审判决中，均认为，即便考虑共存协议的真实性，其也只能消除申请商标的权利障碍，但二者之间在客观上仍构成近似商标，无法达到在整体上为消费者区分，从而实现商标的区分功能，申请商标仍不能得到注册。❷ 在"良子"商标争议案中，一审法院的观点与前者类似。与前者结论相同、但理由不相同的认为在先权利人拥有的仅是自己的注册商标专用权，其可以允许别人使用他的注册商标，但没有权利允许别人注册近似商标，或者说同意他人注册近似商标不在在先权利人的权利范围，因此即使形式上在先商标权人同意，这样的意思表示不影响商标行政管理机关对在后商标可注册性依法进行的审查和判断。❸

与上述相对的观点认为，商标权属于私权，商标权可以进行约定和处分，因此只要商标的权利人达成协议，在先商标权人同意在后商标权注册的，在先商标权人的这种意思表示可以对抗商标法的相关规定，在后的近似商标可以获准注册或有效。在"TEPHENVENEZIA"商标案中，法院更进一步认为，引证商标的权利人对于诉争商标与引证商标是否可能对商品来源造成混淆、误认的判断更接近商

---

❶ 国家工商总局商标评审委员会法务通讯：2014 年商标评审案件行政诉讼情况汇总分析［R］. 2015. (2). ［EB/OL］. ［2015-10-2］. http：//www.saic.gov.cn/spw/cwtx/201508/t20150827_161111.html.
❷ 北京市高院（2013）高行终字第 959 号。
❸ 中国知识产权指导案例评注编委会. 中国知识产权指导案例评注（第四辑）［M］. 北京：中国法制出版社，2013：451.

品市场的实际情况，由此在判断商标是否近似性时，可以将权利人的意见作为考量的因素之一。❶ 也就是说，在无证据表明共存协议会对消费者利益造成损害的情况下，应当对共存协议予以尊重。❷ 对市场混淆可能性的认识，权利人更有发言权，而商标审查员或合议组成员并不能越俎代庖。这一观点也体现在下面的案件中。

北京市高院在"真的常想你"商标案中，关于共存协议的判决比前述观点稍显激进。

首先，其依照商标权是财产权的路径，认为更应当尊重商标权的私权属性，特别是在先商标权人的意志。这是因为"消费者利益并不必然构成公共利益，商标法中消费者利益保护优先于商标权人利益保护并不具有必然充分的理由，而包括商标权在内的知识产权的私权本质属性决定了商标法更应当优先尊重商标权人的意志和保护商标权人的利益。当防止消费者的混淆误认与尊重在先商标权人的意志相冲突时，通常应当优先尊重在先商标权人的意志而不是优先防止消费者的混淆误认。"❸ 如果造成误认，消费者可以放弃该商标所指向的商品而选择替代商品，即"在先商标权人而不是消费者首当其冲地遭受损失，同时也是在先商标权人遭受更大的损失。"❹ 也就是说，如果权利人"能够容忍相同或近似商标同时使用于相同或类似商品或服务，则相关公众或者消费者一般也应当给予同样的容忍，如果其不能给予这样容忍时完全可以选择'用脚投票'，如选择其他品牌的商品或服务"。❺

其次，该判决阐述了商标共存的本质或目标。商标共存并不是以不存在混淆误认为前提。"消除消费者的混淆误认也不是适用商标共存制度的目标"，与此相反，商标共存必须以"消费者混淆误认的实际或可能为适用前提"，商标共存

---

❶ 北京市高院（2014）高行终字第1396号。在该案中，共存协议是在一审期间补交的新证据，一审、二审法院对此予以新证据予以接受，从而推翻了商评委的裁定。但是正如一审法院所述，"由于本案系因斯蒂芬公司在诉讼程序中提交新的证据即《同意书》导致案件事实发生了变化，并非因商标评审委员会的导致第8165号裁定被撤销，且奥斯丁利德公司明确表示愿意承担本案诉讼费用，故本案案件受理费由奥斯丁利德公司负担。"
❷ 北京市高院（2014）高行终字第1175号。
❸❹❺ 北京市高院（2014）高行终字第3024号。

也并"必然消除消费者的误认"。❶ 这是因为若无消费者的误认，在先商标不能成为在后商标的权利障碍，由此，是否造成消费者的混淆误认与在先商标所有人是否许可在后商标申请注册无关，或者说无论在先商标权人是否许可在后商标申请注册，在后商标与在先商标的共存均可能容易导致混淆，但在后商标即使容易导致混淆也可以获得注册。❷

因此，对于共存协议的签订基于双方当事人自愿签订，"不得以诉争商标构成使用在相同或类似商品或服务上的相同或近似商标的在先商标所有人同意诉争商标注册的，原则上均不得以诉争商标与该在先商标构成使用在相同或类似商品或服务上的相同或近似商标为由驳回注册、不予注册或者撤销注册，或者宣告诉争商标无效"，当然危害社会公共利益的商标共存就不应当承认。❸

上述判决突出体现了商标共存是权利人对商标权这一私权处分的结果，其应当受到法院以及商评委的尊重，即便有造成混淆或者误认的可能，也是当事人选择的结果。作为消费者或者社会公众对此应当有一定的容忍性。❹

通过上述对商评委和法院观点的梳理发现，前者稍显保守，其更强调商标作为区分商品来源、保障商品质量等功能，且此一价值优越于商标权作为私权这一

---

❶❷❸ 北京市高院（2014）高行终字第3024号。
❹ 在2010年12月29日，最高院判决中认为，"就本案诉争商标具体情况而言，在认定其是否近似时，仅仅比对标识本身的近似性是不够的，还必须综合考量鳄鱼国际公司的主观意图、双方共存和使用的历史与现状等因素，结合市场实际，进行公平合理的判断"。最高院认为，"首先，鳄鱼公司进入中国市场后使用相关商标，主要是对其已有商标的沿用，且在实际使用中也有意区分诉争商标。因此，原审法院认定鳄鱼国际公司之行为不同于刻意模仿名牌奢侈品的假冒行为，其主观上并无利用拉科斯特公司的品牌声誉，造成消费者混淆、误认之故意，并无不当；其次，从相关国际市场看，双方诉争标识在亚洲部分国家和地区已经长期形成共存和使用的国际市场格局；最后，从诉争标识在中国市场的共存和使用情况看，两者在中国市场内已拥有各自的相关公众，在市场上均已形成客观的划分，已成为可区别的标识。基于以上分析，最高院得出了两商标不构成混淆性近似的结论""无论是从双方当事人的相关认同和共识还是从相关国际市场看，双方诉争商标在亚洲部分国家和地区已经不至于产生市场混淆而可以共存，这足以表明诉争商标在构成要素上的近似性并不必然构成混淆性近似，并不必然导致其不能共存。"最高院还认为，"在这种特殊场合，可以容忍一定程度的混淆，在侵犯注册商标专用权的具体判断中，将是否足以产生混淆作为认定商标近似的重要考量，主要是要求相关标识具有不产生市场混淆的较大可能性，并不要求达到任何人在任何情况下绝对不会误认的程度。"参见李雨峰：寻求公平与秩序：商标法上的共存制度研究［J］. 知识产权，2012（6）：39-140. 总结起来，可以将最高院的观点归结为，首先，商标标识的近似不能等同于法律上的近似，也就是说其不是商标无效、驳回的充分条件，而只是必要条件；其次，判断法律上的近似性需要结合其他因素，如当事人的主观意思状态、市场格局；最后，商标共存只要达到不产生市场混淆的较大可能性即可。

属性。但是法院的判决发生了明显的变化,刚开始与商评委持较为一致的观点,到后来更多地强调在先权利人的意思自治,只要其同意,在后商标则可以获得注册、有效等。但是,"从理论和实践上看,目前完全是私权和完全是公共管理的观点都不是主流,从更多消费者保护等公共管理色彩向更多强调商标权是私权、权利人具有处分权是逐渐转变的过程,目前还没有走到另一端。……两者的利益均需要考虑,即不能一律不考虑共存协议,也不能只要在先商标注册人同意,在后商标一律给予注册。"❶

2. 和解

如上所述,依申请裁决的原则作为处分原则体现,那么当事人当然可以在商标裁决过程中达成和解协议。和解协议的内容、达成的时间都可以由当事人双方自由决定。在现实中,也有商评委居中斡旋、调解从而达成协议的个案。据统计,"商评委 2012 年成功调解了 5 起较大商标争议案件,从而为实现诉争双方共同发展,构建和谐有序的市场竞争环境发挥了应有作用。"❷

(五) 违反请求原则的类型

实践中也存在商评委违反请求原则的情形,本书将其划分为以下类型。

1. 超出范围引入引证商标

第一种情形是,商评委将申请人未提出的商标作为引证商标,来审查争议商标的合法性。在"上海雪绒飞诉商评委商标争议案"中,法院认定,商评委主动将原申请人未提及的注册商标作为适用《商标法》第 28 条、第 29 条的引证商标,并与争议商标进行比较认定,违反了《商标评审规则》第 29 条的规定,属于超越职权的行为,依法予以撤销,并判其重新做出裁定。❸

---

❶ 中国知识产权指导案例评注编委会. 中国知识产权指导案例评注(第四辑)[M]. 北京:中国法制出版社, 2013:451.

❷ 中华人民共和国国家工商行政管理总局商标局 商标评审委员会. 中国商标战略年度发展报告(2012)[R]. 北京:中国工商出版社 2013:110. 另参见文正. 上半年商标评审工作成绩斐然[N]. 中国工商报, 2012–07–19(B01).

❸ 北京市一中院(2010)一中知行初字第 3650 号。

第二种情形是，商评委对申请人的请求理解错误，造成引证商标适用错误。在"金利来（远东）有限公司与陈某某商标争议行政纠纷上诉案"❶ 中，法院认定，虽然金利来公司未明确引证商标，但是根据其提供的证据可以确定引证商标的情况下，商评委依职权通过检索将其他商标作为该案的引证商标，缺乏法律依据，构成超越职权的行为。

2. 遗漏对引证商标的审查

在"雨鸟公司诉商评委商标争议行政纠纷案"中，商评委遗漏了申请人所提出的引证商标的审查，属于程序违法。❷

3. 遗漏请求

在"商评会与第一电子工业株式会社商标争议行政纠纷上诉案"中，法院认定，商评委向慈溪新华厂转达第一电子工业株式会社向其提交的著作权方面的证据，不能构成商评委对争议商标的注册是否侵犯第一电子工业株式会社著作权一事进行了评审。因此，商评委构成遗漏第一电子工业株式会社提出的在先著作权问题。❸

4. 对未列明理由的评审请求进行审查，违反"请求原则"

在"米其林集团总公司案"中，法院认为"米其林公司在争议申请书中对其公司的发展历史、经营规模等情况进行的相关介绍，不能认定其明确提出了在先企业名称权的评审理由"，商评委为"更好保护当事人的权利"对此进行认定有违请求原则。❹

5. 对驰名商标保护适用法律错误，构成超出评审范围

在"商评委等与山东亮康然食品有限公司商标争议行政纠纷上诉案"❺ 中，一审法院认为，达利公司以争议商标违反《商标法》第 13 条第 2 款及第 31 条的

---

❶ 北京市高级人民法院（2011）高行终字第 873 号。
❷ 北京市一中院（2012）一中知行初字第 1546 号。
❸ 北京市高级人民法院（2011）高行终字第 532 号。
❹ 北京市高级人民法院（2012）高行终字第 1826 号。
❺ 北京市高级人民法院（2013）高行终字第 921 号。

规定提出撤销申请，并未涉及《商标法》第 28 条的相关内容。❶ 达利公司的争议申请中"争议商标极易导致消费者混淆误认"的相关陈述联系上下文意思表示，明显属于《商标法》第 13 条第 2 款的内容，而商评委认为该内容即为《商标法》第 28 条的相关内容，理由牵强，不予采信。二审法院在前述基础上也认为争议申请书陈述的事实及总结部分的阐述看，达利公司并无依据《商标法》第 28 条主张争议理由的客观意图，也无相关主张的实体指明，在此情况下，商评委的裁定缺乏事实依据。

在此判决中，法院将对驰名商标的保护方式"复制、摹仿或者翻译"与 28 条商标的"相同或近似"进行区分。这是因为认定商标的相同或近似不仅要求标志近似，而且要求产生混淆误认，而在驰名商标的保护中，认定"复制、摹仿或者翻译"❷与是否构成混淆或者误导和损害相联系。"认定混淆或者误导和损害所需的'复制、摹仿或者翻译'的近似程度与相同或近似商标判断中商标标识的近似存在程度上的区别，即诉争商标与引证商标标志本身有所区别。在引证普通商标的情况下，可能不会认定构成混淆误认，但在引证商标是驰名商标的情况下可能认定构成混淆或误导和损害。"❸ 因此，从法律逻辑的严谨性上看，实践中在判断争议商标是否属于《商标法》第 13 条规定的情形时，不宜采用商标

---

❶ 《商标法》（2001）第十三条　【禁止使用复制、摹仿或翻译他人的驰名商标】就相同或者类似商品申请注册的商标是复制、摹仿或者翻译他人未在中国注册的驰名商标，容易导致混淆的，不予注册并禁止使用。

就不相同或者不相类似商品申请注册的商标是复制、摹仿或者翻译他人已经在中国注册的驰名商标，误导公众，致使该驰名商标注册人的利益可能受到损害的，不予注册并禁止使用。

第三十一条　【不得损害他人在先权利、不得抢先注册】申请商标注册不得损害他人现有的在先权利，也不得以不正当手段抢先注册他人已经使用并有一定影响的商标。

第二十八条　【商标注册申请的驳回】申请注册的商标，凡不符合本法有关规定或者同他人在同一种商品或者类似商品上已经注册的或者初步审定的商标相同或者近似的，由商标局驳回申请，不予公告。

❷ 《商标审查标准》4.1 复制是指系争商标与他人驰名商标相同。4.2 摹仿是指系争商标抄袭他人驰名商标，沿袭他人驰名商标的显著部分或者显著特征。4.3 翻译是指系争商标将他人驰名商标以不同的语言文字予以表达，且该语言文字已与他人驰名商标建立对应关系，并为相关公众广为知晓或者习惯使用。

❸ 北京市高院（2010）高行终字第 390 号行政判决书。

近似判断的标准和表述，应从是否构成复制、摹仿或者翻译来进行判断。❶

在"苹果图形""苹果男人及图"等系列案件中，法院认为"在对争议商标的注册是否违反商标法第 13 条第 2 款进行判断时，应当根据该规定对于争议商标是否构成复制、模仿及翻译他人已经注册的驰名商标，并进而误导公众，致使驰名商标权利人权益受到损害的情形加以判断。虽然在判断时，亦需要将争议商标与引证商标进行对比，但对于是否构成复制、模仿、翻译的判断标准与商标法第 28 条中涉及的是否构成近似的标准并不完全相同。"❷ 法院在此后的"东尼博斯"商标异议复审中，进一步阐明两者的区别。二审法院认定："商标法第 13 条第 2 款对驰名商标的保护与商标法第 28 条中关于近似商标的认定并不完全相同。近似商标在认定中需要考虑商标标志之间的近似程度、商标的知名度和显著性以及使用在同一种类或者类似商品上是否容易造成相关公众对商品来源的混淆误认等情况。在适用商标法第 13 条第 2 款的规定过程中，认定在先注册商标为驰名商标与考虑商标的知名度和显著性存在显著差异；'误导公众，致使该驰名商标注册人的利益可能受到损害'是指足以使相关公众认为被异议商标与驰名商标具有相当程度的联系，而减弱驰名商标的显著性、贬损驰名商标的市场声誉，或者不正当利用驰名商标的市场声誉的情况，与是否容易造成相关公众对商品来源的混淆误认也不同；在驰名商标的情况，认定是否构成'误导''损害'所需的'复制、摹仿或者翻译'的近似程度与近似商标判断中商标标志近似的判断也存在程度上的区别，而且商品也不要求必须是同一种商品或者类似商品。"❸

概言之，《商标法》第 13 条与第 28 条在保护对象、构成要件上本质不同，商评委不能将依据第 13 条提出的请求错误归结为第 28 条。

---

❶ 北京市第一中级人民法院知识产权庭. 商标确权行政审判疑难问题研究 [M]. 北京：知识产权出版社，2008：51.
❷ 参见北京市一中院（2007）一中行初字第 1259—1266 号判决。
❸ 参见北京市高院（2010）高行终字第 390 号行政判决书。转引自陈锦川. 商标授权确权的司法审查 [M]. 北京：中国法制出版社，2014：304－305.

第四章　无效商标确权裁决的适法性要件——以在先权为例

在第一部分，笔者将商标确权裁决分为客观裁决和主观裁决，其法律依据分别为2013年《商标法》第44条和第45条。

根据2013年《商标法》第44条规定，"违反本法第十条、第十一条、第十二条规定，或者以欺骗手段或其他不正当手段取得注册"是对争议商标提起客观裁决的根据。此时任何单位或个人有权请求商评委宣告其无效，且没有时间限制，其他单位包括法人或者其他组织。最高院在（2012）行提字第21号判决中认定，"中国眼镜科技杂志社经国家行政机关核发了组织机构代码、期刊出版许可证、广告经营许可证，独立对外开展出版经营活动，具有合法的诉讼主体资格；也属于《商标法》的规定可以申请商标评审委员会裁定的撤销商标的主体。商标评审委员会受理其申请并作出裁定，未违反我国法律规定"。因此，最高院推翻了一审、二审法院"关于中国眼镜科技杂志社不具有诉讼主体资格的认定"。

该款中的"其他不正当手段"作为兜底性条款，其所兜底的只能限于欺骗手段以外的其他妨碍商标局行使职权、扰乱商标注册秩序的手段。

而该法第45条的规定属于涉及商标注册损害特定权利人私权利的相对撤销事由，按照尊重权利人的意志和督促权利人及时维权的立法理念，采取不告不理和5年时效限制的制度（恶意抢注驰名商标的，不受时间限制）；有权提出撤销请求的主体仅限于在先权利人或利害关系人。❶ 因此，如何认定在先权利人或利害关系人成为确定申请主体资格的关键因素。本部分主要针对此问题进行探讨。

一、在先权界定

（一）现行规定

"申请注册的商标不得与他人在先取得的合法权利相冲突，不得损害他人现有的在先权利，这是保护在先权利原则在商标注册程序中的体现。"❷ 侵犯他人在先权利的商标，构成无效宣告的理由。在先权利人有权请求商评委裁定该注册商标无效。

2013 年《商标法》第 9 条对在先权作了概括性规定，而该法第 13 条、第 15 条、第 16 条、第 30 条、第 31 条、第 32 条后段等，列举了在先权之种类，而同法第 32 条前段又规定，"申请商标注册不得损害他人现有的在先权利"。2001 年《商标法》第 32 条前段对在先权的范围没有明确规定，而前述 2013 年《商标法》第 13 条等条文对在先权的范围作了列举，对于在先权来说，前者属于一般

---

❶ 需要注意的是，在 2013 年《商标法》修改前，商标撤销的绝对事由和相对事由均规定在第 41 条。而围绕该条的解释存在一定的争议。主要集中在对"其他不正当手段取得注册"的解释。在商标法明确区分了公权与私权两种不同性质的权利救济方式的情况下，对涉及在先权利的注册商标争议案件，不应将"其他不正当手段"适用于涉及私权利的事项。在北京市高院（2011）高行终字第 1432 号判决中，法院认定，根据该案已经查明的事实，"《蜡笔小新》系列漫画及动画片早于争议商标申请日之前已在日本、中国香港、中国台湾地区广泛发行和播放，具有较高知名度。争议商标的原申请人诚益公司地处广州，毗邻香港，理应知晓'蜡笔小新'的知名度。诚益公司将'蜡笔小新'文字或卡通形象申请注册商标，主观恶意明显。同时，考虑到诚益公司具有大批量、规模性抢注他人商标并转卖牟利的行为，情节恶劣，因此商标评审委员会认定诚益公司申请注册争议商标，已经违反了诚实信用原则，扰乱了商标注册管理秩序及公共秩序，损害了公共利益，构成《商标法》第四十一条第一款所指'以其他不正当手段取得注册'的情形。"参见 http://blog.sina.com.cn/s/blog_c665a7220102vouf.html. [EB/OL]. [2015-06-30]. 孔祥俊. 商标与不正当竞争法 [M]. 北京：法律出版社，2009：504.

❷ 孔祥俊. 关于《审理商标授权确权行政案件若干问题的意见》的理解与适用 [J]. 人民司法，2010 (11)：28.

规定，后者为特别规定，可以将《商标法》第32条前段规定的在先权限定在特别规定之外的权利类别，具体范围商标法没有明确。因此，"商标法已有规定的在先权，按该法规定予以保护；商标法虽无特别规定，但是根据民法通则和其他法律的规定，属于应予保护的合法权益，应当根据该概括性规定给予保护。"❶

实践中，对是否属于2013年《商标法》第32条前段所规定的在先权，应结合当事人的主张及证据，在无特别法律规定的情况下，可参照民法通则的有关规定进行认定。

实践中，"常见的在先权利有著作权、商号权、姓名权、肖像权、外观设计专利权、知名商品特有的名称、包装、装潢等"，❷但是其构成在后注册商标权利障碍的构成要件有所不同。"根据在先权利的不同性质，主要有两类：标识性和智力成果性。对于前者，保护的侧重点是避免混淆，后者则是避免未经许可的侵权使用。"❸

总之，2013年《商标法》第32条保护的在先权利，可以是法律所保护的权利，也可以是法律所保护的利益，但是该权益是否合法，应该依照相关的法律规范加以认定，另外当事人应明确该在先权利的性质并就其拥有在先权利承担举证责任。在"车某某诉商评委"案中，车某某向商评委提出撤销争议商标的申请，理由是"瑞贡天朝"牌匾系清朝皇帝御赐，存世一块，争议商标以不正当手段抢注，损害其在先权，且与车某某在其他类别上注册的"瑞贡天朝"商标构成使用在类似商品上的近似商标。法院经审理认为，原告应当对其拥有何种在先权利予以明确并予以证明。"瑞贡天朝"也即皇帝对车顺号茶庄的褒奖，但其情形也不符合荣誉权的相关规定，原告主张的在先权利不存在。法院和商评委均认定原告的主张不成立。❹但是荣誉权能否构成2013年《商标法》第32条的"在先

---

❶ 孔祥俊. 关于《审理商标授权确权行政案件若干问题的意见》的理解与适用 [J]. 人民司法，2010 (11): 28. 另参见，北京市高级人民法院 (2013) 高行终字第1812号。
❷❸ 周云川. 商标授权确权诉讼 [M]. 北京：法律出版社，2014：337.
❹ 北京市高级人民法院知识产权庭. 北京法院商标疑难案件法官评述 (2012) [M]. 北京：法律出版社，2013：85-87.

权利"，司法实践中并无相应的案例。

（二）在先权利的状态——对"现有的在先权利"的理解

存在以下几种观点。

第一种观点认为"现有"相对的是诉争商标申请日，只考虑单一时间节点，只要诉争商标申请时存在在先权利且有效，就构成诉争商标注册的障碍，诉争商标的注册就违反了商标法的规定，不应予以核准注册，已经注册的必须宣告无效。即使在先权利在诉争商标授权确权过程中失效，也不影响相关判断，即不因之后在先权失效而使本属无效之诉争商标有效或得到注册。❶

第二种观点认为判断是否损害，只考虑授权日，即诉争商标核准注册时在先权利是否存在。这种观点认为即使申请日前在先权未能形成，但授权日若存在对抗诉争商标之在先权利，诉争商标就不应被注册或有效。这是因为2013年《商标法》第32条规定"申请商标注册不得损害他人现有的在先权利"的"立法目的在于避免权利冲突的出现，具体而言，即在同一时间段内避免在在先权利的保护范围内并存一个合法有效的注册商标专用权，从而造成在先权利行使上的障碍。但是由于在权利有效期过后（如外观设计专利的保护期限为10年），权利人在未过诉讼时效的情况下，对于他人在有效期内实施的侵权行为仍然可以行使权利，故即便相关的在先权利在认定争议商标是否具有可注册性的裁定或判决作出时已过有效期，亦不能仅以此为由而维持争议商标的注册，否则同样会使在先权利的有效期内同时并存一个合法有效的商标专用权，影响在先权利人对其权利的行使。因此，在商标争议纠纷案件中，应以注册商标专用权的产生日（争议商标

---

❶ 北京市高级人民法院（2013）高行终字第1812号中，法院认定，审查判断诉争商标是否损害他人现有的在先权利，一般以诉争商标申请日为准。

的注册日）而非争议裁定或裁决的作出日为准判断在先权利的有效性。"❶

第三种观点认为双时间点，不仅要考虑诉争商标申请日，还要考虑诉争商标核准注册日、即在先权利必须在诉争商标申请日时既已存在，并持续有效至诉争商标注册日。核准注册日，对于争议案件，为诉争商标实际核准注册时间；对于异议案件，可理解为异议审理时，这种观点认为，如果在先权利在诉争商标申请日后，异议裁定前失效的，则异议当裁定诉争商标核准注册；如果诉争商标已经核准注册，在争议案件中判断的时间节点是回溯到核准注册日。如果核准注册日在先权利已经失效，则不撤销诉争商标；若核准注册日在先权利仍合法有效，即便在核准注册后，争议裁定前失效了，仍然要裁定撤销诉争商标。

第四种观点也是双时间点：申请日和确权审理时，即在先权利必须在诉争商标申请时既已存在，并持续有效至确权审理时。如果确权审理时在先权利已经失效，则诉争商标可以核准注册或不宣告无效。第四种观点与第三种观点的差异在于争议案件，按照第三种观点，核准注册后争议裁定前在先权利失效的，仍需要宣告争议商标无效，但是第四种观点则不予撤销。

第五种观点认为在先权利应当延续至诉讼时，如果诉讼时在先权利失效了，诉争商标可以核准注册或不宣告争议商标无效。

司法实践中一般认可第三种观点，"人民法院审查判断诉争商标是否损害他人现有的在先权利，一般以诉争商标申请日为准。如果在先权利在诉争商标核准注册时已不存在的，则不影响诉争商标的注册"。❷ 商标申请注册日在先权有效存在，则不予注册或宣告无效，反之申请注册日之后形成的权利不能对抗他人的

---

❶ 北京市高级人民法院知识产权庭. 北京法院商标疑难案件法官评述（2011）[M]. 北京：法律出版社，2012：71. 芮松艳. 商标法第三十一条中"现有"在先权利的理解[N]. 中国知识产权报，2011-10-21（8）. 类似判决如在2012年审结的第1246285号"爱求及图"商标争议案件中，涉及的情况与前述案件基本相同。法院明确指出，虽然第三人享有的肤阴洁外观设计专利的保护期限于2003年到期，但不能以此否定该专利的争议裁定作出时是有效专利的事实状态。同样，虽然肤阴洁外观设计专利在争议裁定作出时已过有效期，也不能否定该专利在争议商标核准注册时仍为有效专利的事实状态。因此，肤阴洁外观设计专利相对于争议商标的注册，属于现有的在先权利。
❷《最高人民法院关于审理商标授权确权行政案件若干问题的意见》第17条。

在先申请,也就是说,此时商标予以注册或继续有效。❶ 但是需要注意的是,对于规定中的核准注册时要做广义理解,既包括已注册商标的实际核准注册日,也包括处于异议过程中的拟核准注册日,即评审做出时。

对于第五种观点,事实上,法院审理商标授权确权案件的对象是商评委的确权裁决,因此,对于在诉讼期间,出现的在先权利失效等情况,法院可能会判决撤销商评委的确权裁决,但是此时撤销判决的理由是情势变更原则的适用,即被诉裁定所针对的事实在诉讼中发生了变化,如不加考虑,则明显不公平,故根据新的事实情况从结果上撤销被诉裁定,而非被诉裁定认定事实和适用法律错误。

(三) 情事变更的适用

1. 情事变更原则的含义、发展沿革

(1) 情事变更原则的含义

情事变更原则为合同履行过程中的一项原则,是指"法律关系发生后,为其基础或环境之情事,于该法律效力完了前,因不可归责于当事人之事由,致发生非当初所得预料之变更,如仍贯彻原定之法律效力,则显示公平,即任其法律效力亦得有相当变更(如增减给付或解除契约)之法律规范"。❷

由法的安定性的需求而言,法律制度对于当事人间权利义务关系加以规范,其主要目的就是在保障及促使其行使权利及履行义务。但是如果当事人以外的客观因素产生不可预见的变化,如坚持法律安定,将导致重大违反正义时,可以寻找其他调整方法,使形式的正义(安定性)与实质的正义得以兼顾。

情事变更是合同履行过程中难免出现的客观事实,而情事变更原则是为应对变化了的客观事实,调整乃至解除合同,以合乎诚实信用理念,维护公平正义。因此,有情事变更才可能讨论适用情事变更原则,但并非任何情事变更均能适用

---

❶ 孔祥俊. 关于《审理商标授权确权行政案件若干问题的意见》的理解与适用 [J]. 人民司法,2010 (11): 28. 孔祥俊. 最高人民法院知识产权司法解释理解与适用 [M]. 北京: 中国法制出版社, 2012: 167 – 168.

❷ 郑玉波. 民法债编总论 [M]. 北京: 中国政法大学出版社,2004: 250.

该项原则,"只有当事人所履行的合同义务发生重大变化,以至与原本约定的义务根本不是一回事,才能适用。"❶

(2) 发展沿革

从法律史和比较法的角度,对于情事变更以后,能否调整或解除合同以及何种程度的情事变更才能调整或解除合同,存在不同的立法体例。

罗马法上采取所谓"情事不变原则",认为合同必须严守,不能基于情事变更或解除。❷ 但也有相反意见认为,在罗马法上就有合同必须严守的例外规则,如所谓"以同等情况来确定"的原则,认为,订立合同是以一定之现实或未来情况为前提的,合同的不改变也是基于这些情况不发生变化,相反,如果合同订立后,发现现实情况并非如此,或未来的情况发生了变化,而这些情况对合同的订立及其内容至关重要的,合同就不能按照以前的情况来确定,而需要根据实际或变化的情况作相应的调整。❸

法国法传承罗马法,原则上也不承认情事变更原则,其根据是《法国民法典》第1134条确定的精神,即"合同至上"的近代法治理念。随着时间的推移,法国学术界对情事变更日益重视,认为承认该原则确有必要。但又由于该原则可能导致经济的不稳定,于是就不能在法律中规定这一原则,而仅能允许法院在裁断具体案件时斟酌适用。❹

情事变更原则在德国的发展,经历了判例、判例的类型化再到成文法的过程。"2002 年生效的德国民法典第 313 条没有采用列举的方式,而是直接规定了

---

❶ 茆荣华,洪波. 宏观调控背景下房屋买卖纠纷若干法律问题探析 [J]. 法学,2006 (9):54.
❷ 史尚宽. 债法总论 [M]. 北京:中国政法大学出版社,2000:444.
❸ 齐晓琨. 德国新、旧债法比较研究——观念的转变和立法技术的提升 [M]. 北京:法律出版社,2006:73.
❹ 韩强. 情势变更原则的类型化研究 [J]. 法学研究,2010 (4):58.

相对抽象的规则。"❶

英美合同法并无大陆法系所谓的情事变更原则，但有所谓履行不能和合同受挫制度，其主要解决，"以特定人或特定事务之存在为要件之契约，若于订约后，此特定人或事物有死亡或灭失情形，当事人得否免责"或者"因天灾、法律规定、第三人行为致使契约不能履行时，当事人得否免责"的问题。❷ 尽管其具体内涵与情事变更原则不尽相同，但是两者蕴含的立法意旨却殊途同归。学者也认为，合同受挫制度的理论基础从原来的合同默示条款理论演变为合同基础丧失理论。❸

我国合同法中虽然无明确规定情事变更原则，但是在 2009 年 4 月 24 日，最高法院发布的《关于适用〈中华人民共和国合同法〉若干问题的解释（二）》第 26 条对情事变更原则作了规定。

（3）情事变更原则的基础❹

第一，情事不变原则。

---

❶ ［德］卡斯滕·海尔斯特尔、许德风. 情事变更原则研究［J］. 中外法学，2010（4）：388. 德国在民法典正式确立情事变更原则前，德国法院通过判例的形式解决有关情事变更的案件。"在给付和对待给付之间的平衡关系受到严重干扰的案件中，帝国最高法院使用了经济不能以理论作为依据，认为如果作为给付义务基础的情事发生了根本性的变化以至于经济上不可能完成，当事人可以免除该项义务；对于合同所依存的基础发生了变化，尤其是增加了对待履行义务的情形，帝国法院则通过直接引用民法典上的诚实信用原则来进行判决；帝国法院开始对合同的变更采取非常谨慎的态度，仅在履行合同会造成不利一方经济上崩溃或破产时才允许，后来这种尺度被降低了，在某些情况下，只要履行和对待履行之间缺乏平衡关系便可以变更；到'二战'以后，联邦最高法院适用民法典第 242 条诚信原则逐步发展出了关于情事变更原则的不同案例，类型和具体认定尺度。"
《德国民法典》第 313 条规定【行为基础的障碍】"（1）已成为合同基础的情事在合同订立后发生重大变更，而假使双方当事人预见到这一变更就不会订立合同或会以不同的内容订立合同的，可以请求改订合同；但以在考虑到个案的全部情况，特别是约定或法定的风险的情况下，维持不改变的合同对于一方是不能合理地期待的为限；（2）已成为合同基础的重要观念表明为错误的，视同情况的变更。（3）合同的改订为不可能或对于一方是不能合理地期待的，遭受损害的一方可以解除合同。就继续性债务关系而言，以通知终止权代替解除权。"德国民法典［M］. 陈卫佐，译注. 北京：法律出版社，2006：117；张昕. 比较法视野下的情事变更原则考察［D］. 北京：中国政法大学，2009：82.
❷ Black's Law Dictionary, 2004, p.1974.
❸ ［英］施米托夫. 国际贸易法文选［M］. 赵秀文，选译. 北京：中国大百科全书出版社，1993：294.
❹ 主要参考史尚宽. 债法总论［M］. 北京：中国政法大学出版社，2000：446-449. ［德］卡斯滕·海尔斯特尔，许德风. 情事变更原则研究［J］. 中外法学，2010（4）：386-387.

情事不变原则是情事变更原则的渊源。情事不变原则认为,"债对当事人的约束力是有条件的。如果当事人之间的关系基础在最终履行合同义务时发生了本质性的变化,当事人可不再受其合同关系的约束。由于其结果可能导致合同关系弱化,与18世纪、19世纪强调市场经济、合同自由和法律确定性的潮流相悖,德国民法典的起草者有意没有将其作为一般条款而加以规定。"❶

第二,约款说、前提说(前提假设理论)。

该说认为,情事变更原则为当事人之间的约款,认为系基于当事人之意思表示。1850年温德赛特(Windscheid)提出了前提说,其认为,"行为人在追求特定的法律效果时,都有一定的基本认识或预期,尽管这些认识没有被写入合同条款。如果某种认识或预期已根本性地影响了行为人的意思,并且相对人已经知悉这种预期的存在,则当这种预期后来被证明是错误的,该行为就不该再受其诺言的拘束。现今采用该理论的较少。"❷

第三,相互性说、损益调和之理论。

该说认为基于双务合同之相互性,在对待给付不确定的情况下,若一方给付不变,对方给付则远远超出其预期,此时无法期待对方当事人履行,❸ 此时有情事变更原则的适用空间。"其效力为拒绝履行抗辩权或合同终止权或解除权。……因权利行使不能之当事人,虽有解约权利,但对于相对人因信其合同存在所受的损害,应负赔偿责任。"❹

第四,交易基础丧失理论(法律行为基础学说、行为基础说)。

该理论由奥特曼在温德塞特的观点基础上提出。❺该观点为法院所采用。其认为,"情事(交易基础)是指合同缔结之际当事人对作为效果意思基础的特定情况的认识或预期。其可以是双方当事人的共同认识,也可以是一方当事人的、相对人明知其重要性而未作反对表示的认识。该理论认为,交易基础的自始不存在和嗣后丧失都可以引起法律行为效力的终止。交易基础为法律行为之基础,而

---

❶❷❺ [德] 卡斯腾·海尔斯特尔,许德风. 情事变更原则研究 [J]. 中外法学, 2010 (4): 386-387.
❸ 转引自肖晓宁. 论情势变更原则的适用 [D]. 北京: 首都经贸大学, 2010: 9.
❹ 史尚宽. 债法总论 [M]. 北京: 中国政法大学出版社, 2000: 447.

非法律行为的要件,从而既非意思,亦非表示,而为意思表示基础的观念。"❶

此外还有诚实信用原则说、法律制度说等,在此不一一赘述。

2. 情事变更原则在公法上的立法实践

通常情况下,情事变更原则局限于财产法,然而是否意味着该原则在其他领域不能适用呢?

《德国联邦行政程序法》对法律行为事后事实根据和法律依据发生了重大变更,该如何处理,根据不同的对象作了较为相似的规定。该法第38条第3款对承诺做规定"在作出承诺之后,事实或法律发生变化,行政机关如事先了解此种变化,本不应作出承诺或出于法律原因本不准许作出承诺的,则行政机关不再受承诺的约束。"❷ 此种情况下,行政机关不受承诺的约束采用的应该是上述情事变更原则中的前提说。同法第60条第1款针对行政合同的变更或解除作出了规定"确立合同内容依据的主要情况下在合同签订之后发生重大变化,以致不可强求合同一方遵守合同约定时,该合同方可要求变更合同内容以适应情况变化,或者,在不能变更合同时或不可强求某一合同方变更时,可解除合同。出于防止或排除严重公益损害的原因,行政机关亦可解除合同"。❸ 据此,"该项规定采纳了传统的情事变更原则,即行为根据消失原则。……变更请求应该针对对方当事人提出,变更本身应当采取合同协议的形式;解除—只能从属适用—是一种单方意思表示,自对方当事人受领时起即生效。第一句规定的从属适用的解除应当与第2句规定的特殊解除区别开来。后者仅针对行政机关(但这并不排除行政机关出于公益的理由解除合同),只适用于预防突发事件或者消除对公共福祉的重大不利,并且按照联邦行政程序法第49条规定条件补偿。"❹

现代国家由秩序行政走向福利行政,形成国家与人民之间的给付关系。在这种发展关系下,行政不再是政府单方面的统治行为,而是走向类似债务给付的关

---

❶ [德] 卡斯腾·海尔斯特尔,许德风. 情事变更原则研究 [J]. 中外法学,2010(4):386-387.
❷ 德国技术合作公司、国家行政学院. 联邦德国的宪法和行政法 [R]. 1999:143.
❸ 德国技术合作公司、国家行政学院. 联邦德国的宪法和行政法 [R]. 1999:152.
❹ [德] 毛雷尔. 行政法学总论 [M]. 高家伟,译. 北京:法律出版社,2000:380-381.

系。行政法上这种债权债务之给付关系已经成为福利国家行政法上的一种给付方式，而此种情形下之给付义务的履行，可以比照私法上债权债务关系。因此，情事变更原则与公益原则的适用不应局限于财产法、私法，也可应用到其他法律体系中，如国际法、公法（行政法）等部门法。只要法律关系成立后，当事人间权利义务之严守，将有害公益或诚信，符合情事变更原则条件时，便可适用该原则解决具体的权利义务问题。❶

3. 情事变更原则在中国台湾地区的做法

中国台湾地区"民事诉讼法"第397条第2款规定"前项规定，于和解、调解或其他与确定判决有同一效力者准用之"。身份行为也适用情势变更原则。

因"行政领域中的行政合同的本质与民法中的合同相仿，故将民法中的情事变更原则纳入行政程序法。"❷"行政程序法"第146条规定，"行政契约当事人之一方为人民者，行政机关为防止或除去对公益之重大危害，得于必要范围内调整契约内容或终止契约；"第147条规定"行政契约缔结后，因有情事重大变更，非当时所得预料，而依原约定显示公平者，当事人之一方得请求他方适当调整契约内容。如不能调整，得终止契约。前项情形，行政契约当事人之一方为人民，行政机关为维护公益，得于补偿相对人之损失后，命其继续履行原约定之义务。"❸ 台湾地区行政司法机构2006年12月21日之2109号判决中认为，"行政程序法第145条第1项所称行政契约关系外公权力行使之损失补偿，及第147条第1项所称情事重大变更，均需以行政契约成立后，因不可归责于当事人之事由，且非当时所得预料者为要件。……而上诉人为本件辅导成立三家联管公司之一，其对于河川土石采取应具丰富经验，且就兰阳溪开采计划之进行既已知悉，

---

❶ 城仲模.行政法之一般法律原则（一）[M].台北：三民书局，1999：279.

❷ 迟晓燕.情事变更原则在行政诉讼中的适用——以商标行政诉讼为视角[J].中国检察官，2014（1）：28.

❸ 台湾地区"行政诉讼法"第203条规定："公法上契约成立后，情事变更，非当时所得预料，而依其原有效果显失公平者，行政法院得依当事人声请，为增、减给付或变更、消灭其他原有效果之判决。为当事人之行政机关，因防止或免除公益上显然重大之损害，亦得为前项之声请。前二项规定，于因公法上其他原因发生之财产上给付，准用之。"笔者认为该条规定在一定程度限制了行政机关假借公共利益之名而终止、解除行政契约的权力，保障了当事人的权利。

签订系争行政契约前自有充分时间评估相关风险，及市场自由竞争机制。是则开放兰阳溪采取土石，并非上诉人于签订系争合约前所难预料之情事，从而原判决认定本件并无违反行政程序法第 145 条及第 147 条规定，核无违背经验法则或适用法规不当之可言。"❶ 笔者认为，该判决对情事变更原则适用的条件进行了解释。台北行政司法机构 2007 年在判决中对该原则的适用条件分析道，"情事变更原则系对于当事人于发生法律关系后，为其基础环境之情事，在法律关系终结前，因不可归责于当事人事由，致发生当初所无法预料之变更，如仍贯彻原定之法律效力，则显失公平、违背诚信原则或于公益有重大影响，即应认当事人间法律关系得以适当调整。"❷

在商标领域，根据"商标法"第 60 条规定"评定案件经评定成立者，应撤销其注册。但不得注册情形已不存在者，经斟酌公益及当事人利益之衡平，得为不成立之评定。"❸ 如商标申请注册时虽属著名法人、商号或者其他团体之名称，但评决时该法人等已非著名，因消费者对其来源已无误认之虞，故似无救济之必要性，且该商标经过一定时间之使用，可能已经累积一定之商誉，商标权人对其商标注册之合法性，亦产生一定之信赖，故如坚持撤销其商标注册，对商标权人亦不公平，因此，如违法事由已经不存在者，应斟酌公益、情事变更原则及当事人利益等，审慎判断是否为评定不成立之决定。对此台北行政司法机构 2004 年诉字第 1223 号判决中指出："纵认系争商标与据以评定商标为近似，亦因系争商

---

❶ 台湾地区"法务部". 行政程序法裁判要旨汇编（四）[R]."法务部"2007：488.

❷ 迟晓燕. 情事变更原则在行政诉讼中的适用——以商标行政诉讼为视角[J]. 中国检察官，2014（1）：28.

❸ 原条文为，第 54 条，评定案件经评决成立者，应撤销其注册。但于评决时，该情形已不存在者，经斟酌公益及当事人利益后，得为不成立之评决。该条立法理由为，原条文但书系情况决定之规定，着重于公私利益之平衡，主要在于考量商标注册时之违法情形，于评定时，因既存之客观事实促使构成违法事由不存在者，得为不成立之评决。至注册商标经评定撤销注册之处分，于行政救济程序中，发生评定当时所未能预料之情事，例如引据商标另案遭撤销注册确定在案，或引据商标已移转予系争商标权人等事实变更，商标主管机关或法院依当事人申请，变更原法律效果之处分或判决，则属情事变更原则适用，二者性质上有所不同。又原条文中"经斟酌公益及当事人利益后"之用语，实指商标专责机关所考量者，应为斟酌公益与当事人利益之衡平，为臻明确，爰予修正。另商标异议案件，须于商标注册公告日起三个月内为之，其短期内公益与私益变动较为轻微，故无适用本条但书规定之必要，并予说明。

标于注册后之使用，于评定时，已无混同误认之虞：第一，按评定行使之期间甚长，修正前规定短者为2年，长者为10年，修正后之规定则有5年或不限期限，与异议仅得于注册公告后3个月内为之不同，是以对于注册后使用多年，其因持续使用所建立之商誉，基于情事变更原则及当事人既得权利之信赖保护，自应予以斟酌考量，此由新修正之'商标法'第54条规定（现60条）可知。"❶

4. 驳回复审案件中情事变更原则的运用

情事变更原则在我国《商标法》以及其他相关规定并无明确规定。但在司法实践中，根据工商总局商评委的统计，因"情事变更"而被法院判决败诉的案件占全部败诉案件，在2011年是6%，在2012年是0.8%，而在2013年是2%，2014年是8%。❷

商标驳回复审案件中有情事变更原则适用的空间。

第一，引证商标因三年停止使用被商标局撤销，且该撤销已经发生效力，至于引证商标在商标评审阶段还是在一审抑或是二审阶段被撤销，不影响情事变更原则的适用。在最近的一则案例中，最高院认为，"……二审判决作出后，即2014年4月11日，本案中唯一的引证商标，已经被商标局以连续三年停止使用为由予以撤销，且因各方当事人均未对撤销决定启动后续行政及司法程序，使引证商标二基于撤销决定的生效而产生了丧失注册商标专用权的法律后果。由于本案为商标驳回复审行政诉讼，申请商标的注册程序尚未完结，在这一过程中，由于申请商标是否应予核准注册的事实基础发生根本性变化，即本案中唯一的权利障碍已经消失，若仍以二审判决作出时的事实状态为基础去考量申请商标是否应

---

❶ 汪渡村. 商标法论 [M]. 台北：五南图书出版公司，2008：227.
❷ 参见国家工商行政管理总局商标评审委员会法务通讯总第60期（2013.4）《2012年商标评审案件行政诉讼情况汇总分析》；以及国家工商行政管理总局商标评审委员会法务通讯总第63期（2014.7）《2013年商标评审案件行政诉讼情况汇总分析》《2014年商标评审案件行政诉讼情况汇总分析》。

予核准注册，将导致显失公平的结果。……"❶

第二，注册商标申请人受让引证商标，此时构成在先权利障碍的引证商标权利人与注册商标申请人为同一主体。此时，判决及商评委的裁定所依据的基础事实已经发生改变（商标申请人受让引证商标），且足以影响案件定性的，商评委应当根据变更后的事实重新做出决定。❷

当然，在通常情况下，法院在前述情况下判决商标申请人承担诉讼费用。

但是并不是只要在先权利障碍消失，都可以适用情事变更原则。这主要涉及2013年《商标法》第50条规定"注册商标被撤销、被宣告无效或者期满不再续展的，自撤销、宣告无效或注销之日起一年内，商标局对与该商标相同或近似的商标注册申请，不予核准。"这主要是考虑"当一些商标被撤销或注销时，由于商品本身的周转期较长和商标声誉在消费者中的影响较大，商标专用权终止时，并不等于该商标在市场上或消费者中彻底消失，原商标注册人生产的使用该注册商标的商品并不能退出市场，在流通领域还会存在一定时期。因此如果立刻核准其他人注册或者近似的商标的商品，从而可能造成消费者的误认、误购。正是为了防止出现这种情况，维护消费者的利益，对这些已被撤销或注销的商标，也要

---

❶ 最高院（2015）行提字第4号。在艾德文特软件有限公司案中，最高院在该案中认定"本案在二审过程中，引证商标因连续3年停止使用而被商标局予以撤销，引证商标已丧失商标专用权。依据商标法第二十八条的规定，引证商标已不构成申请商标注册的在先权利障碍。在商标评审委员会作出第12733号决定的事实依据已经发生了变化的情形下，如一昧考虑在行政诉讼中，人民法院仅针对行政机关的具体行政行为进行合法性审查，而忽视已经发生变化了的客观事实，判决维持商标评审委员会的上述决定，显然对商标申请人不公平，也不符合商标权利是一种民事权利的属性，以及商标法保护商标权人利益的立法宗旨。商标驳回复审案件本身具有特殊性，在商标驳回复审后续的诉讼期间，商标的注册程序并未完成。因此，在商标驳回复审行政纠纷案件中，如果引证商标在诉讼程序中因连续3年停止使用而被商标局予以撤销，鉴于申请商标尚未完成注册，人民法院应根据情事变更原则，依据变化了的事实依法作出裁决。在艾德文特公司明确主张引证商标权利已经消失、其申请商标应予注册的情况下，二审法院没有考虑相应的事实依据已经发生变化的情形，维持商标评审委员会的第12733号决定以及一审判决显属不当，应予纠正。……综上，商标评审委员会的第12733号判决虽未有不妥，但在引证商标已经被商标局撤销的情况下，仍需申请商标是否违反商标法的相关规定重新进行调查。"因此判决商评委重新作出复审决定。最高院（2011）行提字第14号。另见最高人民法院知识产权案件年度报告（2011）[EB/OL].［2014-09-10］. http://blog.sina.com.cn/s/blog_a6543dd801011kk5.html.

❷ 北京市高院（2012）高行终字第1884号。

加强管理、避免市场上出现混同商标，发生商品出处的混淆。为此，本条规定了一年的过渡期。在这个过渡期内，不核准他人提出的相同或者近似商标的注册申请。过渡期后，原来带有注册商标的剩余商品应当基本销售完毕，商标局就可以对这样的申请核准了。需要注意的是，如被撤销的注册商标是连续三年停止使用的，则不受三年没有使用，故而市场上应当不会有带这种商标的商品的流通，也就不会产生消费者的误认、误购的问题"。❶

对于权利障碍消失的情形也需要分清情况进行讨论。①引证商标未被核准注册或核准注册后因争议被宣告无效自始无效的，此时与上述商标法前述规定无关，情事变更原则可以适用，不影响诉争商标的注册；②如前所述，连续三年停止使用而被撤销的商标，不能构成诉争商标注册的在先权利障碍；③如果引证商标属于期限届满未续展的，那么自引证商标注销之日起一年内，不得核准诉争商标的注册，此时不能适用情事变更原则；❷ ④诉争商标人与引证商标权人签订受让协议，取得引证商标专用权；⑤诉争商标人与引证商标权人签订商标共存协议，经审查后认为符合商标法的规定。

由于异议复审审查的仍然是引证商标与未注册之被异议商标之间的关系，因此前述有关情事变更原则的论述也适用于商标异议复审案件。

---

❶ 卞耀武. 中华人民共和国商标法释义[M]. 北京：法律出版社，2002：113.

❷ 有学者认为，针对此种情况，也可以适用情事变更原则。参见周云川. 商标授权确权诉讼[M]. 北京：法律出版社，2014：510. 法院的观点也存在矛盾的地方。在"ASHI"商标案中，朝日学校认为引证商标已到期未续展被注销，被异议商标注册的障碍已消除。对此法院认为，引证商标的有效期至2012年5月27日，朝日学校二审中补充的证据显示，引证商标被注销的公告日期为2013年7月27日。根据《商标法》第46条的规定，"注册商标自注销之日起1年内，商标局对与该商标相同或近似的商标注册申请，不予核准，"而目前引证商标被注销未满1年，诉争商标仍不得注册。驳回了朝日学校的上诉。参见北京市高院（2013）高行终字第2276号。但北京市高院在（2014）高行（知）终字第2846号中认为，"……在本案审理过程中引证商标三的注册期限届满且已过法定宽展期仍未依法申请续展，故其不应再成为申请商标的注册障碍。珠穆朗玛公司有关引证商标三不应成为申请商标注册障碍的上诉理由成立，本院予以支持。"本案引证商标三于2014年1月6日注册到期，并在2014年7月6日仍未续展，但是距离本案判决作出时的2014年10月16日未超过一年。因此从法律层面上看，该判决违反了原《商标法》第46条的相关规定。对此法院并没有作出解释。但是可能的解释是，考虑到禁止的期限仅为1年，法院以情事变更为由撤销商评委的裁决后，商评委还需要重新作出裁决，此间历经的时间常常需要几个月或者更长，待商标局核准时，可能已经超过一年禁止期，更毋庸说驳回复审的案件，商标局还要经过初审公告、异议期，时间更长。所以，情事变更原则的适用，可能最终也不会违反商标法1年的禁止期限，何况引证商标期限届满未续展的大多数是没有实际使用的情形。

5. 商标争议案件中情事变更原则的适用

（1）理论界的说法

关于争议案件中引证商标权利消失是否存在情事变更原则的适用空间，存在不同观点：

第一种观点认为，争议案件中争议商标的注册程序已经完成，如果注册时确实存在构成注册障碍的在先引证商标，争议商标的注册本身就是违反法律规定，应当自始无效，并不能因为在争议裁定之后诉讼过程中引证商标权利消失反而使得争议商标死而复生，因此不能适用情事变更原则。❶

第二种观点认为，根据引证商标消失的原因做出界定：引证商标是被撤销抑或是被注销的，因效力从撤销或注销之日起终止，而此事实发生在诉争商标核准注册日之后，即使目前引证商标不存在了，但两个商标仍共存一段时间，在此期间会产生权利冲突，此种情形诉争商标仍应撤销，不能适用情事变更原则；相反如果引证商标是因争议被撤销自始无效，则不存在上述问题，因此如果在诉讼过程中出现事实变化，法院应适用情事变更原则。

第三种观点认为，不管引证商标权利消失是出于何种原因，只要在诉讼中引证商标权利确实消失了，则即使存在过去的冲突，或者注册本身就是违法的，但案件审理时这种障碍客观上已经不存在了，无须再追究，因此争议商标与驳回、异议案件无异，均完全可以适用情事变更原则。❷

（2）实践中的适用

根据笔者搜集的案例，情事变更原则可以适用于以下情形。

---

❶ 北京市一中院在（2011）一中知行初字第1568号判决中认定，首先，该案中第三人享有的肤阴洁外观设计的申请时间和授权时间均早于争议商标的申请日，相对于争议商标的注册而言，属于第三人享有的在先存在的合法权利。其次，法院审查判断诉争商标是否损害他人现有的在先权利，一般以诉争商标的申请日为准。如果在先权利在诉争商标核准注册时已不存在，则不影响诉争商标的注册。虽然第三人享有的肤阴洁外观设计专利的保护期限于2003年到期，但不能以此否定该专利在争议商标申请时是有效专利的事实状态。同样，虽然肤阴洁外观设计专利在争议裁定作出时已过有效期，也不能否定该专利在争议商标核准注册时为有效专利的事实状态。因此，肤阴洁外观设计专利相对于争议商标的注册，属于现有的在先权利。本书没有掌握到该案上诉判决的有关情况。

❷ 周云川. 商标授权确权诉讼［M］. 北京：法律出版社，2014：511.

第一，引证商标被宣告无效。在"大师膜"商标争议案中，商评委做出的商评字〔2014〕第67230号裁定认定，该案引证商标已被商评委同日做出的商评字〔2014〕第67235号裁定宣布无效，因此，其已经不再构成争议商标获得注册的在先权利障碍。❶ 商评委裁定争议商标得以维持注册。在随后的一审诉讼中，北京市知识产权法院认定，虽然67235号裁定在商评委做出第67230号裁定时尚未发生法律效力，但是在此种情形下，商评委有权根据案件的具体情形决定是否中止审理，以等待司法最终确认引证商标的权利状态，而就该案而言，北京市知识产权法院亦于2015年1月9日做出判决，维持第67235号裁定。❷ 北京市高院认定商评委第67235号裁定已被本院终审维持，引证商标无效宣告判决发生法律效力，不再构成争议商标的在先权利障碍，故争议商标得以维持。❸ 就该案而言，商评委径直依据其同日做出的认定引证商标无效的这一尚未发生法律效力的裁定，维持了争议商标的注册，与商标法的规定是否相符？再者，北京市知识产权法院也认定，在此情况下有权决定是否中止审理，以等待司法最终确认引证商标的权利状态。但是商评委没有中止审理，未等待司法最终的决定，径直做出裁定，即便最终的实体结论正确，程序也构成违法。❹

第二，引证商标未被核准注册。在"顾家和"商标争议案中，商评委认定，该案引证商标已被法院终审判决——（2014）高行终字第548号——裁定不予核准注册，其并不能构成争议商标注册和使用的在先权利障碍，争议商标得以维持。❺ 需要指出的是，无论是商评委还是一审法院认定引证商标不予注册的依据都是已经发生法律效力的终审判决，而非处于争议程序尚未发生法律效力的裁决或判决。这与前述案例不同。

---

❶ 国家工商总局商评委商评字（2014）第67230号。
❷ 北京市知识产权法院（2014）京知行初字第91号。
❸ 北京市高院（2015）高行（终）字第1024号。
❹ 2013年《商标法》第45条第3款规定，商评委依照前款规定对无效宣告请求进行审查的过程中，所涉及的在先权利的确定必须以人民法院正在审理或者行政机关正在处理的另一案件的结果为依据的，可以中止审查。中止原因消除后，应当恢复审查程序。
❺ 国家工商总局商评委商评字（2014）第65652号。

第三，如果争议商标经使用，市场信誉和相关的公众群体都已经形成，此时"应当准确把握商标法有关保护在先商业标志权益与维护市场秩序相协调的立法精神，充分尊重相关公众已在客观上将相关公众已在客观上将相关标志区别开来的市场实际，注重维护已经形成和稳定的市场秩序"。❶ 也就是说，商评委、法院在审查引证商标是否构成争议商标的在先权利障碍，也可以根据评审时的情形。

6. 情事变更适用的条件

笔者在此结合民法相关规定对该原则做出适用的条件做出初步阐述。❷

第一，须有情事之变更，即原商标裁决或商标注册所依据的事实或法律发生了本质的变化，使得原裁决或决定的正当性失去了存在的基础。这些事实可以包括，引证商标在先权障碍消失（例如不予核准注册或被宣告无效）、争议商标人受让引证商标或与引证商标权人签订商标共存协议的，经审查符合商标法相关规定的若干情形。

第二，情事变更的时间可以发生在以下情形下：

一是在先权利消失的事实发生在商标确权裁决之前抑或在商评委受理后，做出裁决前。此时商评委都可以根据新发生的事实做出裁决。

二是在先权消失的事实发生在商标裁决后，二审判决之前。❸ 此一情形虽然属于行政诉讼中的情事变更，但是，法院可以判决撤销被诉裁决，要求商评委根据变化后的事实重新作出裁定。根据商评委的统计，因情事变更而败诉的案件中，绝大多数是法院依据行政诉讼中新发生的事实，要求商评委根据新的事实重新做出决定。❹ 上述两种情形下，商评委都需根据新的事实做出裁决，都可以适

---

❶ 阳贤文. 商标许可中利益分享理论探析 [J]. 中南大学学报（社会科学版），2015（6）：54. 北京市高院（2010）高行终字第 518 号.

❷ 史尚宽. 债法总论 [M]. 北京：中国政法大学出版社，2000：450 - 45；郑玉波. 民法债编总论 [M]. 北京：中国政法大学出版社，2004：252 - 253.

❸ 周云川. 商标授权确权诉讼 [M]. 北京：法律出版社，2014：512.

❹ 商评委. 2014 年商标评审案件行政诉讼情况汇总分析 [EB/OL]. [2015 - 10 - 02]. http：//www.saic.gov.cn/spw/cwtx/201508/t20150827_161111.html.

用情事变更原则。

　　这里需要探讨的是，最高院在再审程序中，根据二审判决做出后发生的事实，判决撤销二审判决，是否合理？对此最高院的观点存在不一致的地方。最高院曾判决"本案终审判决时引证商标依然是有效的注册商标，该商标专用权到期日是在终审判决之后，李某鹏以引证商标已失效为由申请再审，要求商标评审委员会重新做出决定，没有法律依据"。❶ 当事人请求不能成立。但如上述最高院在（2015）行提字第4号判决中认定的那样，二审判决做出后，引证商标被撤销这一事实也可以构成诉争商标在先权障碍消失的情形，因此，其责令商评委根据新的情况重新做出裁定。对于此案，商评委认为行政诉讼实行两审终审，二审判决即为生效判决，行政机关已经执行该判决的情况下，最高院依据当事人在二审判决做出后新形成的事实，判决撤销二审判决，会使得商标行政机关执行法院判决所产生的后续程序归为无效，影响了商标注册秩序的稳定，损害了终审判决的既判力。❷

　　因此有必要限制最高院对终审判决的撤销权。笔者认为，可以从当事人申请再审的期限上着手。当事人有新的证据，足以推翻原判决、裁定的，应当在判决、裁定或者调解书发生法律效力后6个月内提出。❸ 也就是说在此期限内，再审法院可以根据终审判决后出现形成的事实，撤销终审判决，但是如果当事人在6个月期限后提出再审，再审法院则不再受理，更不得撤销原审判决。

　　第三，确定在先权障碍消失的决定已经发生法律效力。根据现行商标法的相关规定，商标局做出的决定在法定期限内未进入复审程序或商评委做出的裁定在法定期限内未进入司法审查程序方可生效。因此，如果根据现有证据，在案件审理时，引证商标尚未被生效的裁定宣告无效或不予核准，此时法院一般会维持商评委依据该合法有效的注册商标对于申请商标应否予以核准进行评审（此时法院

---

❶ 最高院［2011］知行字第59号判决书。
❷ 商评委.2014年商标评审案件行政诉讼情况汇总分析［EB/OL］.［2015-10-02］.http：//www.saic.gov.cn/spw/cwtx/201508/t20150827_161111.html.
❸ 《最高人民法院关于适用〈中华人民共和国行政诉讼法〉若干问题的解释》（2015）第24条。

一般对当事人提出的延期审理申请不予支持)。❶

二、姓名权

商评委、法院均承认姓名权为在先权之一种。这里的姓名当然包括译名。《民法通则》第 99 条规定,"自然人享有姓名权,有权决定、使用和依照规定改变自己姓名,禁止他人干涉、盗用、假冒","姓名权是一种法定权利,即未经许可,将他人的姓名申请注册商标,给他人姓名权造成或可能造成损害的,该商标不予核准注册或予以撤销。"❷

(一) 姓名权构成注册商标障碍的条件

1. 申请主体须是姓名权人或是利害关系人

就涉及主张姓名权的主体资格问题,商评委和法院的观点基本一致,即应由姓名权本人的名义加以主张,只有在存在商业经纪合同关系且艺人本人予以确认等个别情况下,方能由利害关系人主张在先姓名权。❸

在"凯特·苔藓 KATE MOSS"商标争议案中,原告主张争议商标损害了该公司旗下模特 KATE MOSS 的姓名权。北京市高院认为原告提交的 KATE MOSS 向其出具的授权书和经过公证认证的声明书足以认定 KATE MOSS 认可原告以自己的名义提起商标争议,更为重要的是,原告与 KATE MOSS 这一姓名具有商业上的直接利害关系,属于《商标法》第 41 条规定的利害关系人。❹ 但在"泽塔琼斯 Zeta Jones"案中,原告仅提交其在相关商品和服务上申请注册商标"CATHERINE ZETA‐JONES"的申请书复印件、商标注册证复印件,用以证明

---

❶ 北京市高院(2015)高行(知)终字第 75 号。
❷ 北京市高院(2012)高行终字第 1237 号。
❸ 北京市高级人民法院知识产权审判庭. 商标授权确权的司法审查 [M]. 北京:中国法制出版社,2014:321。
❹ 北京市高院(2011)高行终字 723 号。

其是凯瑟琳·泽塔琼斯姓名权的利害关系人，但法院认为前述证据只能证明原告申请注册商标的情况，并不能证明其系 CATHERINE ZETA – JONES 姓名权这一姓名的利害关系人。因此，原告（申请人）不具有提起商标争议申请的资格。❶

2. 争议商标使用了与他人姓名完全相同的文字，或者是他人姓名的翻译

只有诉争商标的文字部分与姓名使用的文字完全相同，才可能得到商评委和法院的支持，并对其是否侵犯了在先姓名权作进一步的审查。也就是说，对姓名权的保护过程中，是不考虑商标标志与姓名符号之间近似的情形。❷ 在 "IVERSON" 商标争议案中，力宝克公司主张 "IVERSON" 和 "艾弗森" 是其产品代言人 NBA 篮球明星 Allen Iverson（艾伦·艾弗森）的姓氏和中文音译，争议商标的注册损害了他人的姓名权，商评委和一审法院均认为 "IVERSON" 为国外的普通姓氏，与明星 Allen Iverson 不构成一一对应关系。因此争议商标不构成侵害姓名权。❸ 但北京市高院认为，原告提交之证据，可以证明中国公众已将 "IVERSON" 与 Allen Iverson 建立对应关系，已为中国公众熟知，据此推翻了商评委和一审法院的裁决。❹

3. 给他人姓名权造成损害

争议商标是否侵害姓名权的重要标准在于该姓名权人的知名度。但是该知名度存在的范围、判断的标准，实践中商评委和法院认定的标准不相一致。

（1）商评委采取社会公众说

在 "邵某伙 FYDBN 及图" 商标争议案中，商评委认为《商标法》第 31 条在先姓名权的保护应当考虑该姓名权在社会公众中的知晓程度，但北京大北农公司提出的证据不能证明邵某伙先生在社会公众中具有较高知名度，故难以认定争议商标已构成他人在先姓名权的侵犯。❺ 但是该观点未被法院所接受。北京市一

---

❶ 北京市高院（2012）高行终字 1237 号。
❷ 北京市高级人民法院知识产权审判庭. 商标授权确权的司法审查［M］. 北京：中国法制出版社，2014：322.
❸ 北京市一中院（2010）一中知行初字第 232 号。
❹ 北京市高院（2013）高行终字第 883 号。
❺ 国家工商总局商评委〔2012〕4916920 号。

中院认为，邵某伙的姓名本身具有一定显著性，同时北京大北农公司提交的证据亦足以证明邵某伙在争议商标指定使用商品所属的饲料等相关行业领域具有较高知名度，争议商标已经构成他人在先姓名的侵犯。❶ 显然，商评委认定的标准是社会公众，而法院认定的标准是相关领域的公众。

（2）商评委采取"相关公众"说

在"BRITNEY"商标争议案中，商评委认为，布兰妮·斯比尔斯对其姓名享有姓名权，但是认定争议商标是否构成对其在先姓名权的侵害，应以争议商标是否与其姓名相同以及争议商标的注册是否会给其姓名权造成或可能造成损害为要件，但是该案中布兰妮·斯比尔斯提交的在案证据不足以证明其姓名"BRITNEY SPEAS"于争议商标申请注册前（2010年3月26日）在中国大陆地区已为中国相关公众广为知晓，并且在中国相关公众的认知中已将争议商标与其姓名紧密联系在一起。❷ 一审、二审法院对知名度的判断标准与商评委较为一致，认为"未经许可将他人的姓名申请注册商标，使相关公众误认为该商标指定使用的商品和服务来源于该姓名权人或与该姓名权人产生关联，才会给他人的姓名造成损害。判断争议商标是否会损害他人姓名权，应当以该姓名在先已具有一定的知名度为前提。"❸ 而焦点问题之一在于争议商标在申请注册日前，布兰妮这一姓名在大陆是否为中国相关公众所广为知晓。布兰妮负有举证证明其姓名在先已具有一定知名度的责任，❹ 在该案中，商评委、法院对知名度的认定标准相同。虽然法院在判决中认定未经许可使用他人姓名注册商标，还要造成公众将该商品或服务与姓名误认为有联系的后果，但是不管是法院的判决还是商评委的裁定，均认为只要该姓名在中国大陆相关公众中具有一定知名度，就可以推定该注册商标对他人在先的姓名权造成损害。也就是说，造成损害的判定以知名度的有无为

---

❶ 北京市一中院（2012）一中知行初字第1976号。
❷ 工商总局商评委〔2010〕1786195号裁定书，另参见张钰梅. 注册商标损害在先姓名权法律问题研究[D]. 上海：华东政法大学，2012：18-19.
❸ 马波. 制度语境与法律概念功能的界定路径分析[J]. 内蒙古社会科学，2014（2）：85.
❹ 北京市高院（2012）高行终字第722号。

标准。

笔者认为采相关公众说较为合理，即与特定商品相关的消费者和经营者。

4. 争议商标注册人有假借他人姓名进行营利的主观目的

如何判断当事人具有该目的，个案中，商评委和法院主要从争议商标注册人的职业、经营商品的种类等方面进行推定而得出。

在上述"凯特·苔藓KATE MOSS"商标争议案中，❶二审法院和商评委认为，申请人虽无法证明在大陆，KATE MOSS 知名度较高，但其不是词汇的通常搭配形式。据此，除非争议商标所有人能够合理解释争议商标的渊源，否则争议商标与该模特的名称构成巧合的可能性很小。在争议商标持有人并未对争议商标采用这一词汇做出合乎逻辑的解释情况下，考虑到争议商标持有人为经销服装业，对该行业的认知比一般公众较高，且2002年KATE MOSS 曾作为宝姿品牌代言人这些因素。因此，商评委和法院认为，争议商标持有人有不正当使用"KATE MOSS"这一姓名来牟利的目的。注册和使用争议商标对KATE MOSS 的姓名权造成损害。该案法院和商评委认定当事人构成不当利用的目的的依据在于争议商标持有人的职业经验、时装模特的职业性质、商标的构成及其指定使用的商品种类上。

类似的案件还有"乔治·阿玛尼"商标争议案，商评委和法院均认为：首先，乔治·阿玛尼在时装界为中国大陆公众所知晓，具有一定的知名度；其次，争议商标持有人不能对其争议商标的构成进行合理解释；最后，商标持有人从事服装行业，理应知晓姓名权人的知名度。据此，判定商标持有人有假借姓名权人的知名度，进行营利的目的。❷

(二) 姓名权作为在先权的其他问题

1. 主张在先姓名权人须在世

自然人权利能力始于出生，终于死亡。姓名权作为一项民事权利，也不例

---

❶ 北京市高院（2011）高行终字第723号。
❷ 北京市高院（2010）高行终字第1387号。

外。也就是说，在先权条款无法给予已过世之自然人姓名权提供保护。

在"伊雅秋林"商标案中，原告主张被诉争商标侵犯了其创始人伊万·雅阔列维奇·秋林的姓名权，商评委认为，"姓名权指在世自然人有权决定、使用和依照规定改变自己的姓名并禁止他人干涉、盗用、假冒的权利。姓名权与自然人人身不可分离，本案被异议商标'伊雅秋林'虽是秋林洋行创始人姓名的简写形式，但由于该自然人已经去世，其姓名权也随之丧失，因此，诉争商标申请注册并未损害他人的姓名权"。❶

但是并非所有去世自然人的姓名都不能得到保护。如果将去世的知名人物姓名注册为商标，在个案中，商评委和法院会根据《商标法》第10条第（8）项的"其他不良影响"这一绝对无效原因来宣告争议商标无效。在一则案例中，商评委认定"根据现有的证据足以证明，李某发先生在酒行业内具有一定的知名度和影响力，将其姓名作为商标注册在'酒精饮料（啤酒除外）'商品上，容易使相关消费者将商品的品质特点与李某发本人或茅台酒的生产工艺相联系，从而误导消费者，造成不良影响。进而商评委根据《商标法》第10条第（8）项将争议商标撤销。"❷ 该案显示，商评委的逻辑是，争议商标指定的商品与李某发本人知名度的范围有一定联系，从而可能误导消费者，造成不良影响。从这也可以看出，争议商标持有人明显具有借李某发的知名度来进行营利的目的。

2. 知名度存在的合理性问题

在很多案件中，商评委和法院均将姓名权人的知名度作为认定是否构成对在先权侵犯的要件。但是2013年《商标法》第32条对此并没有做出明确规定，那么商评委和法院的依据为何。为此，有法官对在先权利之姓名权做出了限制性解释，认为2013年《商标法》第32条所规定的在先权利中包括自然人的姓名权，且作为在先权利的自然人姓名应具有知名度、承载一定商誉或商业价值。❸

---

❶ 北京市高院（2009）高行终字第120号。
❷ 北京市高院（2010）高行终字第1503号。
❸ 北京市高级人民法院知识产权庭. 北京法院商标疑难案件法官评述（2011）[M]. 北京：法律出版社 2012：80.

姓名权人的知名度是其商业价值的前提条件，而其知名度主要来自姓名权人的付出和积累。正是由于其存在一定的商业价值，才让其成为抢注的对象，因为商标的功能在于标识商品或者服务的来源。因此，将有一定知名度的姓名注册为商标，容易使相关公众联想到他人姓名，并认为提供该商标或相关商品的行为人与姓名权人有关联，❶ 而这可能误导消费者，侵犯消费者的合法权益，❷ 而争议商标持有人也有假借该姓名提升商品销量的营利目的，从而构成不正当竞争行为。从这个意义上讲，将2013年《商标法》第32条中的姓名权人界定为具有一定知名度，加以保护，具有维护市场公平竞争的目的。

3. 保护姓名的其他模式

对死者姓名的保护可以通过《商标法》第10条第（8）项"不良影响"来宣告无效，注册具有一定知名度的姓名作为商标也能构成不良影响。

在"刘某华"商标争议案中，争议商标持有人真实姓名为刘某华，与香港艺人"刘某华"同名。正因为如此商评委认定，争议商标申请人对其姓名也享有相应权利，即使明星"刘某华"对其姓名也拥有姓名权。因此该申请人之行为并未对他人姓名权造成侵害。不能适用在先权利的相关规定。但是商评委进一步认为，"姓名权不能滥用，任何权利的行使都有界限，不得损害他人及社会的合法权益。本案中，争议商标与艺人刘某华姓名相同，后者已具有一定的社会知名度，其姓名已为公众所熟知，争议商标核定使用的商品与后者所从事的演艺事业及其商业价值存在密切联系，故在实际使用中易使消费者产生联想，将商品与艺人刘某华相联系，从而产生商品来源的误认，扰乱正常的市场秩序，并对艺人

---

❶ 北京市高院（2010）高行终字第818号。

❷ 在商评委与华润万家有限公司商标案中，商评委认为，虽然华润万家公司与引证商标一的所有人已签订申请商标与引证商标可共存的《共存协议》，但在商标会误导消费者从而损害消费者权益的情况下，引证商标一的所有人在《共存协议》中对其商标的处分行为不具有效力，该《共存协议》无法排除混淆可能性。虽然法院后来推翻了商评委的裁决。但是法院对上述观点持支持态度，其认为"商标案件应遵循个案审查原则，在考虑《同意书》对审理结果的影响时，既要考虑两商标本身的近似性，也要考虑两商标权利人之间的关系，同时还要考虑是否会对消费者利益造成损害"。（北京市高院（2014）高行终字第1175号）。也就是混淆、误导消费者、侵害消费者利益是判断商标近似的基点。而这也反映在是否构成对姓名权的侵犯上。

刘某华产生不良影响,因此争议商标的注册申请人行使权利超出合法的界限,损害了消费者和艺人刘某华的合法权益,具有不良影响,予以撤销"。❶ 法院维持了商评委的裁定。在该案中,商评委并不承认他人在先姓名权遭受侵犯,但其也解释道,争议商标将误导消费者,对他人造成不良影响,这也间接承认了对他人姓名权的侵犯。

三、在先权——商号权（企业名称、字号权）

（一）商号权的内涵

商号作为商主体从事商行为时所使用的,用以表示其营业的名称。商主体利用商号在经济活动中用以确定和代表自身并区别于他人,商号依附于商主体,是商主体互相区别的重要外部标志。❷ 商号的作用是识别企业及其商业活动,并将其与其他企业及其经营活动区别开来。❸

商号与企业名称往往被混同,严格意义上讲,商号与企业名称有所不同。企业名称的外延大于商号。按照《企业名称登记管理规定》第 3 条与第 7 条的规定,企业名称由企业地理名称、商号、行业或者经营特点以及组织形式等部分组成。可见,商号是企业名称的法定构成要素之一。❹

商号经依法使用,商事经营主体可取得对商号的专有使用权,即商号权。❺ 但是关于商号权的性质,理论界历来就有争议。民法通则将法人、其他组织享有的名称归为人身权。❻ 但也有学者从《民法通则》第 120 条的排列来看,将商号归结为名称权。❼ 还有人认为商号权是人格权,其是"法人固有的、专属的、必

---

❶ 北京市一中院（2011）一中行初字第 2272 号。
❷ 李华. 我国商号保护的立法检讨及其完善 [J]. 商业研究, 2009（9）172.
❸ 孔祥俊. 反不正当竞争法新论 [M]. 北京: 人民法院出版社, 2001: 841.
❹❺ 张元. 商号法律保护问题研究 [J]. 法律适用, 2006（9）: 95.
❻ 朱冬. 商号权效力地域限制质疑 [J]. 知识产权, 2012（2）: 52.
❼ 孟玉. 人身权的民法保护 [M]. 北京: 北京出版社, 1988: 8.

备的人格利益，它所具有的某些无形财产权的属性不过是其具体内容的附属性质"，❶ 还有采财产权说，认为"是一项可以占有、使用、收益、出卖、继承以及作其他处分的财产。它本身是一个经济体，必须作为一个经营主体存在，为财产而生存"。❷ 但根据 1883 年《保护工业产权巴黎公约》第 1 条第（2）款的规定，专利、实用新型、工业外观设计、商标、服务商标、商号、产地标记或原产地名称以及制止不正当竞争等是工业产权的保护对象。由此可知，商号应属知识产权范畴。本书采知识产权说。

对于商号权的效力，多认为具有地域性，即商号权的效力仅及于其登记机关的行政管理范围内，❸ 而其主要的法律依据在于《企业名称登记管理规定》中的相关条款，"在我国，企业名称实行分级登记管理，企业名称经核准登记后方可使用，在规定的范围内享有专用权。企业只准使用一个名称，在登记主管机关辖区内不得与已登记注册的同行业企业名称相同或近似。""商号权一般只在登记机关的辖区范围内有效，超出该范围，商号权就不受保护。"但是也有学者对此观点质疑。其解释道，通说认为商号权效力的地域限制要强于其他知识产权的依据是，商标权的取得，乃是基于一国中央行政机构的授权；而商号权则基于地方行政机关的授权而产生；但是知识产权权利具有独立性，依照此理论，知识产权的地域性来源于作为其产生所依据的法律没有域外效力，与授予权利的机关无关，而商号权也是依一国的法律法规产生的权利，应在该国范围内受到保护，其地域性特征与商标权并无不同。由此，得出结论，授予权利机关的管辖范围能否决定或者限制权利的效力范围呢？❹ 实践中，如果商号权的效力基于登记机关的管辖范围，那么如何解释其可以作为在先权之一种，构成注册商标的权利障碍？因此，商号权的地域效力理论在实践中也会遇到各种解释的矛盾。

---

❶ 杨立新. 人身权法论 [M]. 北京：中国检察出版社，1996：448 – 449.
❷ 江平. 法人制度论 [M]. 北京：中国政法大学出版社，1994：188.
❸❹ 朱冬. 商号权效力地域限制质疑 [J]. 知识产权，2012（2）52 – 53.

(二) 商号构成在先权成为后注册商标权利障碍的条件

损害他人在先商号权是指将与他人在先使用并具有一定知名度的商号相同或近似的文字申请注册为商标，容易导致相关公众混淆，致使在先商号权人的利益可能受到损害的行为。❶

而实践中也逐渐形成了判断诉争商标是否侵犯在先商号的路径："首先，应当判断商号登记、使用日是否早于诉争商标的申请日；其次，诉争商标是否使用了与商号相同或基本相同的文字、诉争商标指定使用的商品或者服务与在先商号人的经营内容是否相同或者类似；再次，商号在中国相关公众中是否具有一定知名度；最后，争议商标的注册使用是否容易导致相关公众产生混淆，从而损害在先商号人的利益。"❷ 可以将其商号权构成权利障碍的条件归结如下。

（1）在诉争商标申请日之时，他人在先使用的商号"即应具有一定的市场知名度、为相关公众及在后商标注册人所知悉"。❸

首先，商号应早于商标申请注册日。审查时，企业名称登记并不是商号权形成的开始。"商号权的产生也不以使用商号的主体进行相关登记为必要条件，对于没有登记过的商号，只要实际上已经使用并产生了商号权，就应当认为权利已经形成。"❹

其次，商号需有一定知名度。根据《商标审查标准》的规定，"在先商号知名度的认定，主要应从商号的登记时间、使用该商号从事经营活动的时间跨度、

---

❶ 北京市一中院（2012）一中知行初字1120号。
❷ 北京市高级人民法院知识产权庭. 北京法院商标疑难案件法官评述（2011）[M]. 北京：法律出版社，2012：78.
❸ 周波. 商标知名度的认定与商事主体的历史传承[J]. 人民司法，2011（8）：62.
❹ 顾肖荣、游海东. 行政机关和人民法院处理商号权与商标权冲突的界限[J]. 政治与法律，2004（1）：147－148. 在"Jinan Bellofram"商标争议案中，商评委和法院认为，贝勒弗公司的企业名称虽未在我国进行登记，但该公司在评审阶段提交的证据表明，在争议商标申请日前，"Bellofram"作为该公司的商号已经在气动元件行业在先使用并具有较高知名度，在此情形下，争议商标的注册与使用容易使中国相关公众对产品来源产生混淆误导，从而导致贝勒弗公司的利益可能受到损害。北京市高院（2011）高行终字第338号。

地域范围、经营业绩、广告宣传情况等来考察"。在"西普电气"争议商标案中，商评委认为，西安西普公司提交的证据能够证明其1997～2001年在包括贵州、四川、北京、河南、新疆、浙江、上海、安徽等多个省市自治区销售软起动器、变频调速器商品，并能够证明其在报纸及相关期刊进行了大量宣传，因此可以认定西安西普公司的"西普"字号在市场上获得了一定商誉，并在相关消费者中已具有一定的知名度，构成《商标法》第31条规定的"他人现有的在先权利"，构成争议商标的权利障碍。❶

在个案中，如果在先商号的影响力仅限于某个地方或销售额较小时，此时商评委和法院通常不能支持其在先权主张。在"咕嘟妈咪"商标案中，二者均认为，株式会社美食领航家提交的用以证明在先商号的证据，多为上海地区媒体关于咕嘟妈咪网站开通的相关宣传报道及网站内自行制作的公司介绍等资料，并不足以证明"咕嘟妈咪"商号，在争议商标注册前，在中国相关公众中具有一定的知名度。❷在"豪威HAOWEI"及图商标争议案中，商评委和法院认为，原告"提交的证据中的增值税专用发票或者晚于争议商标申请日，或者主要为豪威公司与关联公司之间的交易，且从在案证据看主要销售给重庆和浙江两地的公司，销售区域有限；交易金额小（销售数量从数十件到数百件不等，金额从数千元到数万元不等，大部分发票显示金额为数万元）。豪威公司亦未提供公司或者产品的宣传材料和荣誉证书"，因此在案证据不足以证明豪威公司的"豪威"商号在争议商标核定使用的商品上具有一定影响。❸

商标知名度受制于地域范围的限制。就地域而言，对于认定知名度的条件应当主要是在中国大陆地区的在先使用并有一定影响。企业虽然使用了相关商号，但如果其并未进入中国大陆地区，则不能适用在先权的规定。在"高丝GAOSI"商标争议案中，商评委认定，"高丝公司于1996年8月27日在中国上海成立独

---

❶ 北京市高级人民法院知识产权庭．北京法院商标疑难案件法官评述（2011）[M]．北京：法律出版社，2012：299．
❷ 北京市高院（2014）高行终字第1036号．
❸ 北京市一中院（2012）一中知行初字第524号．

资公司高丝国际贸易公司，该公司主要从事将高丝公司的化妆品等商品向中国进口、分销、物流和市场流通等业务，高丝公司未提交高丝国际贸易公司商号在争议商标申请日前，已在中国大陆具有较高知名度的证据。其虽然提供了'杭州春丝丽有限公司''株式会社高丝''杭州国际贸易（上海）有限公司''高丝化妆品有限公司'获取相关荣誉的证书等证据，但该证据仅能证明其高丝牌化妆品具有一定市场声誉，并不能证明在争议商标申请日即 1998 年 8 月 6 日前，其'高丝'商号具有一定知名度的事实。"因此，商评委认定争议商标未侵犯高丝公司的商号权。商标的知名度并不能证明商号的知名度。❶

在"LEUPOLD"商标案中，商评委认为，现有证据不足以证明，在被异议商标申请注册前，申请人主张之商号在中国使用并为相关公众知晓，不能证明被异议商标的注册会损坏其商号。故对该项主张不予支持。一审法院对此予以认可。二审法院进一步指出，商标注册具有地域性，该条款所保护的在先的企业名称权益，应是基于在中国境内已经注册或实际使用的企业名称而产生的权益。原告提交的证据主要是在其他国家和地区注册和使用"LEUPOLD"商标或其企业名称的证据，原告的商号并未在中国境内起到区分商品来源的作用，故其与本案争议商标的注册没有关联，因而维持商评委的裁定和一审判决。❷

最后，至于诉争商标注册人是否知道该商号的知名度，一般通过推定的方式来决定。在"盛丰物流"商标争议案中，盛丰公司以盛辉公司"盛丰物流"商标侵犯其商号权为由，请求撤销争议商标。商评委认定，盛辉公司作为与盛丰公司同处一地的同行业者，彼此理应有所了解，盛辉公司应当知道盛丰公司商号"盛丰"及其使用情况。因此，盛丰公司提交的证据可以证明该商号为盛辉公司所知晓。❸

（2）他人在先商号所使用并据以产生知名度的"商品或服务与在后商标所指定或核定使用的商品或服务相同或类似"。

---

❶ 最高人民法院（2012）知行字第 16 号。
❷ 北京市高院（2010）高行终字第 1350 号。
❸ 北京市高院（2013）高行终字第 515 号。

在先商号的保护范围——类似商品或服务。商标的作用在于区分商品或服务的来源，虽然企业名称经过使用产生一定影响，也有可能起到区分商品或服务的作用，但只有在相同或类似的商品或服务上使用的商标和企业名称，相关公众才可能对相关商品或服务的来源产生混淆或误认。因此，在先商号仅能阻却在后商标在与该商号所使用商品或服务相同或类似商品或者服务上的注册，❶或者说，在先商号的保护范围，也应当限于其所使用的相同或类似商品或服务。

而"类似商品是指商品在功能、用途、主要原料、生产部门、销售渠道、销售场所、消费对象等方面相同或者相近；类似服务，是指服务在目的、内容、方式、对象等方面相同或者相近。在判断商品或服务是否构成类似时，可以参照《类似商品和服务区分表》。"但《商标审理标准》同时规定"由于商品和服务项目在不断更新、发展，市场交易的状况也不断变化，类似商品或者服务的判定也会有所变化，乃至具有个案特殊性，所以在审理案件过程中仍会涉及对类似商品或者服务的具体审查判断问题"。因此，在商评委评审案件中，对商品或服务是否类似需结合个案进行认定。❷在"阿森纳 ASENAL"商标争议案中，商评委和法院一致认为，阿森纳公司提交的证据能够证明原告在足球赛事领域具有一定知名度，但并无证据表明阿森纳公司将"阿森纳 ASENAL"作为商号或商标，于争议商标申请注册日前，在争议商标核定使用的眼镜等商品上进行过使用并具有一定知名度，而由于足球赛事领域与眼镜等商品上存在较大差异，且"ASENAL"本身即存在固有含义，争议商标注册使用不致使相关公众产生混淆，对阿森纳公司的权利造成损害。❸

对于不相类似的商品，如其仅存在一定的"联系"，该在先商号能否成为后注册商标的权利障碍，个案显示，并不是在所有情形下，都能得到商评委或法院

---

❶ 北京市高级人民法院知识产权庭. 北京市高级人民法院知识产权审判新发展（2006~2011）[M]. 北京：知识产权出版社，2012：264.

❷ 对于《类似商品和服务区分表》在商标裁决和诉讼的作用，本书在第三章基本原则之个案审查原则处已有论述，在此不再赘述。

❸ 北京市一中院（2012）一中知行初字第1120号。

的认可。

在"梅兰日兰"商标争议案中,商评委认定,"梅兰日兰"作为商号,在争议商标申请注册日前,已有一定知名度,与天津梅兰日兰公司产生对应联系。虽争议商标指定使用商品与断路器不构成类似商品,但"在实际使用中与断路器等商品的消费对象、销售渠道等方面联系密切,争议商标的注册和适用易使相关公众将其与天津梅兰日兰公司建立联系,对商品来源产生误认混淆,并可能损坏该公司的利益"。因此争议商标构成损坏他人现有的在先权利的行为,但两审法院均认为,商评委有关在先商号的保护可以突破相同或类似商品限制的理由不能成立,从而推翻了商评委的裁定。❶

但在上述"盛丰物流"商标争议案中,原告争议商标注册在第39类"货运、旅客运输、运输、托运、汽车运输、停车场、货物储存、包裹投递、邮政货物的递送"等服务上,原告主张第三人并未在除"汽车运输"之外的其他服务领域使用"盛丰"标志,且其经营范围也不包含其他服务,第三人并不享有其他在先权利,故争议商标在除"汽车运输"之外的服务类别上不存在在先权利障碍,但商评委和两审法院均为,虽然相关证据不能证明第三人在"汽车运输"以外的"货运、旅客运输、运输"等服务上在先使用"盛丰"字号并具有一定影响,但"汽车运输"服务与上述其他服务在用途、消费群体等方面存在密切关联,构成类似服务,故争议商标在"汽车运输"及上述其他服务上的注册,容易导致相关公众的混淆误认,从而损坏第三人以字号形式表现的企业名称权益,故争议商标的注册侵犯了他人在先权。❷ 在"凯洛格 Kellogg & Company 及图"商标案中,虽然商评委和一审法院均认为,被异议商标指定服务与家乐氏公司相关的生产经营并不类似,因此被异议商标不构成对家乐氏公司在先商号权的损害,但是二审法院却认为,"……而且家乐氏公司的企业商誉及影响力足以延伸至被异议商标指定使用的'商业管理辅助、商业管理咨询'等服务领域,具

---

❶ 北京市高院(2011)高行终字第346号。
❷ 北京市高院(2013)高行终字第515号。

有密切关联，因此被异议商标的注册与使用容易导致相关公众认为其服务来源与家乐氏公司存在特定联系，或及于家乐氏公司的授权，从而产生混淆，使家乐氏公司的利益可能受到损害……"❶

在新近的判决中，最高人民法院出现了对在先商号直接给予如上述案例中的跨类保护。在"创维SKYHIGH"商标争议案中，争议商标由第三人新时代公司于2000年3月22日提出申请，2001年6月14日核准注册，核定使用商品为第9类的假币检测器、衡量器具等。创维公司提出撤销申请，理由之一是争议商标损害了创维公司的商号权益。商评委和两审法院均认为，创维公司的证据不足以证明其商号在争议商标申请日前已经具有很高知名度，故对其主张不予支持。但最高院认为，虽然在先商号与争议商标使用的商品不是相同或类似商品，而且虽然不能认定创维公司的引证商标在争议商标申请注册时已经达到驰名可以跨类保护的程度，但该等证据足以证明创维公司的字号已经具有一定知名度，并为相关公众所知悉。因创维公司享有的在先商号权受到法律保护，故新时代公司将创维公司的"创维"字号作为自己的商标申请注册的行为，构成损害他人在先权的行为。❷

上述最高院的判决是否意味着对在先商号的保护限于相同或类似商品这一原则发生了动摇，还值得进一步考察。但笔者认为，如果说商品或服务虽然在《类似商品和服务区分表》不相类似，但是其销售渠道、对象等确实存在密切联系，此时可以将其归结为类似商品或服务，不宜认定为关联商品或服务，这种表述容易使人误解为在类似商品或服务之外又创设另一种商品关系划分。❸ 但是商品或服务不能构成类似又不能构成密切关联（也是类似），此时不宜认定为损害在先权，这样有违商标法的规定。因此笔者认为上述最高院的判决在现实中不足取。

但是对于老字号的保护范围存在一定的分歧。原则上，老字号的保护范围与一般的标准不应存在实质性差别，仅限于其实际经营的商品及其类似商品。但是

---

❶ 北京市高院（2013）高行终字第635号。
❷ 最高院（2012）行提字22号。
❸ 最高院（2011）知行字第37号。

实践中，一方面，老字号实际经营业务较窄，通常仅以有限的几种商品闻名；另一方面，老字号使用时间长、知名度高、指向性明确。因此，如果仅以前述标准来保护，他人在非类似商品上抢注，现实中抢注人显然能从中获取不正当利益，而老字号权人的利益无法得到应有的保护。针对此，有法官提出，对于老字号可以酌情跨类保护。其建议对"中华老字号"可以参照驰名商标的跨类保护。在适用2013年《商标法》第31条对"中华老字号"作为在先权进行跨类保护时，还应当考虑一下因素：该"中华老字号"的显著程度、在相关公众中的知晓程度、与被异议商标或争议商标在商品或服务上的关联程度以及商标注册人的主观过错程度等其他相关因素。❶

（3）他人在先商号与在后商标相同或相近似，两者之间具有指向的关联性，相关公众在看到诉争商标时会指向在先商号。

商标近似标准可以用来判断诉争商标与商号是否构成近似，即可以从字形、读音、含义等方面近似，容易使相关公众对商品的来源产生误认或认为二者具有特定的联系。❷

在前述"盛丰物流"商标争议案中，商评委认定，"物流"二字缺乏显著性，"盛丰"为争议商标的主要认读部分，因此争议商标的主要认读部分与"盛丰"字号相同，认定争议商标与第三人商号"盛丰"构成近似。❸ 而在"平庄陈氏骨科"商标争议案中，商评委认为"平庄"是赤峰市元宝山平庄镇的镇名，与原告和第三人的住所地和经营地相关，（其不具有显著性）"陈氏骨科"构成了争议商标的显著识别部分，此与"陈氏骨科"在先商号相同。❹

判断诉争商标与商号是否近似，是否具有指向的关联性时，要考虑商号的独创性、显著性以及知名度。在"展望"商标案中，商评委和法院认定

---

❶ 北京市高级人民法院知识产权庭．北京法院商标疑难案件法官评述（2012）[M]．北京：法律出版社，2013：88-90．
❷ 有关商标近似的案件，参照最高院（2014）知行字第33号．
❸ 北京市高院（2013）高行终字第515号．
❹ 北京市一中院（2012）一中知行初字第170号．

"展望"为常用词汇,并构成独创,判断是否构成混淆时需将其作为考虑因素。❶

(三)企业名称之简称保护问题

最高院在 2008 年判决对企业名称简称保护的条件作了分析,指出"具有一定市场知名度、为相关公众所熟知并已实际具有商号作用的企业或企业名称中的简称……如果经过使用和公众认同,企业的特定简称已经成为特定区域内的相关公众所认可,具有相应的知名度,与该企业建立了稳定的联系,已经产生识别经营主体的商业标识意义,他人在后擅自使用该知名企业简称,足以使特定地域内的相关公众对在后使用者和在先企业之间发生市场主体上的混淆,进而将在后使用者提供的商品或服务误认为在先提供的商品或服务,造成市场混淆,在后使用者就会不恰当地利用在先企业的商誉,侵害在先企业的合法权益。此时《反不正当竞争法》第 5 条第(3)项对企业名称保护的规定可以适用于保护该企业的特定简称。"❷ 也就是说,最高院认可此类型的企业名称的简称可以构成商标法中的在先权利进行保护。该案对企业名称简称的保护具有判例作用。

但在"广本 GUANGBEN"商标案中,商评委认为,在先权利包括企业名称权,但不包括企业名称简称权,驳回了广汽本田公司该项主张,但最高院在审理中,确认上述 2008 年案件中有关企业名称简称的保护条件,纠正了商标评审委员会关于"在先权利包含企业名称权,但不包括企业名称"的认定。❸

四、著作权

著作权是"基于文学、艺术和科学作品依法产生的权利,文学、艺术和科学

---

❶ 北京市一中院(2006)一中知行初字第 723 号。
❷ 周波. 对商号的使用不能等同于对未注册商标的使用[J]. 中华商标,2013(6):38。判决见最高院(2008)民申字第 758 号,《最高人民法院知识产权审判案例指导》编委会. 最高人民法院之产权审判案例指导(第二辑)[M]. 北京:中国法制出版社,2010:232-238。
❸ 最高院(2013)行提字第 23 号。

作品是著作权产生的前提和基础,是著作权法律关系得以发生的法律事实构成"。❶ 商标审查标准将著作权明确规定为在先权之一种。现实案例显示,当事人主张其对诉争商标的商标标志享有在先著作权而申请不予核准或撤销争议商标的较多,但是就笔者所收集到的案例,该类主张在很多情况下得不到商评委或法院的支持,而问题主要表现在该商标标志是否构成作品、著作权属的认定以及是否损害在先著作权等方面。❷ 这也是商评委支持当事人请求的条件。

(一) 商品标志是否构成作品

请求保护的对象构成作品是主张诉争商标损害其著作权、请求适用在先权条款的基础和前提。作品是指"文学、艺术和科学领域内具有独创性并能以某种有形形式复制的智力成果"。❸

作品的构成要件,"一是表达,二是具有独创性,前者是指人们关于某种思想观念、客观事实、操作方法的表达,后者是指作者独立创作了相关的作品,并且将自己的思想、情感、精神和人格等要素融入了相关的作品之中。"❹ "构成作品的核心条件是独创性:其一,原创性是指作品来源于作者,唯一要求就是新旧作品之间的相似是意外的和偶然的,是任意的、独立创作的产物;其二是指,作品来源于思维的创造性力量,是智力劳动的成果,其三,著作权保护的是主观的人类选择,而不是客观情况,作品获得著作权保护需要包含作者的主观选择,其四,原创性的要求是最低限度的"。❺

在"超羣"商标案中,商评委和一审、二审法院均认为"超羣"标识不具有独创性,未构成著作权法所保护的作品。最高院在该案中,首先,对作品的构

---

❶ 刘春田. 知识产权法 [M]. 北京: 高等教育出版社, 北京大学出版社, 2002: 29.
❷ 北京市一中院 (2012) 一中知行初字第2386号。这是著作权构成在先权称为后注册商标权利障碍的条件。但是需要注意的是,并不是在所有的情况下,商评委和法院都是从这三个方面来进行审查,在大部分情形下,只是对某些要件做一审查。
❸ 《著作权法实施条例》 (2013) 第2条。
❹ 李明德. 论作品的含义 [J]. 甘肃社会科学, 2012 (4): 151.
❺ 卢海君. 论作品的原创性 [J]. 法制与社会发展, 2010 (2): 78 – 79.

成要件进行了解释，其认为，著作权法中的作品，需符合"独立创作"和"具有最低限度创造性"两个条件。其次，最高院就该案分析道，宝佳公司再审期间主张"超羣"标识中"超羣"二字属于篆体，为美术作品，但拿其与"超羣"二字普通篆体及隶书的不同书写方式进行对比，其未显示存在独特的风格，仅存在细微的差别，本案"超羣"标识未达到一定创作高度，不具有独创性；宝佳公司还主张"超羣"标识中不规则的边框因"虚实相间、粗细不同、残破有序"而具有独创性，对此本院认为，"超羣"标识不规则的边框是仿古印章的普遍特点，未达到最低限度的创造性，不具有独创性。宝佳公司还主张"超羣"标识中文字与边框的组合属于美术作品，从其表现形式看，文字与边框的组合属于普通印章的特点，未达到一定水准的智力创造高度，不具有独创性。因此，即便"超羣"标识系李某超群独立完成，也因其没有达到最基本的智力创造高度而不能成为受著作权法保护的作品。宝佳公司从李某超群受让的"超羣"标识因其本身不具有独创性而不享有著作权，不能作为《商标法》第 31 条规定的在先权利。❶

实践中的案例显示，下列类型的标志一般不能得到商评委和法院的认可：

第一，较为常规的词语、字母（组合）等。

在"LEDLENSER"商标案中，申请人主张争议商标侵犯了其"LED – LENSER""LEDLENSER"商标的注册权，商评委和法院认定引证商标为字母组合及图形部分过于简单，不能构成著作权法意义上的美术作品。❷

在另一起案件中，商评委和法院认定，"家有喜事"中的文字均采用的是常规字体，其中虽然"家"字及"喜"字的相应部分有所设计，但该设计高度尚未达到著作权法所要求的独创性高度。❸

在"盐津铺子"商标争议案中，商评委认定天喔公司使用的"盐津铺子"，所用字体与方正黄草简体基本相同，而后者由方正集团设计、发布。商评委不支

---

❶ 最高院（2012）知行字第 38 号。
❷ 北京市高院（2014）高行（知）终字第 2895 号。
❸ 北京市高院（2014）高行终字第 1532 号。

持申请人侵犯其著作权的主张;二审法院审查后认为,"盐津铺子"独创性较弱,不构成"作品",其主张——"盐津铺子"的竖排以及突出"铺"字的表现形式属于具有独创性的美术作品,但由于"盐津铺子"这四个字均为方正黄草简体,从方正字库中来,而且竖排为常见排列方式,突出表现"铺"字后形成的整体图案比较简单,从美术作品的角度来看,争议商标的独创性较弱,不能构成著作权法保护的作品。[1]

第二,普通图形的简单组合。

在"RémyMarquis及图"商标案中,申请人主张争议商标侵犯了其享有著作权的美术作品《RemyMarquis(艺术体)》,商评委、一审法院认为,申请人主张享有著作权的"RemyMarquis及图"由普通字体的"RémyMarquis"及两条类似椭圆的曲线组成,该曲线为普通几何图形,上述字母和曲线的组合未能体现独创性,不能达到著作权法对作品独创性的要求。二审法院支持前述观点。[2]

第三,一般的手写体不能构成作品。

在"és"商标案中,商评委认定,引证商标中的字母"és"虽非普通印刷字体,但外文字母的手写体组合,不符合"作品"的条件。法院认为,"独创性,应体现作者个人选择、取舍和安排,这种选择、取舍和安排应当区别于公有领域的表达。"[3]

第四,短语一般不能享有著作权法的保护。

在"人生豐收时刻"及拼音商标案中,商评委认为,短语就其内容而言不符合独创性标准通常不受法律保护,且包含"人生丰收时刻"文字的商标均以标准印刷体或普通常见字体书写,表现形式本身不具有独创性和审美意义,不构

---

[1] 北京市高院(2010)高行终字第981号。
[2] 北京市高院(2014)高行终字第1183号。
[3] 北京市高院(2011)高行终字第664号。

成作品。❶

对某些进行过一定设计的标志，商评委或法院也会将其认定为作品，受著作权法保护。

在"祥狮及图"商标争议案中，申请人认为争议商标侵犯了其"PREMIER LEAGUE"及一右脚按在足球的狮子图形（引证图形）的著作权。二审法院认为"引证图形中的狮子头戴王冠、面向左边吼叫、胸部及头部毛发形状、右脚抬起踏球、尾巴扬起呈 S 形等表现形式，均非自然界中的存在客观形式。……所以，商评委认定该图形具有审美意义且带有一定独创性，属于我国著作权法保护的美术作品的结论正确"。❷

但在有些案件中，商评委和法院对经过设计的图形的独创性存在争议。如在"TIGER 及图"（见图 4-1）案中，商评委认为"争议商标及虎牌株式会社主张著作权的图形均为一虎头图形，二者均以简单的线条勾勒而成。老虎为自然界可见的动物，争议商标图形与虎牌株式会社图形构图较为简单，属常见的虎头图

---

❶ 戴怡婷. 再论广告语的显著性判断 [J]. 中华商标，2013（9）：44. 北京市高院（2013）高行终字第 1188 号. 虽然该案商评委未支持侵犯著作权这一观点，但是商评委同时认为根据稻花香公司提交的证据可以证明在被异议商标申请日前，"人生丰收时刻——稻花香"酒商品经其大量宣传使用，已在相关公众中具有较高知名度，"人生丰收时刻"作为可独立识别的部分，亦在酒商品上与稻花香公司形成了一一对应关系。被异议商标与稻花香公司的"人生丰收时刻——稻花香"商标基本相同，其指定使用在酒（饮料）等商品上已经构成对稻花香公司在先使用并有一定影响的商标的抢注。二审法院进一步认为申请注册商标不得损害他人现有的在先权利，也不得以不正当手段抢先注册他人已经使用并有一定影响的商标。该规定中在先使用并有一定影响的商标不仅应当具有识别商品来源的显著性，而且应当发挥了识别作用。具有识别商标来源的显著性是"人生丰收时刻"构成未注册商标，进而获得《商标法》第 31 条保护的前提。"人生丰收时刻"属于偏正结构的短语，具有较强的独创性，与酒商品行业通常使用的宣传用语区别较大，相关公众能够将该短语作为商标对待，通过其识别商品来源。该案中，虽然"人生丰收时刻"为稻花香公司使用的广告语之一，但根据在案证据"人生丰收时刻"也是稻花香公司委托他人策划制定的品牌定位，稻花香公司不仅在被异议商标申请日前在网络和报刊上刊登包含"人生丰收时刻"的产品宣传，而且也在商品包装上使用"人生丰收时刻"字样，并将其与"稻花香"商标长时期同时或组合使用，由此可知，稻花香公司使用"人生丰收时刻"具有表明商品来源的意图，经过大量使用和宣传，其已经和"稻花香"商标以及稻花香公司建立起了固定的联系，相关公众能够通过其识别商品的来源。因此，"人生丰收时刻"构成在先使用并有一定影响的在先商标。结合其他证据可以认定，异议商标持有人的行为属于以不正当手段抢先注册让他人使用并有一定影响的商标的行为。

❷ 北京市高院（2007）高行终字第 331 号.

形，独创性较弱，并无特别的显著特征。……不足以判定争议商标损害了虎牌株式会社的在先著作权。"❶ 但二审法院认为，虎牌株式会社的虎头图案并非自然界中老虎头部的客观写实的描绘，而是通过简化、抽象的线条，描绘出了一个亲切友好的虎头形象，与普通的老虎图形明显不同，具有较高的独创性，已构成著作权法所称的作品。而虎牌株式会社的 TIGER 标识，并非单纯的字母组合，其中的"G"和"E"经过美术处理连为一体，具有一定的独创性，构成著作权法的作品。❷ 从而推翻了商评委的认定。

图 4-1

（二）著作权属认定

案例显示，不能对作品做出权属证明，是申请人败诉的重要原因之一。如果说，对作品的认定很多情况下，较为主观，那么对权属的认定，现在形成了较为客观的标准。在很多案例中，商评委或法院首先对商标标志的权属进行审查。申请人"应当提供著作权的底稿、原件、合法出版物、著作权登记证书、认证机构

---

❶ 工商总局商标评审委员会商评字〔2011〕第 14987 号。最高院在（2013）知行字第 81 号判决中，维持了二审法院的判决，其认为，该标识展示了一个亲切友好的虎头形象，其特点在于虎头的图得到了简化，尤其是老虎的眼睛、鼻子、嘴巴和条纹基本都是采用简单的条和线，采用抽象的手法绘制，整个虎头的轮廓由圆环形的线条构成，与普通的老虎图形明显不同，是精心设计具有独创性的作品，理应享有著作权并受到保护。虎牌株式会社的"TIGER"标识设计源自英文单词，整个作品呈现出一只老虎的形状，标识中的字母"T""IGE""R"分别对应老虎的头部、身体和尾巴，整个作品看起来就像是一只侧卧的老虎。该作品最显著的特征在于"GE"部分，其中字母"G"和字母"E"连为一体。这种连为一体的设计使得这两个字母看起来就像是老虎的身体，同时也使得其发音为"gə（r）"更形象生动。通过以上"GE"部分的造型，相关公众可将字母"T"看成是老虎的眼睛和鼻子，将字母"I"看成是老虎的前腿，将字母"R"看成是老虎的后腿、臀部和尾巴。因此整个作品呈现出一只老虎的形状，不仅具有传达文字信息的功能，更具有图形设计的审美价值，具有独创性。
❷ 北京市高院（2012）高行终字第 1255 号行政判决。

出具的证明、取得权利的合同等,可以作为证据"。❶

仅有商标注册证,只能证明注册商标的权属,不属于对作品的署名,不足以证明作品权属。因为《著作权法》第11条第4款规定,"如无相反证明,在作品上署名的公民、法人或者其他组织为作者"。

作为申请人或原告"应当提交充分有效的证据证明其系作品的作者,或者通过合同等方式取得了该作品的著作权,商标注册证仅能证明原告为该商标所标示的商品来源,而无法证明原告系该作品的著作权人"。❷ 享有商标权并不当然对商标标志享有著作权。在著作权权属认定上,商评委和法院逐渐形成了统一的观点:著作权和商标权相区分的原则,认为即使商标权与著作权承载于同一客体之间,由于这两种权利的不同性质,不能由其中一种权利的归属推断出另一种权利的归属;就如同在某人对某一作品享有著作权的情况下,不能必然推断出此人就一定是该作品作为商标标志进行注册而享有商标专用权的商标权人一样,也不能因某人享有注册商标专用权而必然推断出该商标权人就一定是该商标标志所对应的作品的著作权人;商标注册文件上对商标权人的申明不等于作者在作品上的署名,商标权人不能等同于著作权人。❸

同样的,申请人提供的著作权登记证明作为证明著作权权属的直接证据,这是因为"我国对作品实行自愿登记原则,登记机关对作品完成日期并不作实质审查,因此该登记证明不足以证明……对该作品享有著作权"。❹ 作品登记并不能证明其作品得到发表,这是因为,"根据国家版权局1994年发布的《作品自愿登记试行办法》第一条规定,作品登记的主要目的是维护作者或其他著作权人和作品使用者的合法权益,有助于解决因著作权归属造成的纠纷,并为解决著作权纠纷提供初步证据。可见,进行登记的主要作用在于证明权利的归属。虽然该试行

---

❶ 《最高人民法院关于审理著作权民事纠纷案件适用法律若干问题的解释》(法释〔2002〕31号)第7条。
❷ 北京市一中院(2011)一中知行初字第55号。
❸ 北京市高级人民法院知识产权庭编:商标授权确权的司法审查[M].北京:中国法制出版社,2014:347.
❹ 北京市高院(2014)高行终字第1532号。

办法规定有作品登记实行计算机数据库管理,并对公众开放的内容,但对登记机构能否向公众提供相关登记的作品未做规定。……认为作品登记不是著作权法意义上的发表……是正确的。"❶

类似的情况还有,宣传材料、产品图片、宣誓证书、杂志、网页广告等都不足以证明作品权属状态。注册商标的转让也并不意味着该标识著作权的一并转让。❷ 商标的商业使用不能认定为作品的公开发表,同样也不能作为认定著作权的证据,因为相关图形,既可以是商标权的载体,也可以是著作权的载体,但是两项权利的权利人并不当然具有统一性,故仅能表明商标权的归属,不构成对作品的署名,不具有著作权的初步证明作用。❸

在有些案件中,即使同时具有商标注册证和版权登记证明,商评委和法院一般也不会采信。❹

(三) 是否损害在先著作权

对此要件,主要从两个方面来考虑:一是后注册商标与作品是否构成实质性相似,❺ 二是"后注册商标申请人是否曾经接触或有可能接触到他人享有著作权的作品"。❻ 这是判断侵犯著作权行为成立的基本标准。这一标准来自作品的独创性特征,若被控侵权作品不具有独创性,不应当认定其构成侵权。"实质性相似考察的是'创'的问题,即劳动成果是否达到一定创作高度要求,具有一定程度的智力创造性,构成实质性相似的,就意味着不具有'创'的特征;接触考察的是"独"的问题,即劳动成果是否源自劳动者本人,而非抄袭的结果。"❼

第一,实质性相似"是指侵权作品中体现创作者个性的部分与原作的独创性

---

❶ 最高院 (2010) 民申字第 281 号。
❷ 北京市高院 (2013) 高行终字第 878 号。
❸ 北京市高院 (2011) 高行终字第 957 号。
❹ 北京市高院 (2014) 高行终字第 631 号。
❺ 北京市高院 (2014) 高行终字第 1519 号。
❻ 徐琳. 商标图样的著作权保护之困境与出路 [J]. 电子知识产权, 2014 (11): 50-56. 北京市高院 (2014) 高行终字第 709 号。
❼ 李国良,寿仲良,等. 实质性相似加接触的侵权标准判断 [J]. 人民司法, 2010 (16): 38.

部分实质性相似,系一种把他人作品据为己有,仅将个别部分略作变动,没有创造性劳动的侵权行为",❶ 包括两个方面,一是文字部分相似;二是非文字部分相似。❷

实质性相似的判断标准应以是否使用了在先作品具有独创性的主要部分。❸ 只要诉争商标使用了作品中具有独创性的部分或内容,即使诉争商标与作品不相似,也构成损害。判断实质性相似的方法可以采取整体观察法,即通过普通观察者对作品整体的内在感受来确定在后注册商标是否利用了在先作品的核心和净化,以此来确定两作品是否实质性相似。❹

在针对 5038040 号图形商标(见图 4-2,被异议商标)商标异议案中,长江证券公司认为被异议商标侵犯其 1475959 号图形商标(见图 4-3,引证商标)的在先著作权;商评委认为,将被异议商标的图形与涉案作品相比,虽然在龙头方向不同,但在整体构图、描绘手法、表现形式等方面相似,符合实质性近似,对在先著作权的侵犯。一审、二审法院均支持商评委的上述观点。❺

图 4-2 被异议商标　　　　图 4-3 引证商标

第二,接触。

一般需证明商标持有人接触(或可能接触)过他人作品。通常通过推定的

---

❶ 李佳梅,杜梅. "实质性相似加接触"是判定作品侵权的核心标准 [EB/OL]. [2014-12-10]. http://cdfy. chinacourt. org/article/detail/2013/10/id/1105837. shtml.
❷ 李国良,寿仲良,等. 实质性相似加接触的侵权标准判断 [J]. 人民司法, 2010 (16): 39.
❸ 北京市高级人民法院知识产权庭编. 商标授权确权的司法审查 [M]. 北京: 中国法制出版社, 2014: 347.
❹ 许波. 著作权保护范围的确定及实质性相似——以历史剧本类文字作品为视角 [J]. 知识产权, 2012 (2): 33.
❺ 北京市高院 (2014) 高行终字第 486 号。

方式完成。在通常情况下，如果作品在先正式的发表或者作为商标标志在先公开，可以推定"接触"。❶ 如在前述针对5038040号图形商标异议案中，商评委认为"……（长江证券公司）于2001年将'龙腾长江图形'标识公开发表在《湖北日报》上……被异议商标的注册申请日晚于引证商标的注册申请日，长江电气与长江证券位于湖北省武汉市同一地域，而长江电气公司提供的证据中并无相应的有效的反驳证据……"据此推定长江电气公司有接触的机会。

并且案例显示，此种公开发表不限于中国大陆。在"倍比菲特babyphat及图"（见图4-5）商标异议案中，❷ 商评委裁定"菲特公司所有的在案证据，均不足以证明在被异议商标申请注册之前，菲特公司主张享有著作权的作品（见图4-4，引证商标）曾经在中国大陆地区进行过公开发表，从而使刘某琪有可能接触到该作品，即无法认定刘某琪明知或应知涉案美术作品为菲特公司所有。……不足以认定被异议商标损害了菲特公司的在先著作权"。❸ 但一审法院认为，在大陆是否公开发表不影响对接触可能性的判断。据此纠正了商评委的观点。❹ 二审法院坚持了一审法院的判断，更进一步分析到，"即使他人主张在先著作权的作品并未在中国大陆地区公开发表过，也不能据此排除系证商标申请人具有接触到该作品的可能性。特别是随着国际交往的日益便捷和频繁，中国大陆地区的相关公众接触到大陆地区以外地区出版物的机会更为方便，可能性更大。就本案而言，菲特提供的证据，能够证明其babyphat及图品牌服装在国外部分杂志进行过广告宣传。而且，被异议商标中除中文外的部分与菲特公司的在先发表的标志完全相同。因此，原审法院据此认定刘某琪具有接触菲特公司BABY PHAT及图作品的可能性是正确的。"

---

❶ 周云川．商标授权确权诉讼［M］．北京：法律出版社，2014：367．
❷ 北京市高院（2014）高行终字第709号。
❸ 国家工商总局商标评审委员会商评字（2012）第08171号。
❹ 北京市第一中级人民法院（2012）一中知行初字第2713号。

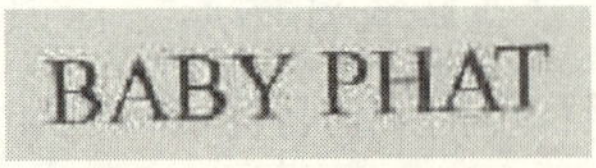

图 4-4　引证商标 　　　　　图 4-5　被异议商标

（四）对作品独创性要求是否高于著作权法的规定

对此问题商评委在案件中没有表明观点。但是法院却表明了不同的看法。

在"卫龙 Weilong"商标争议案中，法院认为，在商标注册审查程序中，当商标权与在先著作权冲突而需要保护在先权时，对作品的要求要有所提高，尤其在作品仅以商标标识的形式存在时。其理由是："一方面，从部门法所调整的不同利益关系来看，商标的功能在于区分商品来源，《商标法》保护的是商标与商品来源之间的关系。这与著作权法通过保护著作权人对作品享有的复制权、发行权等专有权利以鼓励作品的创作和传播的目的，有根本上的不同。当在先作品以商标标识的形式存在的，在后商标注册人申请注册与他人在先商标相同或近似的商标的，其目的往往是为了搭在先商标权人商誉之便车，或投机性、投资性抢注，而并不在于使用在先商标中包含的作品；另一方面，在商标注册程序中适用在先著作权保护，即意味着禁止与该作品相同或实质性相似的标志在所有商品类别上的注册和使用，且获得这种保护无需考虑作品的实际使用情况和知名度，这种保护力度远远超过对在先普通商标的保护，甚至超过对在先驰名商标的保护，从利益平衡的角度出发，理应把握适当的独创性标准。"❶

但最高院认为，"判断在先著作权是否存在以及所涉商标是否侵犯他人的在先著作权，要依照著作权法的相关规定。著作权法保护有独创性的作品，只要符合著作权法对作品的要求，就受到著作权法的保护，并不按照作品的创作目的进

---

❶ 北京市一中院（2012）一中知行初字第2236号。周云川. 商标授权确权诉讼 [M]. 北京：法律出版社，2014：36-39.

行区别对待。如果商标标识具有独创性,构成著作权法保护的作品,只要符合著作权法对作品的要求,其当然受到著作权法提供给作品的各种保护,包括禁止他人未经许可复制、发行其作品。著作权法和商标法的保护基于不同的目的,对保护的客体有不同的要求,提供的保护也不相同。如果某一客体同是两个法律的保护要件,当然可以同时受到著作权法和商标法的保护。"❶ 也就是说,最高院不认可北京市一中院对作品有适当要求的观点。笔者认为最高院的观点符合著作权法的规定。因为著作权法认定具有独创性的作品在商标法中同样应受到同等对待。

五、商品名称权

2005 年工商总局颁布的商标审查标准,并未将商品名称作为在先权加以规定,但是现实案例已经将其包含在内。

(一)依据

《反不正当竞争法》第 5 条第(2)项规定,"擅自使用他人知名商品特有名称……或者使用与知名商品近似的名称"从事市场交易,损害竞争对手构成不正当竞争行为。"该条肯定了知名商品拥有人对其商品特有名称享有专用权。"❷

与通用名称相对的知名商品的特有名称是"通过在商品上的使用,使消费者能将商品与其他经营者的同类商品相区别的商品名称,但已经注册为商标就便不再具有知名商品特有名称的属性,而具有了注册商标权的专用性,其中,知名商品是指在中国境内具有一定市场知名度,为相关公众所熟悉的商品"。❸

特有名称可起到区别商品来源的功能。区别特有名称与通用名称考虑以下方面:"一是国家或者行业标准以及专业工具书、辞典是否已经列入该商品名称,

---

❶ 最高院(2012)知行字第 60 号。
❷ 卢修敏.对知名商品特有名称不宜进行专用保护[J].法学,1996(5):39.该学者推测立法意图是出于保护我国在特定历史条件下形成的知名商品特有名称这一特殊现象而设。但其认为该条规定不合法理,它的适用将会影响我国市场竞争机制的正常运行以及导致我国知识产权保护体系的混乱。
❸ 北京市高院(2012)高行终字第 125 号。

已经列入的，应当认定为通用名称；二是是否已为同行业经营者约定俗成、普遍使用以表示某类商品，如果是，也应认定为该商品的通用名称。"❶

（二）要件

判断注册商标是否侵害特有名称权的条件是"该商标与他人知名商品的特有名称的近似程度、知名商品的知名度以及商品的类似程度等因素，即消费者看到该商标时，是否会将其与他人的知名商品联系在一起会认为两者存在某种关联，进而对商品来源产生混淆、误认，损害知名商品权利人的利益"。❷ 从本质来看，这里是将特有名称界定为具有商标、商号等区分商品来源功能的标识，这也是受到在先权保护的基础。

与知名商品的名称权相类似的是知名商品特有的包装装潢权益，为《反不正当竞争法》第5条第（2）项所明文规定，其亦成为现行《商标法》第45条规定的在先权。这是因为知名商品的包装装潢"在发挥商品方便携带、储运及美化功能的基础上，会产生识别商品来源的作用"，"其本质上已经具有区分商品来源的意义，擅自使用会造成和他人的知名商品相混淆。"❸

---

❶ 郭寿康. 对"哈啤"案的几点思考——兼论商品特有名称的法律性质及其保护 [J]. 政法论丛，2005 (5): 89.
❷ 北京市高院（2012）高行终字第125号。
❸ 最高院（2013）知行字第108号。在该案中，商评委和两审法院，以及最高院一致认为，案中知名商品特有的包装装潢权益属于商标法在先权范畴。最高院在再审中解释道，寓意"花好月圆"的牡丹花和月亮元素在月饼商品的装潢中，虽为常用元素，但表现形式并不限于一种或两种，且月饼的包装材质、形状和大小亦有所不同。苏某荣向本院提交的材料中也表明，同类商品中其他含有牡丹花和月亮元素的包装装潢，在牡丹花和月亮表现形式及位置，商品名称字体、字号、书写方式及位置，包装材质、形状、大小，以及装潢的整体色系和视觉效果上，均存在较为明显的差异。对于常用元素，更应该严格把握近似性的判断标准，尽量划清彼此界限，防止不正当利用他人的竞争优势，维护公平竞争的市场秩序。荣华公司使用在其月饼包装盒上的装潢以本案引证商标为主要元素，其中以月亮为背景的牡丹花图形、文字及其位置比例等编排方式，多年来一直没有明显变化，具有独特风格。经过荣华公司长期、广泛、持续性地商业使用，消费者已经对该包装装潢形成较为固定的来源认知，能够通过该包装装潢识别商品来源。

（三）特殊的商品名称——药品的名称权

在"可立停"案中，商评委认为，"根据原卫生部相关规章的规定，药品生产企业对本企业生产的药品，可以根据实际需要，在法定的通用名称之外，另行拟定商品名，报卫生部药政管理局批准后，方可向工商部门申请该商品名作为商标注册……药品名称……不得使用他人使用的商品名称相同或近似的文字。根据该项规定，药品商品名称经主管部门批准后，获批企业对这一药品名称享有独占使用权利和将其申请商标注册的权利，此项权利构成在先权"。[1] 北京市高院认为，该商品名称虽不构成知名商品的特有名称，仍属于在先权，应当给予保护。[2] 最高院在再审中，进一步解释道，"国家对药品商品名称的使用实行相应的管理制度，但除依照其他法律取得民事权利外，经药品行政管理部门批准使用的药品名称是否产生民事权益，取决于其实际使用情况，经实际使用并具有一定影响的药品商品名称，可作为民事权益受法律保护"。[3]

结合商评委和法院的观点，可以得出以下结论：一是原卫生部制定的规章确立的药品商品名称的排他性独占使用权是药品名称构成在先权的权利基础和前提；二是虽然该药品无须达到知名的程度，但是其必须经过在先使用，即使用构成了药品名称成为在先权的重要条件。

---

[1] 工商总局商标评审委员会商评字〔2008〕第6757号。该案的基本案情是：九龙公司原名北京九龙制药厂（简称九龙制药厂）。1994年1月21日，原卫生部药政管理局批准九龙制药厂生产的"磷酸苯丙哌林口服液"的商品名为"可立停"。2003年2月20日，国家食品药品监督管理局向九龙制药厂颁布发了商品名为"可立停"的"磷酸苯丙哌林口服液"《药品注册证》。1999年3月17日，山西省卫生厅批准康宝公司生产的止咳糖浆增加商品名称为"可立停"。康宝公司自1999年11月起，投入大量资金在中央电视台CCTV-5（体育频道）和全国26家地方电视台对其"可立停"糖浆进行广告宣传。2001年9月12日，山西省政府办公厅发布晋政办发似（2001）95号文件，对2001年山西省标志性名牌产品和山西省名牌产品及创名牌先进企业进行了公开的通报，康宝公司生产的晋康牌"可立停"糖浆（复方美沙芬糖浆）系其中之一。2003年9月2日，山西省名牌产品推荐委员会向康宝公司颁发山西省名牌产品证书，载明"可立停"糖浆（复方美沙芬糖浆）被该委员会认定为2001年山西省名牌产品。2000年6月6日，康宝公司提出争议商标注册申请，指定使用商品为第5类的医药制剂等。争议商标被核准注册后，2007年8月8日九龙公司向商评委提出撤销争议商标。
[2] 北京市高院（2009）高行终字第1455号。
[3] 最高人民法院（2010）知行字第52号。

以上主要论述了在先权的范畴，但不仅限于以上几种。理论上认为其他类型的商品化权，[1] 如具有较高知名度的人物角色名称，也可以成为在先权，理由是该知名度的取得来源于他人劳动和资本投入，收益理应归属于投资人或权利人，因此其他抢注该知名度较高之人物角色名称，构成对公序良俗原则的违反。但是，实务部门并不认为该人物角色名称构成在先权。这在一定程度是因为商标法、反不正当竞争法以及司法解释对在先权范畴规定不明引起的。

---

[1] 有关商品化权参见张丹丹. 商品化权研究 [D]. 长春：吉林大学，2008：6-41.

第五章　商标确权裁决的程序和证据规则

"行政程序是行政机关实施行政行为时所应当遵循的方式、步骤、时限和顺序所构成的一个连续过程。行为方式、步骤构成了行政行为的空间表现形式;行为的时限、顺序构成了行政行为的时间表现形式。"❶ 行政程序证据是法律、法规和规章规定行政机关、行政相对人和利害关系人在行政程序中调查收集证据、提供证据、审查判断证据、质证、采信证据等证据行为应当遵循的规则。❷ 有行政程序法的国家,均在行政程序中规定证据规则。《美国联邦行政程序法》第554—557条均是关于行政程序证据规则的规定,其中,第556条专门设立两款,着重规定了行政证据的范围、行政证据责任的分配和行政证明标准;《奥地利普通行政程序法》专门设立一篇规定调查程序和证据问题;《葡萄牙行政程序法典》共有20个条文详细规定了行政证据的调查、收集和审查判断。❸ 而在我国,由于至今尚无较为完整、统一的行政程序法,有关行政证据的相关规定散见于一些法律、法规、规章中,这些规定尚无法构成我国完整的行政证据体系。对于商标裁决的证据规则,主要见于国家工商总局发布的《商标评审规则》,该规章吸收了司法解释有关行政诉讼证据的有关规定。本部分将结合具体案例对商标裁决的程序和证据规则中的若干问题做一分析讨论。

---

❶ 姜明安. 行政法与行政诉讼法 [M]. 北京:北京大学出版社,高等教育出版社,2011:333.
❷ 徐继敏. 行政程序证据 [M]. 北京:法律出版社,2011:9.
❸ 沈福俊. 论行政证据中的若干法律问题 [J]. 法商研究,2004(1):62.

一、商标确权裁决的申请

(一) 申请主体资格

根据现行商标法规定，不仅在先权利人可以提起主观确权裁决，与商标争议有利害关系的其他主体也可以提起客观确权裁决。[1] 商标裁决中利害关系人的确定与诉讼中的标准大致相同，而有关诉讼主体资格、利害关系人的认定方面研究也非常多，本部分对此问题不再做进一步的阐述，而只是选取现实中的一些案例来阐述商评委对利害关系人的认定。

1. 注册商标受让人

根据2013年《商标法》的相关规定，转让注册商标的，转让人和受让人应当签订转让协议，并共同向商标局提出申请，并且受让人自公告之日起享有商标专用权。[2] 也就是说在公告之前，其不享有商标专用权。那么，在公告之前，其认为争议商标侵犯其合法权益的，能否提起无效申请呢？对此商评委给出了肯定回答。在"安费诺Anfeinuo"商标争议案中，商评委和法院一致认为，虽安费诺集团于2010年5月19日向商评委提出撤销争议商标申请，并且安费诺集团2010

---

[1] 北京市高级人民法院知识产权庭. 北京法院商标疑难案件法官评述（2011）[M]. 北京：法律出版社，2012：15. 在"威尼斯及图"商标案中，商评委认为：莎士公司提交的证据能够证明"威尼斯人"是其关联企业美国内华达州威尼斯人集团、威尼斯人（澳门）股份有限公司持续使用的商号，在争议商标申请日前，"威尼斯人"作为商号具有一定的知名度。争议商标文字部分为"威尼斯"，与"威尼斯人"在呼叫及含义上较为接近，相关公众容易将争议商标的使用与莎士公司关联企业建立联系，产生混淆误认，并可能对其关联公司的利益造成损害。争议商标损害了莎士公司关联企业的商号权。

法院却认为"利害关系人"不包括仅有间接控股关系的关联企业。莎士公司并非商号的权利人，不能代其关联企业行使相关权利，原审法院对莎士公司是否具有申请人资格进行审查，并根据证据否定了前者的申请人资格，一审判决中相关认定正确，从而撤销了商评委的裁定。参见王继连. 商标法第三十一条的理解与适用[J]. 中华商标，2012（9）：48. 判决见北京市高院（2011）高行终字第1370号。

[2] 2013年《商标法》第42条。

年 8 月 9 日才经核准成为引证商标一的商标专用权人，但其转让申请已于 2009 年 7 月 22 日提交商标局，故其是该案的利害关系人，有资格向商评委提出撤销争议商标的申请。❶

2. 未注册商标的申请人

2013 年《商标法》第 45 条规定的是程序条款，需要根据本条涵盖的其他实体条款来决定申请人的请求权根据，而这其中就包括第 31 条，该条规定，两个或两个以上的商标注册申请人，在同一种商品或类似商品上，以相同或近似的商标申请注册的，初步审定并公告在先的商标；同一天申请的，初步审定并公告使用在先的商标，驳回其他人的申请，不予公告。前述可知，商标法采用先申请原则，只要在相同或类似商品上先存在相同或近似商标的申请，无论该商标是否已经被核准注册，均可以阻碍在后商标的注册，这一原则应贯彻在商标法注册的各个程序中，争议程序也不例外，因此只要引证商标的注册申请日早于争议商标的申请日，则无论该引证商标在争议申请提出是否已经被核准注册，其引证商标所有人可以提出争议申请。❷

3. 有投资关系主体的能否认定为利害关系人

对此问题法院的观点不太一致。

即使是关联公司，因其各自具有独立的法人资格，其各自的商号权益不能当然及于关联公司。

在"梅兰日兰"商标争议案中，法院认定施奈德与梅兰日兰均为独立之主体且施奈德公司并不是后者的唯一发起人或股东，故施奈德公司未经授权不宜依据天津梅兰日兰公司的商号权主张争议商标违反了《商标法》第 31 条的规定，因此，原审法院认定天津梅兰日兰公司对"梅兰日兰"商号形成的在先权益不能当然地由施奈德公司所有并无不当。❸

这是因为，"商号所指向商事主体的完全控股者可以视为与该商号具有利害

---

❶ 北京市高院（2014）高行终字第 1080 号。
❷ 北京市一中院（2010）一中执行初字第 2872 号。
❸ 北京市高院（2011）高行终字第 346 号。

关系，所以仅持有该商号所指向商事主体部分股份的，即使可以控股一般也不宜认定为'利害关系人'。"❶

但在"采埃孚"商标争议案中，最高院推翻了前述观点。其认为，采埃孚公司为上海采埃孚公司的发起人，且以超过50%的投资比例对其形成控股，由此可见，上海采埃孚公司、柳州采埃孚公司等使用"采埃孚"商号的国内企业，均是由采埃孚公司参与投资而设立，上述企业对该商号的使用显然是基于采埃孚公司的投资而获得采埃孚公司的授权或许可，因此采埃孚公司应有权根据上海采埃孚等企业对"采埃孚"商号的使用行为，提出将"采埃孚"作为在先商号权进行保护的法律上的利益。❷ 最高院推翻了两审判决以及商评委的相关认定。简言之，采埃孚公司是上海、柳州两家公司的控股股东，而这两家公司使用争议商号得益于采埃孚公司的授权或许可，从而让其获得了商标争议申请人资格。

笔者认为，最高院的观点值得商榷。采埃孚作为外国公司，其提交的证据均不能证明在争议商标申请日前，"采埃孚或商号权的利害关系人在争议商标核定使用的商品或类似商品上在先将'采埃孚'作为商号在中国大陆使用并具有一定的知名度"，❸ 也就是说其并没有在中国大陆使用"采埃孚"于商品或类似商品的行为，且上海、柳州二公司为独立的商事法人，其为"采埃孚"商号的合法权利人，因而采埃孚公司并非"采埃孚"商号的权利人，其当然不能获得商标争议申请人资格。

（二）商评委对当事人资格的审查义务

1. 对参与人资格的依职权审查

商评委对实际参加评审程序的参与人是否具备当事人资格负有审查义务。

一方面，"如果商评委未尽到审查义务，致使参加评审的当事人实际上与本

---

❶ 北京市高级人民法院知识产权庭. 北京法院商标疑难案件法官评述（2011）[M]. 北京：法律出版社，2012：15.
❷ 最高院（2014）行提字第2号。
❸ 北京市高院（2012）高行终字第899号。

案无利害关系,则商评委作出裁定的审查程序构成违法",❶ 裁定应予撤销。

另一方面,商评委应对争议双方的权利人进行核对,以免遗漏当事人。若商评委存在漏列当事人,则此时构成程序错误,法院一般认为此一违法行为导致该当事人"丧失了答辩、提交证据及质证等程序和实体权利",从而进一步影响"被诉裁定的最终结论",因此,商评委需要就争议商标重新做出争议裁定。❷

当然,在评审过程中也会存在涉及当事人消亡(死亡、法人终止等)等情况,此时其主体地位自动丧失,相对应的,当事人地位也终止。此时,商评委应当暂停裁决,查明该主体权益的继受人。如有,则通知作为当事人参加评审程序并承担相应的后果;若无则应当终止评审。在"奇异鸟 kievit 及图"商标争议案中,法院认定,奇异公司虽为申请撤销争议商标之当事人,但其在评审期间为菲仕兰公司兼并,主体资格已消亡,不能继续作为本争议的申请人,其申请人地位由菲仕兰公司继承,商评会不能再以奇异公司为当事人做出裁定,❸ 构成程序违法。

但是由于商评委审理期限过长,加之实行书面审理,很多情况下无法及时获知当事人的近况,而其权益继受人又不积极报告商评委相关事项,造成在后续的行政诉讼中才发现,法院通常予以纠正。而这又难免成为商评委败诉或撤销被诉行政裁决的缘由之一。为了避免前述情况的发生,一方面,可以扩大口头审理的范围,从而获知相关情况;另一方面,可以适当给予另一方当事人及时告知对方情况的义务。

2. 依职权通知商标受让人参加评审

若因商标权发生转让,而受让人未能向商评委主动承继转让方资格的情况

---

❶ 北京市高级人民法院知识产权庭. 北京市高级人民法院知识产权审判新发展(2006~2011)[M]. 北京:知识产权出版社,2012:160.

❷ 北京市一中院(2012)一中知行初字第 708 号。虽然判决中明确说程序违法可能导致最终结论的错误,但是法院仍然在该案的判决中就商标近似与否作出了实质性审查,并认为两商标构成近似。令作者产生疑问的是,既然商标构成近似,而这与商评委的结论是一致的,那么这里商评委漏列当事人没有对案件结论产生其他影响,即虽然程序错误,但是结论正确。

❸ 北京市一中院(2006)一中行初字第 735 号。

下,商评委作为法律授权的裁决主体,应主动向受让方发出通知,使受让人及时参加商标评审,在了解案情的情况下,行使相关权利。因此,"如果商评委在明知商标已经转让的情况下,而不向受让人发出通知而予以驳回申请,直接剥夺了权利人或其继受人参与商标争议程序的合法权益,使受让人丧失了事后的法律救济和可能。"❶

3. 个体工商户注销后的当事人问题

根据《民法通则》第 26 条规定,"公民在法律允许的范围内,依法经核准登记,从事工商业经营的,为个体工商户。个体工商户可以起字号。"个体工商户的经营方式有两种,一种是个人经营,另一种是家庭经营,相应地也有个人或者家庭承担个体工商户的债务。也就是说如果个体工商户由家庭经营,那么此时就由其承担经营实体的相关权利和义务。也就是说,如果个体工商户被注销,其业主仍然有权参加商标评审程序,当然,该业主应为商标权利人或与其有利害关系。❷

4. 公司注销后的当事人问题

与个体工商的经营形式、责任承担方式有本质区别的公司,若其"未经清算即被撤销,有清算组织的,以该清算组织为当事人,没有清算组织的,以作出撤销决定的机构为当事人"。在公司注销前,作为有限责任公司的股东是清算主体,其可以代表公司参加诉讼或商标评审,公司注销后,公司主体消亡,股东不能代表公司参加诉讼或商标评审。若股东未到商标局办理商标权转移后续,未获得商标权人的身份,则其当然不能代表原公司参加后续的商标争议程序以及诉讼程序。❸

(三) 争议属于商评委的受案范围

2013 年《商标法》第 44 条、第 45 条将商标争议的范畴进行了列举,即因

---

❶ 北京市高级人民法院知识产权庭. 北京市高级人民法院知识产权审判新发展(2006~2011)[M]. 北京:知识产权出版社,2012:118.

❷ 北京市高级人民法院知识产权庭. 北京市高级人民法院知识产权审判新发展(2006~2011)[M]. 北京:知识产权出版社,2012:160.

❸ 参见北京市高院(2012)高行终字第 1067 号。

绝对事由和相对事由引起的争议属于商评委的受案范围。也就是说，除此之外的争议不在商评委的审理范围之内。

如"当事人以争议商标的现所有人在取得的商标申请权转让的过程中存在私刻公章等欺骗行为为由，提起商标争议申请的"，属于"争议商标申请权转让不当的问题，涉及的是与他人之间的民事争议"，❶ 因而不属于商评委的受案范围。

另外，商评委针对审查商标争议主要对已注册商标申请时的违法状态进行审查。因此，在商标争议纠纷中，争议商标获得注册后，不能通过行为人的事后使用行为来判断其注册时主观上是否具有恶意。❷

（四）申请期限

根据2013年《商标法》第44条和第45条的规定，申请客观确权裁决没有期限的限制，而申请主观确权裁决具有期限的限制，即"自商标注册之日起五年内，在先权利人或者利害关系人可以请求商标评审委员会宣告该注册商标无效。对恶意注册的，驰名商标所有人不受五年的时间限制"。

1. 划分期限的基础

如前所述，申请客观确权裁决的依据是争议商标侵害了公共利益，或造成了对商标注册管理秩序的妨碍，涉及商标无效的绝对事由，而申请主观确权裁决的原因是注册商标损害特定权利人民事权利的相对无效事由。正是由于两者有期限之分，在现实案例中，有申请人在主观确权裁决已过五年期限的情形下，改用绝对事由来申请争议商标宣告无效。此时需商评委（法院）对申请事由进行实质审查，看其是否符合申请的条件。在"宝A8馬"商标争议案中，商评委和北京市一中院认为，在该案中，宝马公司的争议理由在于其认为争议商标的注册给其造成了损害，此理由对应的是撤销争议商标注册的相对理由，因此，宝马公司未能举证证明其所欲维护的相关利益关乎公共秩序或者公共利益，亦未能证明孙某

---

❶ 北京市高院（2010）高行终字第453号。
❷ 最高院（2012）知行字第18号。

君系以何欺骗手段或者其他不正当手段取得争议商标的注册,故宝马公司的相应主张不能成立。❶

另外,笔者认为客观确权裁决无期限限制,值得商榷。当事人获得商标专用权,需要得到商标局的"许可"。商标局对申请商标进行实质审查后才能做出是否予以核准的决定。因此对于商标因违反公共利益而得到注册(当事人采取欺骗的手段获得商标注册的除外),商标主管机关需要承担一定的责任,并且在很多情况下,申请人对商标是否违反公共利益并不完全理解,而且随着时间的推移,审查商标是否违反公共利益的标准也将不同,因此行政机关、法院无期限地宣告商标无效似有违反信赖利益保护原则,而且商评委的裁决和法院的判决都具有明显的主观性。

如在"国寿"商标案中,商评委、法院与商标局的观点不一致。商标局裁定对异议商标核准注册。但是商评委和法院均认为"国"字一般会被认为与"国家""最好的"等含义有关,"寿"字一般会被认为指"寿命",与人的生命健康安全相关,"寿"字对于指定的保险服务而言具有描述性,"国寿"用在保险服务上具有夸大宣传服务品质的性质,有违公平竞争的市场秩序,易产生不良影响;使用在"公共基金、资本投资、基金投资、票据交换"等服务项目上,则对服务的内容具有误导性、欺骗性描述,易产生不良影响。❷ 笔者认为上述观点值得商榷。

第一,如果认定"国"字具有"最好"的意思,那么是否意味着其他带有"国"字的商标均不得注册,因为其都带有夸大的成分。如上述案例中,原告主张与其类似的"国泰人寿""国福"商标却得到注册,对此商评委和法院只是以商标审查的个案原则,将其意见驳回。商评委、法院应该阐述该案商标与"国泰人寿""国福"商标的区别,而非简单地以个案审查原则予以驳回。

第二,将"国寿"指定在保险服务上具有夸大服务品质的性质,不知这里

---

❶ 北京市一中院(2011)一中知行初字第139号。
❷ 北京市高院(2014)高行终字第384号。

的夸大的原因是什么？是夸大其产品可以延年益寿，还是夸大其保险理财产品的收益最好？对此都不得而知。

因此，笔者认为客观确权裁决的依据有较强的主观标准，并且对是否构成违反绝对事由，在多数情况下，商标申请人并不完全把握，而这属于商标局或商评委的职责，如果将商标局或商评委对商标审查不严的责任一律由申请人承担，不符合责任自负的法律原则，对申请人也不公平，也违反了法律的安定性原则。笔者建议法律也应对客观确权裁决的期限进行限制。

2. 五年期限的性质

确立五年期限的限制是为了督促权利人及时维权，避免权利懈怠；也是为了稳定既存的商标秩序，保护商标与其在实际使用中建立起来的商誉的联系；同时是履行国际义务的需要。❶

商标法对商标争议期限的法律性质并没有做出规定，因此，在实践中对此问题产生了不同的理解和认识。

第一，诉讼时效说。主要为部分当事人在诉讼程序中主张，如"大厨"商标案中的原告成昌行粮食公司在诉讼中认为："商标法虽然没有规定期限的中止、中断，但是根据其上位法律《民法通则》第140条的规定，本案中的争议期限应当比照适用诉讼时效'因提起诉讼、当事人一方提出要求或者同意履行而中断'"的情形，故商标争议期限属于诉讼时效。❷但是，诉讼时效适用的对象是请求权，申请宣告商标无效的请求并不同于民法理论上的请求权。因此，该五年期限并不是诉讼时效。

第二，除斥期间说。该种观点认为商标法规定的争议期限不是诉讼时效，而是除斥期间。理由是对注册商标的撤销申请权是一种形成权。主张《商标法》第41条第2款和第3款规定的期限属于除斥期间，应当自权利成立时起算，撤

---

❶ 北京市第一中级人民法院知识产权庭编. 商标确权行政审判疑难问题研究 [M]. 北京：知识产权出版社, 2008：186.

❷ 北京市一中院（2005）一中行初字第1090号。臧宝清. 商标争议期限的法律性质 [J]. 中华商标，2006（9）：45.

销权于时限届满时即告丧失。❶ 但是，需要注意的是除斥期间适用的对象是形成权，除斥期间不适用中断、中止和延长。而"形成权系赋予权利人得依其意思而形成一定法律效果的法律之力，相对人并不负有相对应的义务，只是受到约束，须容忍此项形成及其法律效果"。❷ 无效宣告申请，无论从程序和实体上都必须经过商评委的审查和审理，不存在依申请人单方意思即可约束被申请人或商评委的效力。但是笔者同时认为，当事人的申请在一定程度上也对商评委构成了一定的约束，其需要在申请人申请的范围内做出裁决。

第三，出诉期间说。这里的出诉期间只能是请求商评委给予救济的出诉期间，而不能解释为一切救济权的出诉期间，因此五年出诉期间的经过只消灭请求商评委给予救济的权利，并不消灭其他诉权。❸

笔者认为，商标争议期限类似于出诉期间，相当于准诉权。但争议期间当然不能适用中止、延长、中断的规定，但是出诉期间是法院的主流观点。

3. 五年期限的起算

根据2013年《商标法》第45条，商标争议期限从商标注册之日起计算。❹ 需要注意的是，法院认为，适用该条时需要结合民事诉讼和民法通则的相关规定。《民法通则》第154条第2款"规定按照小时计算期间的，从规定时开始计算。规定按照日、月、年计算期间的，开始的当天不算入，从下一天开始计算"。因此，在"安普联想ANPULIANXIANG"商标争议案中，二审法院认为，该案争议商标于2002年5月14日被核准注册，针对争议商标提出争议申请的五年法定

---

❶ 商评委. 法务通讯 [R]. 2007 (2). 北京高院也持该观点，参见（2011）高行终字第1126号。
❷ 王泽鉴. 民法总则 [M]. 北京：北京大学出版社，2009：77.
❸ 徐春成. 再议商标争议期限的法律性质 [J]. 中华商标，2006 (12)：52.
❹ 商标注册之日应当理解为"商标经核准注册之日"。一方面，从概念上看，商标法所称商标争议是指当事人因已经注册的商标在注册时违反法律规定，从而提出撤销已经注册商标的请求。故赋予当事人申请撤销已注册商标的权利期限自然应当从该商标被核准注册之日起计算。另一方面，从程序定位上看，商标争议是在商标驳回复审、商标异议之后的程序，属于商标注册后的后续解决程序。商标争议应与商标申请驳回复审、商标异议程序前后衔接，不应当存在重叠，如将商标期限的起算点认定为商标申请注册之日，则必然会混乱商标争议的功能、造成商标争议程序与驳回复审、异议程序的重合。因此对起算点应作上述理解。参见北京市第一中级人民法院知识产权庭编. 商标确权行政审判疑难问题研究 [M]. 北京：知识产权出版社，2008：190.

期间,应当从 2002 年 5 月 15 日开始计算,至 2007 年 5 月 14 日届满,因此,纠正了一审法院的观点而支持了商评委的裁决。❶

4. 商评委(法院)对争议期限的依职权审查

如上所述,实践中,商评委和法院对争议期限的认识基本趋同,一般将其认定为除斥期间,而非诉讼时效。那么商评委抑或是法院可否对争议期限依职权进行审查呢?

在"爱馬仕"商标争议案件中,引证商标持有人埃尔梅斯公司认为,在商标评审阶段,争议商标持有人达丰制衣公司,提交的《商标争议答辩书》等材料中均未主张超过五年法定争议申请期限的抗辩事由,参照"当事人未提出诉讼时效抗辩,人民法院不应对诉讼时效问题进行释名及主动适用诉讼时效的规定进行裁判"的规定,商评委不应主动依职权认为其申请撤销争议商标的申请已经超过五年的法定期限。❷

如上所述,商评委和法院一般将五年期限定性为除斥期间而非诉讼时效。而诉讼时效属于消灭时效,有学者认为其是"因权利不行使所造成之无权利状态,继续达一定之期间时,致其请求权消灭",❸ 但是消灭的是胜诉权,也就是说债务人获得的是拒绝履行的抗辩权。相对于诉讼时效,除斥期间本质上是权利存续之期间,此期间经过后,权利当然消灭,并不得展期,属于不变期间。❹ 正是由于此类本质不同,导致二者在实际适用上不同:"消灭时效非当事人援用,法院不得依职权以为之裁判之资料;而除斥期间当事人纵不援用,法院亦得依职权以为之裁判之资料⋯⋯已完成之消灭时效,其利益可以抛弃,而已届满之除斥期间,其利益不许抛弃⋯⋯"基于此种种不同,两审法院均认定,引证商标持有人埃尔梅斯公司的诉讼主张不能成立。也就是商评委对商标法所规定的五年争议期限,即使在当事人未主张的情况也必须依职权进行审查。

---

❶ 北京市高院(2011)高行终字第 124 号。
❷ 北京市高院(2012)高行终字第 705 号。
❸❹ 郑玉波:民法总则[M]. 北京:中国政法大学出版社,2003:493.

5. 恶意的界定

"对恶意注册的，驰名商标所有人不受5年的时间限制。"因此，申请人需要证明引证商标为驰名商标，以及申请争议商标的注册时存在恶意。对前者，实践中的做法较为统一，对此问题不再赘述。而"恶意"是通过行为等客观事实反映出来的争议商标注册人的一种心理状态。❶

实践中一般通过推定的方式来认定，可以考虑以下因素："（1）系争商标申请人与驰名商标所有人曾有贸易往来或者合作关系；（2）系争商标申请人与驰名商标所有人共处相同地域或者双方的商品/服务有相同的销售渠道和地域范围；（3）系争商标申请人与驰名商标所有人曾发生其他纠纷，可知晓该驰名商标；（4）系争商标申请人与驰名商标所有人曾有内部人员往来关系；（5）系争商标申请人注册后具有以牟取不当利益为目的，利用驰名商标的声誉和影响力进行误导宣传，胁迫驰名商标所有人与其进行贸易合作，向驰名商标所有人或者他人索要高额转让费、许可使用费或者侵权赔偿金等行为；（6）驰名商标具有较强独创性等。"❷

在具体认定时，需要结合各种因素来进行考虑。在"东鹏 DONGPENG 及图"（见图 5-1）商标争议案中，申请人广东东鹏公司向商评委提出撤销争议商标申请，认为其享有"东鹏"（见图 5-2）商标的在先权利，争议商标系对其驰名商标的抄袭、复制，但商评委否决了申请人的申请。❸ 但两审法院均认为，从工商查询信息等可以看出，开平东鹏公司法定代表人以前经营的个体工商户与广东东鹏公司当时的经营地点位于同一地区，且作为同业经营者，其理应知悉当时在广东省已经具有一定知名度的广东东鹏公司品牌，其申请注册了与广东东鹏公司近似的商标，可以认定其具有恶意。❹ 该案判定"恶意"的条件有：一是系争商标所有人与引证商标所有人曾同处一地，且经营范围相同，由此而推定前者知

---

❶ 商评委. 法务通讯 [R]. 2007 (7)（总第30期）.
❷ 吴新华. "惠爾康"商标争议案例评析与思考 [J]. 中国工商行政管理研究, 2007 (9): 30-31.
❸ 工商总局商标评审委员会商评字（2012）第35457号.
❹ 北京市高院（2013）高行终字第2385号.

道或应当知道后者具有一定知名度的事实;二是系争商标与引证商标构成近似(或相同)。

图 5-1 争议商标

图 5-2 引证商标

但在有些案件中商评委或法院认为,只要系争商标构成了对引证商标的"复制、摹仿和翻译"就足以说明注册人主观上具有恶意。在"太阳神"商标争议案中,申请人广东太阳神公司以被申请人广东柏丽雅日化公司"太阳神"(见图 5-3,争议商标)商标侵犯驰名商标权利(见图 5-4,引证商标),对其提出撤销申请。商评委认定争议商标构成恶意注册的主要理由有:第一,1992 年以前,引证商标就已经具有较高的知名度,为公众所熟知,被申请人对此应当知晓;第二,两商标中文部分一致,字体书写形式、特征都极近似,具有抄袭、摹仿引证商标的故意,其均在广东省内,争议商标的注册使用,容易造成消费者混淆误认;第三,原争议商标注册人在其商标转让前对争议商标未使用,被申请人受让后也没有实际使用,据此原商标注册人和受让人具有恶意。[1]

图 5-3 争议商标

图 5-4 引证商标

虽然一审法院维持了恶意注册的观点"争议商标与引证商标相类似以及引证

---

[1] 商评委商评字(2004)第 6498 号争议裁定书。

商标为公众所熟知的程度等客观事实判断争议商标的注册具有恶意",但是其理由与商评委有明显不同。首先,法院认为"判断争议商标的申请人是否具有恶意,应当以争议商标的申请日为时间点,即争议商标的申请人在1991年11月4日申请时是否具有恶意",商评委根据争议商标原注册人在转让前的八年时间里未对商标予以使用的事实认定其构成恶意,忽视法律规定的时间点的要求;❶(这是因为行政诉讼是对行政行为做出时的合法性进行审查,事后的违法不能当然追溯做出时。行政机关做出行政行为的依据是行为时的事实和法律)再者,"'恶意注册'应当是指商标注册人的'恶意注册'行为,不包括商标的恶意受让行为。因此商评委认定争议商标受让是否存在恶意没有必要。"(超出了商评委的审查范围)❷

但随后的二审法院认定"知道他人驰名商标存在,出于商业目的将他人驰名商标注册,并且可能通过公众对驰名商标与所注册商标的混淆或误认获得利益,就应当认定为具有恶意";"争议商标申请注册时,引证商标已达到驰名程度,原商标注册人应当知悉引证商标的存在,争议商标与引证商标的文字相同,字体书写方式及特征极为近似,这更表明了争议商标的申请人具有摹仿、攀附引证商标的故意,故应认定原商标注册人申请注册争议商标时具有恶意。"❸ 商评委和

---

❶ 在"荣华月"商标争议案中(最高院(2012)知行字第18号),再审申请人荣华饼家有限公司认为苏氏荣华食品商行侵犯其商标权。在再审申请中,主张苏氏商行注册争议商标明显具有恶意,但"恶意单纯从争议商标的申请过程中难以判断,需要结合苏氏商行的实际使用行为、方式加以认定"。纵观所有证据可以清楚证明,苏氏商行通过购买"荣华及图"商标、注册本案争议商标"荣华月",再仿照荣华公司的方式使用荣华"荣华月饼"标记,而且在月饼盒上使用荣华公司的"花好月圆"商标图案,在产品上打上其在香港注册的一个空壳公司监制的字样,其客观上的搭便车行为和主观上的恶意是非常明显的。对此最高院认为,在商标确权案件中即使考虑商标申请人使用争议商标的行为来判断主观上是否有恶意,也是指申请人实际使用该商标的行为,而不是其使用其他商标标识或他人商标的行为,否则就会超越商标确权案件的审理范围。荣华公司主张的苏氏商行注册争议商标后不使用,以及使用其他商标、使用与荣华公司的商品相似的包装装潢等申请争议商标后的行为,在法律性质上属于是否构成不正当竞争行为或者是否侵害他人商标权的问题,不属于该案审查范围。笔者认为,最高院实际是指不能用苏氏商行后来使用商标的行为来认定当事人申请时是否具有恶意。也就是说"恶意"指的是申请人申请商标注册时的主观意思状态。
❷ 北京市一中院(2005)一中行初字第203号。
❸ 王磊. 太阳神争夺案始末 [J]. 中华商标, 2007 (2):1-2. 北京市高院(2005)高行终字第397号。

法院关于恶意的认定将大大降低申请人的举证难度，其更注重客观的表现形式，有利于制止侵害驰名商标利益的不正当注册。

但是如果当事人有合理使用理由时，则不能认定当事人具有恶意。在"同济"商标案中，同济大学认为同济医院的"同济"（见图5-5）商标侵犯其驰名商标权，请求撤销。商评委和法院一致认为，根据涉案的证据，虽能证明同济大学的校名"同济"具有很高知名度，但争议商标的原注册人同济医科大学与同济大学在历史上具有一定关联关系，即使同济医科大学自迁至武汉后改名为武汉医学院并与同济大学相脱离，但其在1985年经过卫生部批准已再行启用"同济"作为其校名，此种情况下，作为高等院校，同济医科大学在"学校（教育）"等服务上将其学校名称中的字号部分注册成为争议商标，符合客观常理，具有合理理由，而虽然同济大学主张，在相关报道中有同济医院有关负责人针对争议商标确有"主要是牵扯到与上海同济大学的关系，需要较长的时间协调"这一表述，此内容仅系对事实的陈述，与争议商标的注册是否存在恶意缺乏关联性，不能证明同济医院恶意注册的主张。❶

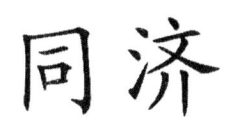

同 济

图5-5　争议商标

二、商标确权裁决的审理

（一）审理方式——口头审理抑或书面审理

1. 现行法律规定

商标裁决在很多情况下都是以书面审理为原则，但在必要时采取当事人到场的审理方式。2002年《商标法实施条例》第33条规定，商标评审委员会根据当

---

❶ 北京市高院（2012）高行终字第703号。由于该案商评委和法院的判决并未指明同济大学的样式和注册号，所以，在此只能列明争议商标的样式。

事人的请求或实际需要，可以决定对评审申请进行公开评审，当事人需在指定的期限内答复。由于"公开审理"通常是指审理过程依法、依规向社会开放而言的，但是第33条所要解决的问题是明确必要时，商评委可以通知当事人汇集到一起就评审案件进行当面审理，"公开审理"的表述不准确，因此，2014年《商标法实施条例》第60条借鉴专利法实施细则对专利复审案件的类似规定，将"公开审理"改为"口头审理"。

2. 商评委对审理方式的选择以及法院的观点

商评委可以根据当事人的申请或实际情况来决定是否口头审理。口头审理非商标裁决的必经程序。因此，有法院认为，"是否对案件进行公开评审，属于商评委根据案件的具体情况行使自由裁量权的范围。在法律未对商标评审案件实行公开评审作出强制性规定的情况下，商标评审委员会未对本案件进行公开评审并无不当"。❶

按照上述法官的意思，要求口头审理或公开审理并非当事人的权利，也就意味着商评委没有义务告知申请人其可以申请口头审理商标争议案件。在"畅鸽及图"案中，申请人陈某红对商评委没有给其公开听证的机会提出异议。对此，商评委认为，申请人如有此请求，应当向商评委提出具体请求，而其没有提出，但申请人认为商评委应当告知其有此项权利，对此问题两审法院均未做出回应。❷也可以进一步总结，申请人享有的仅仅是一种申请权，而不享有口头审理或公开审理的权利。是否口头审理属于商评委的权限范围。但是需要注意，商标法实施条例以及商标评审规则并未明确规定口头审理的范围，这将赋予商评委较大的选择权限。换句话说，也可能将口头审理的规定成为具文，不可能实施。笔者根据已公布的案件判决统计，其审理方式均为书面审理。

3. 书面审理的弊端

采用书面审理，当事人之间、当事人和合议组成员不能当面陈述、发表观

---

❶ 北京市一中院（2010）一中知行初字第1421号。
❷ 北京市高院（2009）高行终字第8号。

点、对证据材料无法当面对质等。据此产生了一系列问题，导致书面审理做出的裁决常因程序违法被法院撤销。

第一，无法对对方提交的证据进行当面对质，对原件无法校对，导致对证据的真实性、证明力的判断产生较大困难，案件事实有时无法判明。在注册号3111564图形商标案中，法院认定，"由于商标评审委员会对本案没有进行公开评审，在谭某标已经在书面答辩意见中对健民药业公司提交的相关证据表示了异议的情况下，商标评审委员会应当审查证据的复印件是否与原件相符及载有相关资料的光碟是否符合规定的要求，并在此基础上综合考虑其他方面的因素对证据做出是否采信的认定。但在本案中，商标评审委员会没有进行相应的核对工作，在健民药业公司提交的证据的真实性不能得到确认的情况下做出裁定，违反了法律及《商标评审规则》的相关规定。谭某标据此主张商标评审委员会程序违法于法有据"，❶ 被诉裁定被撤销。

第二，书面审理导致对当事人的评审理由理解不正确，导致遗漏请求或依职权错误理解当事人请求等超出评审范围的情况。对此本书在第三章已经列举过，对此不再赘述。

第三，书面审理使得商评委不能及时掌握争议双方当事人有关材料的接受情况。在实践中，由于商评委无法完成证明被申请人收到相关材料这一举证责任，而在诉讼中被判败诉的案例也较多。但是如果实行口头审理，在审理时可以及时询问有关情况，不会因此影响当事人的答辩权、质证权等程序性权利，也不会因此而被法院判决撤销裁定。

第四，由于当事人无法当面陈述、辩论，证据资料均是书面往来，很多当事人不知晓对方当事人的争议重点，也不知晓对方当事人证据中用于证明其主张到底是哪些部分，为了避免发生不利于自己的后果，则只要有关的证据和观点均一并呈上，从而使双方的意见陈述来来往往好多轮，证据提交不断，简单问题复杂

---

❶ 北京市一中院（2005）一中行初字第24号。

化，增加了当事人的诉累，也增加了评审人员的工作量。❶

而口头审理给当事人双方提供了当面质证的机会，可以表达自己的观点和提交批驳对方的证据，其优点在于：有利于查清案件事实、公正解决商标争议；及时掌握争议重点和证据使用情况，减少证据交换环节与周期、提高审理效率；当面沟通、说服，增加当事人对争议问题的认识和理解，从而增进对裁决的认同感等。❷

4. 初步设想

在商标评审案件基数较大的情况下，口头审理无疑会大幅增加工作人员的工作量，也会增加其他物力财力的投入。因此如何协调好口头审理与书面审理之间的关系是面临的最重要问题。笔者认为口头审理利大于弊，但是所有案件实行口头审理有困难的情况下，可以通过扩大口头审理的范围来解决："重要证据的认定，需要双方当事人进行质证和辩论的"以及"需要对证人进行质证、询问的"❸等案件可以口头评审。

为此，还需要做到：首先，商评委应该告知当事人有申请口头评审的权利；其次，确定口头审理的范围：对于那些当事人申请口头审理的，商评委应该进行审查，对不符合条件的应该说明理由。

（二）裁决组织——合议组

2014年《商标法实施条例》第7条规定了商标局或商评委的工作人员回避的条件，当事人或利害关系人可以要求其回避。❹

---

❶ 北京市第一中级人民法院知识产权庭. 商标确权行政审判疑难问题研究 [M]. 北京：知识产权出版社，2008：250.
❷ 吴新华. 商标评审案件的公开评审 [J]. 中国工商管理研究，2004（1）：47.
❸ 吴新华. 商标评审案件的公开评审 [J]. 中国工商管理研究，2004（1）：46.
❹ 2002年《商标法实施条例》第九条 商标局、商标评审委员会工作人员有下列情形之一的，应当回避，当事人或者利害关系人可以要求其回避：（一）是当事人或者当事人、代理人的近亲属的；（二）与当事人、代理人有其他关系，可能影响公正的；（三）与申请商标注册或者办理其他商标事宜有利害关系的。

1. 当事人是否享有被告知评审工作人员的权利

《民事诉讼法》第 128 条规定，合议庭人员确定后，应当在三日内告知当事人。这是当事人申请回避权利的保证。那么在商标裁决中，商评委是否应该将评审工作人员告知当事人呢？对此问题 2002 年的《商标评审规则》有与民事诉讼法类似之规定，"商标评审人员确定后，商标评审委员会应当及时以书面形式告知有关当事人。"但是前述规定在后来制定的规则中被删除。实践中法院对此问题有以下几种观点。

第一，不要求告知评审人员。判决认为，"虽然商标评审委员会未在作出第 9875 号裁定前告知长沙玉露公司合议组成员名单，长沙玉露公司无法事先知悉作出第 9875 号裁定的合议组成员是否存在《商标法实施条例》第 9 条规定的应当回避的情形，但现有法律法规并未明确要求商标评审委员会必须在作出上述具体行政行为前向当事人告知合议组成员名单……因此，长沙玉露公司关于商标评审委员会未提前告知合议组构成情况、商标评审委员会审理程序违法的上诉主张缺乏法律依据……"❶

第二，确认未告知评审工作人员存在瑕疵，只要未影响商标裁决的结果，该裁决结果也不能撤销。在第 5718586 号图形商标争议案件中，法院认为，商评委在做出重审第 67296 号裁定前未告知合议组成员，该审查程序确系存在瑕疵，虽然宏立城公司在二审期间提出康某军应予回避，但其所提理由并不属于法定应予回避的情形，且并无证据证明前述瑕疵实际影响宏立城公司的合法权益，进而影响该案的实体结论，故原审判决仅对此予以指正而并未认定构成程序违法，并无不当。❷

---

❶ 北京市高院（2013）高行终字第 1201 号。类似的判决还有，在北京市一中院（2010）一中知行初字第 2487 号判决中，认为当事人或者利害关系人有权以书面形式要求商标评审人员回避，并说明理由，但在书面审理的情况下，并未要求商标评审委员会及时以书面形式将已确定的商标评审人员告知有关当事人。在商标争议程序中，被告未决定公开评审此案，在该案审理过程中也未向本院指出被告的合议组成员中存在与本案有利害关系、具备法定回避理由并应予回避的情形。故原告以被告未向其告知评审时间和评审人员为由主张评审程序违法，缺乏事实和法律依据，故对其主张本院不予支持。

❷ 北京市高院（2014）高行（知）终字第 2246 号。

第三，认为申请人主张事先未告知构成程序违法没有依据，其可以通过事后提出回避来弥补。在"宝珀 BLANCPAIN"商标案中，一审法院认为，首先，法律未明确规定在裁定做出前，商评委有告知当事人合议组成员的义务，其理由是行政程序考虑效率，这与诉讼程序不同，后者的相关规定并不能适用于前者，因此在"现行法律既未规定商评委有提前告知合议组成员的义务，亦未规定商评委在组成合议组后告知当事人的期限，因此，商评委未在做出裁定前告知合议组成员，并无不妥。宝珀公司所谓其享有在先知悉合议组成员从而确定申请回避的权利，于法无据；其次，宝珀公司完全可以在事后主张合议组成员应当回避未予回避属于程序违法，此亦符合行政效率原则，综上，宝珀公司主张丧失申请回避的权利，没有事实依据"。❶

有法官甚至认为，在商评委送达裁定决定书时，当事人即已知道商评委组成人员情况，其完全可以在合理的时间内依法向商评委申请评审人员回避，商评委据此可决定是否接受回避申请并重新评审。❷

第四，程序违法，裁决结果予以撤销。在"HIAB"商标案件中，一审、二审法院均认为，商评委在评审前告知合议组成员是其义务，理由是，《商标法实施条例》第 9 条虽对告知当事人合议组成员的方式未作规定，但在评审前知晓合议组成员构成是当事人行使回避权的基础。因此，为了保证当事人能够有效行使法律赋予的申请回避权，商评委应当在评审前采用适当的方式告知当事人合议组成员。在评审结束后，商评委对合议组成员情况告知申请人构成对其申请回避权利的剥夺。❸ 因此，商评委在评审前未告知货运技术公司合议组成员，违反了行政正当程序，商标裁决结果予以撤销。需要注意的是，两审法院均是以其违反法定程序而撤销了裁决结果（或维持了原判），而不管该违反法定程序是否对当事人实体权利产生影响。

但是如何告知，实践中也存在争议。法院认为被告商评委曾经向原告送达了

---

❶ 北京市一中院（2012）一中知行初字第 1631 号。
❷ 北京市高院（2012）高行终字第 742 号。
❸ 北京市高院（2011）高行终字第 1461 号。

《审理人员告知书》，但其在做出本案被诉决定时，其合议组成员与《审理人员告知书》不相符，而这属于未向原告告知合议组成员情况，剥夺了原告就变更后的合议组成员提出回避申请的权利，有悖于行政程序公正原则，因此被告作出第4179号决定的行政程序违法。……本院应当予以撤销。❶

但是在2005年的一个案例中，法院认定虽然被告商评委告知原告全部的24名评审人员的做法不符合规定，但其中已包含本次作出裁决决定的合议组成员，仍然可以申请回避。因此，被告并没有剥夺原告申请回避的权利。❷ 对此，笔者认为前述观点值得商榷。商评委告知的内容应该是具体合议组成员情况，而非合议组成员的大致范围。在此情况下，当事人在不知道合议组成员的情形下，申请回避的对象不清楚，如何行使回避的权利呢？很明显会造成无的放矢的情形。

2. 评论

很显然，上述判决均将程序作为实体公正的工具使用，只要不影响实体结果即可。上述错误认识的一个重要原因在于我国欠缺一般行政程序法，缺乏对行政行为一般性程序规定。更缺乏对行政程序法功能的正确认识。行政程序法的一个重要功能就是法治维护和法律的安定化功能，"可以形成公民和行政机关之间的平等武装状态，其中主要表现为通过听证和阅卷以及尽可能大范围的行政公开所形成的信息平等武装，这些措施有利于提高行政决定的可接受性"。❸ 行政程序是公权力主体与公民之间信息交流的渠道，其也将公权力机关的信息公开于公民，起到制约的作用。因此，判决将是否影响实体结果作为判断违反法定程序从而撤销裁决决定的观点实际上忽视了行政程序的信息公开、平等武装的功能。行

---

❶ 北京市一中院（2010）一中知行初字第2549号。参见胡刚等. 申请回避告知义务在商标评审程序中的适用 [J]. 中华商标，2012（8）：1–5.
❷ 北京市一中院（2005）一中知行初字第671号。
❸ [德] 汉斯·J. 沃尔夫，奥托·巴霍夫，罗尔夫·施托贝尔. 行政法（第二卷）[M]. 高家伟，译. 北京：商务印书馆，2002：200. 另参见卢剑锋. 行政权力的腐败治理 [J]. 社科纵横，2005（6）：123–125.

政程序中的错误在某些情况下可以形成当事人的撤销请求权。❶

具体来说,回避"可以最大限度地防止那些与案件有利害关系或者与当事人有特殊社会关系的法官担任案件的裁判者,从而有效地避免裁判者将自己的偏见、预断和感情因素带进对案件的裁决中来……通过适用回避制度来促使那些有问题的法官及时退出案件的审判过程,可以最大限度地减少徇私舞弊、枉法裁断行为。这属于回避制度在维护实体正义方面的重要价值。"❷

因此,一方面,回避是事先排除有问题的人员参与案件审理,那种认为在收到商标确权裁决决定后,再提出回避的申请,显然与回避制度功能相违背。

另一方面,回避包括两种方式,一是审理人员的回避,二是法院的整体回避,也就是变更管辖问题。❸ 因此,在商评委重新审理程序中,回避的理应是原合议组全体成员,而非更换组名、调换部分组员等。

最高院对前述三种法院观点不予认同。在"mine"商标案件中,最高院对商标裁决程序如何回避做出了解释,其认为,"虽然2005年修订后的《商标评审规则》删除了2002年评审规则中的规定,但是作为上位法的商标法实施条例第九条的规定仍然有效。因此无论是适用上述哪一版评审规则,商标评审委员会都有义务保障当事人依据该条例所享有的程序性权利,及时将审理案件的商标评审人员名单告知当事人,而不能以评审规则没有规定为由不履行告知义务,致使当事人依法享有的申请回避的程序保障权利落空。"❹ 最高院在该判决中认定事先告知合议组成员是回避制度的应有含义,商标争议案件当事人享有事先告知的权利,而这不取决于法律是否有明确规定。最高院的判决虽然指出了商评委的裁决构成程序违反,应予纠正,但是从最后的结论来看,并不能看出程序违法是构成撤销裁决决定的理由。因而也不能看出程序违法(瑕疵)的法律后果。但

---

❶ [德]埃贝哈德·施密特-阿斯曼,等. 德国行政法读本[M]. 于安,译. 北京:高等教育出版社, 2006:393.
❷❸ 陈瑞华. 刑事诉讼的前沿问题[M]. 北京:中国人民大学出版社,2005:463.
❹ 最高院(2014)行提字第30号。

是笔者认为该判决还是具有判例的作用,实际上统一了司法实践中观点混乱的局面。

(三) 中止审理

2013年《商标法》修改前,没有关于中止评审的规定,且在通常情况下,在商评委做出裁决时,若在先权利仍处于有效的状态,一般不予中止。但根据现行商标法和商标评审规则的相关规定,商评委在争议裁定程序中,"所涉及的在先权利的确定必须以人民法院正在审理或者行政机关正在处理的另一案件的结果为依据的,可以中止审查或暂缓审理。"❶

中止审理的必要条件是在先权利状态不确定。

笔者认为,以下情形下可以适用中止审理。

第一,在先权利的引证商标已被行政机关或法院判决宣告无效或不予核准注册,但是无效决定或不予核准注册决定尚未发生法律效力。此时需要等待行政行为发生效力或者法院对在先权做出最终的决定,商评委在此时可以应当事人的请求,中止案件的审理;❷ 因为在此种情形下,引证商标权状态不确定,处于"效力待定"状态。但是如果现有证据表明,案件审理时引证商标合法有效,商评委据此对争议商标是否有效审查,符合法律规定。❸ 因为法律字面上去解释,在前述情况下,商评委裁决时,在先权是确定、有效的,无须等待行政机关或法院的决定,商评委当然无须中止案件的审理。

但是现实中出现,争议商标持有人(或他人)向商标局以引证商标连续三年不适用为由申请撤销该商标,或以违反《商标法》第45条之规定为由向商评

---

❶ 《商标法》第45条第3款,《商标评审规则》第31条。在这之前的法律和规章中没有关于中止审理的固定。
❷ 司法实践中,法院对此种看法可能持否定的立场。在"中财"商标案中,在诉讼过程中,商评委裁决撤销该案中的引证商标,但尚未发生法律效力,因此中国财政经济出版社申请法院中止审理该案,但是法院仍以引证商标撤销裁决尚不能确定发生法律效力为由,不予中止审理。参见北京市高院(2014)高行终字1416号。该案显示的观点可以归结,只要引证商标在审理时有效,无论是处于质疑状态(行政程序中)还是被撤销状态(未发生法律效力),此时均不能中止审理。
❸ 北京市高院(2015)高行(知)终字第75号。

委申请宣告引证商标无效等情况，此时商评委该如何处理？此时商评委能否因引证商标被申请撤销或无效，而中止对争议商标的复审呢？如前所述，此时引证商标虽然处于争议程序中，但是其有效、合法毋庸置疑，也就是说不能中止案件的评审。

但是"如果不等待在先权利案的结果，而先对在后商标案作出裁决，以在先权利否定在后商标的注册，而之后在先权利案的结果却是否定了在先权，则在后商标的所谓障碍本来就不存在，但此时其商标已被宣告无效，无法获得应有的权利，这显然对在后商标权利人是不公平的，是存在损害的。从此角度出发，此类型的案件应该可以适用中止审理。但是如果对在先权利的存在与否提出争议就中止在后商标商标案的审理，则该制度会被当事人所利用，恶意启动在先权利的争议，从而拖延时间，达到不法目的。"❶

笔者认为可以做出如下规制："对引证商标提出争议等程序的时间一般应当早于在后商标案，以防止恶意拖延，除非有足够的证据证明引证商标被否定的可能性很大；其次，当事人应当告知商评委引证商标案的存在及进展情况，并提出中止申请；"❷最后，商评委可以要求申请人提供一定数额或其他方式的担保。需要注意的是，是否中止审理属于商评委的裁量权。

第二是在先权权属纠纷，起诉至法院，需要等待法院就在先权的权属做出判决。此时也应中止原商标争议案件的审理。

第三，参加评审的双方当事人以需要达成共存协议为由，提请中止裁决。此时是否需要中止审理，现行商标法没有明确规定。但是笔者认为此时应当中止商标裁决。当事人之间达成的商标共存协议是商标权为私权的重要体现，在一般情况下商评委应当尊重当事人就私权的处分协议。因此，一方当事人以达成共存协议为由申请中止审理，商评委应当允许。

---

❶ 北京市第一中级人民法院知识产权庭. 商标确权行政审判疑难问题研究 [M]. 北京：知识产权出版社，2008：263.
❷ 周云川. 商标授权确权诉讼 [M]. 北京：法律出版社，2014：515.

三、商标确权裁决中的证据规则

(一) 商标确权裁决中证据的特点

商标裁决作为行政裁决的一种,具有准司法性,裁决程序的启动具有被动性,审查的对象受制于申请人的请求范围。行政裁决的性质决定了其证据制度具有以下特点。

1. 商评委居中裁判,原则上不依职权调查证据

有学者认为,行政裁决程序中,行政机关应当依职权调查案件事实,行政机关既调查案件事实,收集证据,同时对特定民事争议进行裁决,这一方面不同于司法程序。❶ 笔者认为该观点值得商榷。

在商标裁决中,商评委一般不主动依职权调查证据。这是由商标裁决的举证责任所决定的。按照商标法和商标评审规则,商标裁决中,申请人对己方提出的请求所依据的事实或者反驳对方评审请求所依据的事实有责任提供证据加以证明,没有证据或者证据不足以证明当事人的事实主张的,由负有举证责任的当事人承担不利的后果。❷ 因证据的证明力无法判断导致争议事实难以认定的,商评委应当根据举证责任分配原则做出判断。❸ 据此,商标裁决实行"谁主张、谁举证"的举证规则。

这有点类似于诉讼中的对抗式而非纠问式诉讼构造。因此,商评委应当掌握双方当事人提供的案情并做出裁决,而不能自行进行调查,加入当事人之间的辩论,或者举证以支持或是反对任何一方当事人,倘若商评委本身任意卷入调查和辩论中,案件当事人马上就会对商评委的公正无偏私失去信任。❹

---

❶ 徐继敏. 行政裁决证据规则初论 [J]. 河北法学, 2006 (4): 12.
❷ 参见新《商标法实施条例》第 51 条,新《商标评审规则》第 38 条。
❸ 新《商标评审规则》第 49 条第 2 款。
❹ [英] 韦德. 行政法 [M]. 徐炳, 等译. 北京: 中国大百科全书出版社, 1997: 632-637.

商标裁决的准司法性决定了其与依职权行政行为证据规则的不同。在行政处罚中，由行政机关调查收集证据。一般应由行政机关承担证明违法案件事实的责任，行政机关收集的证据达不到证明标准要求的，不能作出行政处罚决定；行政机关对案件事实的调查应当是依职权调查，掌握调查案件事实和收集证据的进程，虽然当事人参与案件事实的调查和取证，但不起决定作用；对于案件事实，当事人可以申请行政机关进行调查，但行政机关不受当事人申请所限，对案件事实进行全面调查。❶

当然，由当事人承担举证责任，但是这并不排除商评委在必要时要求一方补充证据。

2. 受行政效率原则约束❷

效率原则是行政法的一项基本原则。其可以利用行政机关查处案件所收集的证据，也可以采用较为简便的行政程序，能够保证行政效率原则的实现。

3. 不受一些证据法则的约束❸

由于商标裁决是由专业知识的人员做出裁决，因此，除收集到的证据外，还可以依据裁决人员的一般知识和经验做出裁决。当然，这并不意味着行政机关有权以其成员的专门知识为依据，或者直接采纳专家的意见，而是必须将其认知或推定的过程向当事人各方公开以使他们能对其发表意见。

4. 书面审理为原则

为保证商标裁决的效率，同时兼顾当事人的程序权利，商标裁决一般采取以书面为原则，以口头审理为例外。

（二）商标裁决中的举证责任

1. 举证责任概述

在行政程序中，举证责任是指行政机关或当事人就其主张所依赖的事实根

---

❶ 徐继敏. 试论行政处罚证据制度 [J]. 中国法学，2003（2）：38.
❷❸ 徐继敏. 行政证据通论 [M]. 北京：法律出版社，2004：196.

据承担的提供证据责任，以及在证据缺失或者正反证据证明力相平情况，所负担的主张不成立的后果责任；其首先来源于美国法律，最早作出规定的是1946年联邦行政程序法，该法第556条D款规定：除法律另有规定外，法规或者裁决提议人负有举证责任，美国行政程序和诉讼上的举证责任内涵是一致的。❶

在德国行政程序中，相应地适用客观举证责任和主观举证责任。其区分标准是无当事人申请调查证据时，法官（行政机关）是否仍然应就待证事实为证据调查之问题，如果是由当事人掌控事实资料的收集，则不仅要求当事人必须对判决之重要事实为主张，而且对待证事实必须表明证据方法，申请调查证据以支持其主张，称之为主观的举证责任或形式的举证责任，现今称为证据提出责任，这是一种以主张责任为前提，当事人应行提出证据之行为责任。❷

客观举证责任又称为实质的举证责任，其涉及当事实的过程无法重建时，应如何为裁判之问题。在理论及实务上，虽然穷尽所有的证据方法，仍然无法确定判决之重要事实是否存在之情形下，法官（行政机关）应以事实存在或不存在而适用法律为裁判成为问题，此与上述之证据提出责任无关。❸ 在商标裁决程序中，因证据的证明力无法判断导致争议事实难以认定的，商评委应当根据举证分配原则作出判断。❹ 所以"在任何案件中，都可能出现真伪不明之情形，都存在客观举证责任之分配的情形"。❺ 举证责任的前提是主张责任。在行政程序中，当事人的主张责任主要是以行政实体法为基础提出的权利请求，以及针对行政机关的主张而作的承认或反驳等。❻

---

❶❶ 刘善春．论行政程序举证责任 [J]．政法论坛，2009 (4)：82．
❷❸ 吴东都．行政诉讼举证责任理论与判决之研究 [M]．台北："司法院"印行，2002：6．
❹ 《商标评审规则》第49条第2款．
❺ 陈楠楠．知情同意书在医疗诉讼中的法律适用 [J]．经营与管理，2014 (6)：141–142．

2. 商标裁决中举证责任模式——当事人主义

(1) 当事人主义内涵

当事人主义,又可称为"辩论主义,乃是在裁决中,事实关系之阐明属于当事人之权能即责任,非经任何一造当事人主张之主要事实(法律要件事实)不得采为裁决之基础,为认定事实所需之证据资料,原则上应由当事人声明之证据方法始得为之;当事人间无争执事实(自认、拟制自认),毋庸举证,裁决机关采为判决之基础。"❶

辩论主义主要包括三个方面的内容:第一,裁决机关不能以当事人没有主张过的事实作为判决的事实依据。"直接决定法律效果发生或消灭的主要事实必须在当事人的辩论中出现,没有在当事人的辩论中出现的事实不能作为判决的基础依据"。❷ 第二,采取自认制度,即当事人间无争议事实,即使是一方当事人承认于己不利的事实,裁决机关亦不能做出与之相反的认定,应将其作为判决之基础。❸ 第三,裁决机关的调查权力受到限制。❹ 其原则上无权自行展开证据调查,只能基于当事人的申请而进行,且调查限于当事人提供的线索范围内,不得超过当事人的证据调查申请范围。

(2) 当事人主义与举证责任的关系

在当事人主义下,要求裁决机关裁判之基础为当事人所主张,非经当事人主张不得作为裁判基础,此为主张责任。在当事人提出有利于己之事实时,未能提出证据加以证明其主张时,不能认其存在而为裁判基础,是当事人有证据提出责任。❺ 因此在当事人主义下,当事人需承担主观举证责任,当然也会存在事实真

---

❶ 转引自苏隆惠. 论民事集中审理之发展趋势——以审前程序为中心 [D]. 北京:中国政法大学,2006:33.

❷ 转引自李继业. 程序基本权及其在民事诉讼中的保障 [D]. 保定:河北大学,2005:18.

❸ 新《商标评审规则》第50条规定,在评审程序中,当事人在申请书、答辩书、陈述及其委托代理人的代理词中承认的对己方不利的事实和认可的证据,商标评审委员会应予以确认,但当事人反悔并有相反证据足以推翻的除外。

❹ 张卫平. 诉讼构架与程式——民事诉讼的法理分析 [M]. 北京:清华大学出版社,2000:173-188.

❺ 吴东都. 行政诉讼举证责任理论与判决之研究 [M]. 台北:"司法院"印行,2002:18.

伪不明的情况，所以也有客观举证责任存在的空间。❶

（3）商标裁决采当事人主义

笔者认为，根据商标法实施条例和商标评审规则的相关规定，我国商标裁决采当事人主义。这是因为：

---

❶ 与当事人主义相对的是职权主义。1. 职权调查主义，诉讼资料之收集为法院、裁决机关之权力与责任，不受当事人主张及证据声请之约束，即纵令原告不知或虽知未加以主张，法院、裁决机关仍得加以采用，使诉讼、裁决为有理由也得以例如在撤销诉讼中为被告之行政机关在行政程序中未提及及诉讼未加主张之理由，驳回诉讼（吴东都博士论文，第82页）。德国和我国台湾地区采此种审理原则。

行政程序中采职权调查主义，法院在诉讼发挥主导作用。此种主导作用主要表现在：第一，阐明事实之义务。职权主义下，法院应主动查明事实真相。第二，不受当事人事实主张及证据声请之拘束。因此德国通说认为，行政诉讼中不存有主张责任及证据提出责任，也即不存在主观举证责任，因为法院需为事实查明之义务。第三，法院之阐明义务。《德国行政法院法》第86条第3项规定，审判长应促使当事人除去书状上之程序瑕疵，厘清不清楚之申请，为正确之申请，补充不足之事实主张，乃至于作所有对于事实关系之确定与判断有重要关系之陈述。此为行政诉讼法中法官阐明义务之规定。同法第104条第一项规定审判长就争议案应向诉讼参与人进行事实上的和法律上的解释。因此，法官之阐明义务有促使诉讼程序顺利进行，避免当事人因程序、实体上的无经验或欠缺法律知识而无法实现，以获得正确裁判之功能，防止突袭性裁判。第四，促使案件成熟义务。由于职权调查主义，法院原则上有义务在当事人之诉之要求之范围内确定所有裁判基础之请求事实及法律要件，以促使案件成熟，即达于可为裁判之程度（黄士洲：《税务诉讼的举证责任》，北京大学出版社，2004年版，第32页）。总之，职权调查主义下，法院在诉讼中起主导作用。

2. 职权调查主义与辩论主义

职权调查主义与辩论主义作为两种诉讼审理原则，有相互融合的趋势。在辩论主义下，法官探求事实的可能性扩大，而在职权调查主义下，法官探求案件事实的职权也受到程序法的限制（参见德国行政法院法第87b，根据该条规定，原告在行政管理程序中对某些事实的得以考虑或未得以考虑而感受委屈，庭长或主审法官可要求原告在一定期限内对此以说明，在特定情况下可要求参与人在指定期限内说明事实或指明证据等，但是若原告在上述期限后提交说明和证据的，法院可以按照法定条件予以驳回并不再调查而进行裁判。德国技术合作公司、国家行政学院编：《联邦德国的宪法与行政法》，未刊，第223页）。职权调查时，也越来越强调当事人参与，甚至在很多情况下，没有当事人参与很难查清案件事实，法院在很多情况下只是在当事人没有为事实阐明时，才开始进行调查。无论采取何种原则，均重在诉讼之初，即将当事人引入诉讼参与事实之调查。

但是在辩论主义下，认为事实之查明为当事人之责任，职权调查主义下则认为是法院的责任，所以法院不受当事人行为、主张之约束，在诉讼中依照职权引进所有相关事实，寻找可使用的证据方法。

3. 职权调查主义与举证责任

如上所述，职权调查主义下，法院不受当事人事实主张及证据申请之拘束，因而德国通说认为行政诉讼不存有主张责任及证据提出责任，即不存在主观举证责任。

虽然在职权调查主义下，法院有阐明事实之义务，但是由于人的认识是有限的，诉讼程序的结果仍有可能出现真伪不明，此时有赖于客观举证责任解决此问题。在此无论职权调查主义还是辩论主义，与是否与客观举证责任无关。

其一，当事人对自己提出的评审请求所依据的事实或者反驳对方评审请求所依据的事实有责任提供证据加以证明，当事人需要承担证据提出责任。即便被申请人没有答辩，申请人也不能就此认为被申请人对其主张予以认可，而不再承担举证责任。在"amiG及图"案中，北京市高院认为，被申请人沁卿公司在商标评审未进行答辩，但并不意味着沁卿公司表示承认阿米利比亚公司为被异议商标作者及沁卿公司抄袭阿米利比亚公司"amiG及图"，故阿米利比亚公司仍需就评审请求所依据的事实提供证明。因此维持了商评委和原审法院的相关认定。❶ 当然也不能因此减轻申请人的举证责任，其理由是"该种认定方式会导致评审阶段一方当事人应负担的举证责任显得过于轻松，对另一方当事人明显不公，有违行政程序公平原则；另一方面，这种认定方式会使得举证制度落空，并剥夺未参加评审程序当事人的程序权益，严重损害其程序和实体利益。"❷

其二，若其证据或不足以证明当事人的主张的，需承担不利的法律后果，也就是后果责任。在"camel active及图"案中，法院认为，"环球公司在商标评审程序中有责任对其答辩所依据的事实提供证据加以证明。在法律、司法解释没有明确规定的情况下，不能因其在其他案件中提交过相关证据材料，即免除其在本案商标评审程序中的举证责任。在其未提供证据或者证据不足的情况下，环球公司应当承担相应的法律后果。"❸

其三，2014年《商标法实施条例》第54条规定："商标评审委员会审理依照商标法第44条、45条规定请求宣告注册无效的案件，应当针对当事人申请和答辩的事实、理由及请求进行审理。"也就是说商标裁决摒弃了刑事诉讼和行政诉讼中的"全面审查"原则，更强调申请权对裁决权的限制。这是尊重当事人处分权的表现。通常情况下，商评委不会依职权调查、收集证据。

3. 商标裁决中举证责任分配规则

按照2014年《商标评审规则》第38条，当事人对己方的评审请求所依据的

---

❶ 北京市高院（2012）高行终字第1420号。
❷ 北京市一中院（2012）一中知行初字第631号。
❸ 北京市高院（2013）高行终字第509号。

事实或反驳对方评审请求所依据的事实有责任提供证据加以证明。也就是说在商标无效宣告程序中，申请无效宣告的当事人应当举证证明争议商标侵犯了公共利益或其特定的民事权益，即由争议申请人承担该项举证责任，否则承担不利的后果。在第四章中，已就申请人主张争议商标侵犯在先权需符合的条件作了详细的阐述，而这些条件就是申请人需承担的举证责任，在此不再赘述。

但是，前述条文只是程序上的规定，具体举证责任的承担在很多情况下，仍需结合实体法的相关规定才能确定。

在争议商标"西山焦 xishanjiao"案中，商评委认为，首先，"西山焦枣"属于地理标志；其次，争议商标注册并使用的商品，其被地理标志"西山焦枣"所涵盖；最后，争议商标权人（陈某华）未证明其生产的商品来自地理标志所标示的地区，据此，争议商标的注册和使用容易误导公众，其注册已构成《商标法》第16条第1款所指情形，应予撤销（无效）。❶

陈某华上诉称，商评委上述举证责任的分配违反《商标法》第16条的规定。原因是"从举证责任看，富硒焦枣协会依据该条款申请撤销争议商标，商标评审委员会也适用该条款来撤销争议商标，因此，富硒焦枣协会和商标评审委员会有义务证明陈某华存在来源于地理标志以外的商品，陈某华证明不了自己没有源于地理标志所标示的地区以外的商品，就像罪犯没有义务也难以证明自己没有犯罪事实一样……根据原审判决的理解，本应由富硒焦枣协会和商标评审委员会承担的'非来源于'的举证责任，就变成了陈某华承担的，来源于的举证责任，这显然是错误的……"❷

北京市高院对陈某华前述上诉理由做出了回应。

"首先，确定诉争商标中是否含有商品的地理标志，相应的举证责任应当由主张诉争商标申请注册违反《商标法》第16条规定的一方当事人承担，具体到商标争议案件，应当由撤销商标注册申请的商标争议申请人承担相应的举证责

---

❶ 国家工商总局商评委商评字（2013）第110521号。
❷ 北京市高院（2015）高行（知）终字第1568号。另参见周波．如何审查包含地理标志的商标［N］．中国知识产权报，2015-8-21（7）．

任，而根据富硒焦枣协会提交的证据，'西山焦枣'为地理标志，对此，陈某华没有异议。"❶

其次，在"西山焦枣"被证明属于地理标志后，此时由陈某华举证证明其商品来源于地理标志所标示的地区且不会误导公众，原因是：

第一，"在我国，商标注册并不以商标实际使用为前提条件，商标法也未要求商标申请注册时必须提供商标实际使用的证据，因此，商标注册审查过程中，如果没有他人就商标注册提出异议并提供相关证据，商标注册主管机关并不负有主动适用商标法第十六条第一款的规定，审查使用或可能使用申请注册的包含地理标志的商标的商品是否来源于该地理标志所标示的地区并误导公众的法定义务。"❷

第二，"地理标志的认定需要结合相关证据加以认定，在商标注册申请人或者异议人未提供相关证据的情况下，商标注册主管行政机关难以就相关标识是否属于地理标志作出认定。"❸

第三，"在商标申请注册过程中，无论包含地理标志的商标是否已实际投入使用，如果该商标未违反商标法第十六条以外的规定，在没有他人提出异议并提供证据的情形下，该商标通常将获准注册，而相应的就可能存在地理标志利害关系人以外的其他主体申请注册的包含地理标志的商标获准注册的情形。"❹

第四，"商标法第十六条第一款是从消极的、否定的方面作出的规定，'并非来源于'和'不予注册并禁止使用'的双重否定所表达的是一种肯定的内容，即商标中包含的地理标志的，只有在该商品来源于该地理标志所标示的地区且不会误导公众的情况下，才可以注册使用。"❺ 据此，法院从商标法精神实质出发，确定由权利人证明其商标使用之商品产自地理标志所标示的地区且不会引起公众误导，相反若其证明不了，则应当认定诉争商标的申请或注册违反了《商标法》第 16 条的规定。

---

❶❷❸❹❺ 北京市高院（2015）高行（知）终字第 1568 号，另参见周波. 如何审查包含地理标志的商标[N]. 中国知识产权报，2015 - 8 - 21（7）.

实际上从举证责任的负担轻重来看，由争议商标申请人举证其商品来源于该地理标志所标示的地区较为容易，而由他人做相反证明则非常困难，甚至不可能完成。

因此，在商标裁决程序中，需要结合实体法的精神实质在当事人之间合理分配举证责任。

（三）证据补充规则

1. 当事人申请补充证据

商标裁决采取请求原则，当事人举证、提交证据是其法定义务。"承担举证责任，以证明自我请求、主张的合法性、合理性，但是这个权利不能滥用，故意拒绝在行政程序阶段举证，而首次在司法审查阶段抛出这些证据，法院认定原告滥用行政程序举证权利，规避行政程序阶段举证义务，这些证据在行政诉讼或司法审查阶段无效。"❶ 行政程序是一审，行政诉讼或司法审查是二审，这被称为先行政程序举证，后发动司法审查。❷

也就是说当事人需要在商标裁决程序中举证、提出证据证明自己的请求，在行政诉讼中提出的新证据一般不能作为证明商标裁决行为违法与否的依据。这是因为如果在"诉讼程序中直接采信新证据，将会导致行政审查程序损失，会损害各方当事人的程序权利和实体权利"，❸ 也会造成商标裁决程序这一纠纷解决资源的浪费，也违反了行政诉讼是对行政行为合法性进行审查这一基本原则。如在"欧司朗 ou si lang"商标案中，法院认为"证据三、四形成时间均在评审程序之前，但在行政程序中均未提交，欧司朗公司亦未对此说明存在和理由，故本院理应不予采信"。❹

---

❶ 刘善春. 行政诉讼证据规则论纲［A］. 证据学论坛［C］. 北京：中国检察出版社，2001：89.
❷ 刘善春、毕玉谦、郑旭. 诉讼证据规则研究［M］. 北京：中国法制出版社，2001：679.
❸ 北京市一中院（2012）一中知行初字第133号.
❹ 北京市一中院（2011）一中知行初字第661号.

当然，当事人也可以在法定时间内补充证据，但需要符合法定条件：❶

第一，向商评委提出补充证据的要求，并在法定时间内提交。逾期提交的证据不能作为法院审查行政行为合法性的依据。但是法院同时认为，如果该些证据确可支持本方诉讼请求，可以另行寻求救济途径。❷

第二，期满后提交证据需有正当理由，并经过质证。这里说的正当理由在现实中较常见的如该证据在期满后形成的。在"Boumpy"商标争议案中，法院认定《著作权登记证书》形成于2010年2月23日，属于举证期限届满后形成的证据，因此第11314号裁定认为上述证据为补强证据并予以采纳并无不当。❸

2. 商评委依职权要求补充证据

如上所述，当事人对其提出的请求承担举证责任，需要提出相应地证据。这是商标裁决程序当事人主义的要求。商评委也应在当事人申请和答辩的事实、理由及请求进行审理，这是请求原则的应有内涵。那么商评委能否主动要求当事人补充证据呢？对此问题，商标法及其实施条例没有明文规定。实践中，商评委在一定的条件下，也会要求当事人补充证据，对此行为法院也持支持的态度。在"金色港湾"商标争议案中，两审法院均认为，并不能排除行政机关依职权通知当事人补充证据的行为的合法性，因此，商评委在第三人未声明的情况下仍通知其补充证据未违反法定程序。❹

对此，笔者认为，第一，在法律没有明确授权的情况下，法院认定商评委的职权行为合法根据不足。并且，法院的判决用语为"不能排除……"。这也表明法院认定商评委享有此项权力是通过"疑罪存有"这一判断方式获得的。但是笔者认为这一推理方式违反了权力法定、法律保留这一基本的依法行政原则。第

---

❶ 新《商标评审规则》第23条的规定，当事人需要在提出评审申请或者答辩后补充证据材料的，应当在申请书或者答辩书中申明，并自提交申请书或答辩书之日起三个月内一次性提交；未在申请书或者答辩书中声明或者期满未提交的，视为放弃补充证据材料。但是在期满后生成或者当事人有其他正当理由未能在期满前提交的证据，在期满后提交的，商评委将证据交对方当事人并质证后可以采信。
❷ 北京市高院（2010）高行终字第1116号判决。
❸ 北京市高院（2012）高行终字第1652号判决。
❹ 北京市高院（2010）高行终字第308号判决。

二，商评委依职权要求补充证据与当事人主动提交证据（包括补充证据）存在一定的冲突。如果商评委可以随意要求当事人补充证据将导致当事人一方怠于提交证据，而侵犯另一方当事人的程序性权利。

因此，商评委依职权要求补充证据只能在特定的条件下进行，而非在任何条件下都可进行，而这需待法律做出明确规定。法院的观点似可借鉴。在"bivio"及图商标争议案中，法院认为，"如果申请并未明确其引证商标的具体注册号会导致商标评审工作无法进行，此种情况下，被告要求申请人对具体引用的引证商标予以明确亦具有合理性"。在该案中，法院确定被告行为合法性的一个重要要件是，若申请人不补充材料整个评审工作将无法继续下去，因为没有引证商标，商评委将无法为争议商标确定参照对象，无法判断争议商标是否对在先权构成侵犯。

3. 法院在诉讼中接收新证据的情形

在无正当理由的情形下，法院一般不接受当事人在行政诉讼中提出新的证据，但"并不禁止行政相对人在诉讼过程中提交证据，人民法院对于新证据不予采纳的限定条件是应当提供而拒不提供，且不提供的后果是一般不予采纳，而非一概不予采纳"。❶ 新提交证据是指当事人未在评审程序中提交，而在诉讼程序中首次提交到的证据，包括评审时已经形成的证据和评审之后"新的证据"。❷ 在此，笔者拟从收集到的案件入手，对商标行政诉讼中法院采纳新证据的情形做

---

❶ 王国浩．"19楼"追索商标权终审高捷［N］．中国知识产权报，2014-6-13（6）．另参见北京市高院（2012）高行终字第1652号．

❷ 周云川．商标授权确权诉讼［M］．北京：法律出版社，2014：492．《行政诉讼证据规定》第52条对新证据进行了列举：（1）在一审程序中应当准予延期提供而未获准许的证据；（2）当事人在一审程序中依法申请调取而未获准许或者未取得，人民法院在第二程序中调取的；（3）原告或者第三人提供的在举证期限届满后发现的证据。对于新证据，该规定第50条明确，在第二审程序中，对当事人依法提供的新证据法庭应当进行质证。第51条规定，按照审判监督程序审理的案件，对当事人依法提供的新证据，法庭应当进行质证。据此，一审诉讼中，法院也应当进行质证。

一梳理。❶

(1) 补强证据

有学者认为,"补强证据是指增强或担保主证据证明力之证据,它本身并不证明案件主要事实,提出之目的是为了增强或保证主要证据之证明力,如关于被告人或证人人格方面的证据,就属于补强证据。"❷ 有学者认为,补强证据是与主证据相对应的证据,是专指为了增强、担保主证据的证明力而提出的诉讼证据,"补强证据与主证据一样,都是证明案件主要事实的证据。"❸ 台湾地区学者陈朴生认为,"补强证据为增强或担保证据证明力之证据,仍应调查其他必要之证据,以察其是否与事实相符"。但他并没有明确补强证据与案件主要事实的证明关系,仅举例说明被告之自白,不得作为有罪判决之唯一证据,仍应调查其他必要之证据,以察其是否与事实相符。❹ 通过考察补强证据的根源,有学者认为补强证据是指证明案件事实的同时,增强或担保主证据的证明力,共同证明案件事实的证据。❺

若在诉讼中提出而未在行政程序中提出的补强证据,其是否构成新证据。法院对此定性有所不同。在"台郎太子"商标案中,法院认为,台郎酒厂提交的公司登记档案是为了进一步证明被异议商标是"台郎"与"金太子"两家企业文化的融合,被异议商标具有区别于引证商标的独特含义,故该证据属于对原审

---

❶ 有法官认为在行政诉讼程序中新提交的下列证据,法院应当予以考虑:"(1)商标评审决定或裁定作出后,当事人认为商评委程序违法提交的证据。(2)商评委针对当事人提出的行政程序违法的主张提供的意图证明其行政行为合法的证据。(3)涉及对商标含义理解的案件,当事人提交的用于证明商标含义的词典、字典等工具书。(4)当事人提交的在裁定或者决定后出现的证明对方证据虚假或者陈述不正确的证据,可能影响裁定结论的。(5)当事人针对裁定后形成的争点提供的证据,该证据可能对案件有实质性的影响。(6)当事人在行政程序中确有正当理由申请延长举证期限,而商评委不予答复或者不予准许的。(7)当事人在商标评审程序中确有其他正当理由没有提交而在诉讼程序中提交的证据。正当理由包括不可抗力、举证困难且不存在懈怠举证的情况、商评委仓促作出决定的行为使当事人来不及举证等情况。"参见北京市第一中级人民法院知识产权庭.商标确权行政审判疑难问题研究[M].北京:知识产权出版社,2008:245.
❷ 卞建林.证据法学[M].北京:中国政法大学出版社,2002:184.
❸ 刘金友.证据法学[M].北京:中国政法大学出版社,2001:221.
❹ 陈朴生.刑事诉讼法实务[M].台北:海天印刷厂有限公司,1981:202.
❺ 郭华.口供补强证据规则研究[J].甘肃政法学院学报,2004(3):75.

证据的补强而非新证据，而被法院接受。❶但在"Boumpy"商标案中，由于补交的证据是举证期限届满后形成，因此法院将该证据界定为新证据并属于补强证据，并予以接收，从而驳回了相关上诉。❷

但是笔者认为，无论法院将补强证据界定为新证据与否，该类证据均非商评委形成裁定的依据，而行政诉讼的审查对象为行政行为的合法性，既然补强证据非商评委裁决的根据，因此一般情况下其当然不能构成司法审查确认行政行为合法性与否的依据。在此意义上，笔者认为补强证据均应构成新证据。因此，除非例外情况，如举证责任期限届满后形成的证据，否则该类证据也不能为法院所接受。

（2）不考虑新证据将导致权利人的权利无法救济

在诉讼中，如果权利人提交的新证据能证明其权利存在或争议商标无效时，此时法院从纠纷实质解决和权利救济的角度可以考虑接受该证据。在"ARTiSAN"商标案中，法院认为，"对行政决定进行司法审查旨在为行政相对人提供司法救济途径，其目的就是保护行政相对人的合法权益。因此，对行政相对人未在行政审查阶段提交而在行政诉讼过程中提交的证据如一概不予考虑，有违司法救济之宗旨。就本案，判决论述道，精雅公司为复审商标的商标权人，如果对其在诉讼阶段提交的证据不采信，可能使复审商标被撤销而不能恢复（失去其他权利救济的途径）。从而维持了原审法院对新证据予以适当考虑的决定。"❸

（3）不考虑新证据判决将会违背客观事实

需要注意的是，在上述第二种类型下，法院对争议商标是否有效这一实体纠纷进行裁决。但是此处所述的类型，法院并不对实体问题进行裁决，而只是要求商评委结合新证据重新做出裁定。在"圣象及图"商标案中，法院经审理认为，

---

❶ 北京市高院（2011）高行终字第1496号。
❷ 北京市高院（2012）高行终字第1652号。
❸ 北京市高院（2012）高行终字第590号。类似的判决还有北京市一中院（2006）一中知行初字第792号。该判决认为，如果本院不纳入上述新证据进入本案诉讼，被异议商标一旦被核准注册，将使宝马公司丧失对其提出异议以维护自身合法权利的机会。因此，从考虑诉讼资源，减少当事人诉累，真正维护当事人合法权益的角度出发，对于上述新证据予以接纳。

"首先，原告圣象公司因未能收到商评委送达的邮件而未能参加商标评审，其原因均不能归结为本案三方当事人中的任何一方当事人；其次，在本案诉讼中原告和第三人均提交了大量在评审程序中未提交的新证据，且这些证据均与本案争议焦点问题直接相关，如果不考虑，不仅会对双方当事人的合法权益存在较大影响，而且还存在违背客观真实的可能；基于此，法院从维护各方当事人合法权益，确保客观真实与法律真实相一致的角度出发，实现司法审判的法律效果和社会效果相统一，判决商评委结合新证据重新对案件进行审理。另外，虽然撤销原裁定，但对此商评委并不存在过错，因此判决原告承担诉讼费用。"❶

因此，"证据并未在行政程序中提出，但是在诉讼中法院还是将其作为判案的根据而予以接纳。概言之，新证据是否应该接纳，应该考虑具体个案中的举证难度、是否存在怠于举证的主观过错等因素，以公平、彻底化解矛盾纠纷为目标，兼顾实体正义和程序正义，区分不同情形，决定是否采纳。"❷

但是笔者认为，在通常情况下，法院对新证据是否接受采取的是实用主义观点，即采纳该证据是否会对推翻原来的案件事实认定。如在注册号为1546226的图形商标案中，法院认为，"上海卫厨公司向原审法院和本院补交提交的证据并非商标评审委员会作出第33081号裁定的依据，且这些证据均不足以证明陈某清在争议商标申请日前已经创作完成了争议商标图形，进而不足以推翻在先生效的第109号民事判决所认定的事实……"❸这种以实体公正来论证程序公正的论证模式在行政程序和诉讼程序中较为常见，而实质纠纷解决原则是这一模式存在的

---

❶ 北京市一中院（2012）一中知行初字第2285号。
❷ 北京市高级人民法院知识产权庭．北京市高级人民法院知识产权疑难案例要览（第一辑）[M]．北京：中国法制出版社，2014：139．
❸ 北京市高院（2012）高行终字第949号。相关的判决还有（2013）高行终字第1450号，判决论述到"浪迪公司补充提交的证据并非第04744号裁定作出的依据，且不足以证明被异议商标经过使用能够与引证商标相区分，故对上述证据本院均不予采信。"在高行终字（2014）高行终字第661号判决中法院裁定新证据被采纳的条件是"但如果当事人补交的证据是为进一步说明或者补强其在行政程序中已经提交的证据，且这些证据可能影响案件处理结果的，法院可根据案件的具体情况予以适当考虑。"在（2013）高行终字第2288号中，法院认定，雨果公司在本院诉讼中提交的证据均不是第50726号裁定作出的依据，且不足以证明"BOSS"商标在争议商标申请日前已构成驰名商标，故本院对上述证据均不予采信。

最根本指导原则。其结果就是将法律有关程序的规定沦为具文，损害了另一方当事人的程序利益。

(四) 商标确权裁决程序中的质证

1. 质证的内涵

商标确权裁决程序中的质证（以下简称质证），是指"争议双方对另一方证据的属性及证明过程进行质疑，从而影响事实认定者对案件事实内心确信的一种证明活动"。❶ 可以从以下方面来理解。

第一，正确认识质证、举证以及认证的关系。

"举证、质证、认证是……案件处理的基本过程，举证是双方当事人在争议程序中……提供据以论证本方申请主张成立的证明活动，而质证则是对举证的质疑和争辩，而认证是……确定证据属性和裁判事实的过程，当然……最终裁判应当以这些基本证明程序为基础，作为三者必要准备的是……将证据在争议双方之间进行送达和传递。"❷

第二，质证的主体。

如上所述，商标确权裁决奉行当事人主义，证明活动主要由争议双方来主导和推进，商评委只是居中裁判，其不会过多的介入争议双方的证明活动，合议组成员也不是主体，❸ 其只是质证的主持人，但是有权制止当事人质证与本案无关的证据或提问。❹ 由于商标裁决主要采取书面审查，因此在质证程序中也不存在

---

❶ 尚华. 论质证 [D]. 北京：中国政法大学，2011：19. 在该博士论文中，作者认为将 cross‑examination 简单翻译为质证，并将其等同于交叉询问是不准确的。质证与交叉询问的主要区别表现在：第一，适用范围不同。交叉询问针对的是证人证言，通过质疑证人的可信性、证言矛盾等来动摇事实认定者对证言的采信。而质证作为重要的证明程序和方法，其适用的范围包括证人证言，又包括物证、书证等各种类型的证据。第二，交叉询问是质证的一种常见方法。质证的方法有多种，交叉询问是质证的一种最重要的方法。因为它是针对证人证言进行质疑，所以这一方法基本可以达到效果。但是质证作为一个证明阶段，其不仅涉及对证人证言的质疑，还包括对物证、书证、鉴定结论、当事人陈述等的质疑。（参见第6页）
❷❸ 尚华. 论质证 [D]. 北京：中国政法大学，2011：19.
❹ 刘善春. 行政法学模板教程 [M]. 北京：中国政法大学出版社，2013：272.

主持人。

第三，质证的对象。

质证的对象应当限于一方当事人提交的证据，该证据包括其主动提交的，也可以是应商评委职权要求提供的。但是如果涉及国家机密的，不可质证的，涉及个人隐私和商业秘密的，不得公开质证。❶

第四，质证的目的。

当事人双方的证明活动具有较强的主观诉求——寻求商评委支持本方请求，举证方提交证据、进行举证的目的就是围绕这一目的进行。"但是质证者是针对举证而言，其直接目的是阻断举证者的证明过程，其根本目的就是动摇……对举证方主张事实的内心确信。"❷

第五，质证作为一项重要权利。

质证权属于"法律上的防卫权"，❸ 是指"当事人对可能对其不利的证据材料进行质问、质疑、辩驳的权利。"❹ 在裁决程序中，双方当事人法律地位平等，这意味着一方有举证的权利，另一方则应当具有针对该项举证进行质证的权利。❺

另外，质证还是一项"基本程序性权利，任何剥夺或是不合理的限制当事人行政程序的行为，都可能成为其后行政诉讼中法院否定行政行为合法性的原因"。❻

第六，质证的形式主要以书面为主，这是商标裁决书面审理方式所决定的。书面质证的对象完全依赖商评委的送达，但是这种送达往往是缓慢、有选择的，一方当事人也无法行使对席辩论权，质证的效果也不能令人满意。

2. 质证的功能

对于质证的功能研究的较多。尚华博士认为质证至少有三个方面的功能，一

---

❶ 刘善春. 行政法学模板教程 [M]. 北京：中国政法大学出版社，2013：274.
❷ 尚华. 论质证 [D]. 北京：中国政法大学，2011：19.
❸ 李红枫. 行政处罚证据原理研究 [M]. 北京：中国政法大学出版社，2013：187.
❹ 尚华. 论质证 [D]. 北京：中国政法大学，2011：21.
❺ 尚华. 论质证 [D]. 北京：中国政法大学，2011：20.
❻ 王瑜娟. 行政程序证据质证规则 [D]. 北京：中国政法大学，2009：11.

是"发现事实真相的法律引擎""实现司法公正的助推器"和"保障诉讼人权的安全阀"。❶

刘善春教授认为行政质证一方面有利于"通过质证,去伪存真,明确证据证明力,进而提高行政机关事实认定的正确性,进而正确适用法律,推进实体正义";另一方面,"通过质证,使得行政官员心证形成过程外露,认定证据的考量公开而透明……减少当事人误解,进而提高当事人对于行政决定的信任度。"❷

上述表述基本上都是从实体公正的角度来论证质证的价值。笔者认为商标争议裁决中的质证作为证据运用的必经阶段和裁决程序中的重要活动,还具有相对独立的程序性功能,其是商标争议裁决程序获得正当性的一项重要标志。正当法律程序具有意见交涉的特征,"程序就是为了沟通意见并使意见达成一致"。❸ 这种允许对话、保障意见交涉的正当程序具有独立的、较强的可信度,其过程与结果的合理性一般不会受到怀疑。❹

3. 质证权的保障

笔者认为,对质证权最重要的保障来自2014年《商标评审规则》第44条的规定,即"未经交换质证的证据不应当予以采信"。可以从以下几个方面来理解。

(1) 被采信的证据若属于需要保密性,也需要质证

《民事诉讼法》第68条规定,"对涉及国家秘密、商业秘密和个人隐私的证据应当保密,需要在法庭出示的,不得在公开开庭时出示"。《行诉证据规定》第37条规定,"涉及国家秘密、商业秘密和个人隐私或者法律规定的其他应当保密的证据,不得在开庭时公开质证。"但是现行《商标评审规则》对保密证据没有规定,造成商标评审委员会在评审过程中缺乏可以援引的依据。在"春鹰及图"商标争议案件中,在商标评审阶段,昆明方大春鹰板簧公司提交的证据材料中注明34、35"请以保密",因此商评委未将前述证据向对方当事人进行交换,

---

❶ 尚华. 论质证 [D]. 北京:中国政法大学,2011:22-27.
❷ 刘善春. 行政法学模板教程 [M]. 北京:中国政法大学出版社,2013:273.
❸ 公丕祥. 法理学 [M]. 上海:复旦大学出版社,2002:225.
❹ 李红枫. 行政处罚证据原理研究 [M]. 北京:中国政法大学出版社,2013:187.

但是证据34为商评委裁决决定的定案根据；在行政诉讼中，法院认为商评委的被诉裁定违反了《商标评审规则》有关质证的规定，依法应予以撤销。❶

对保密证据的质证，笔者认为，在商标评审阶段，当事人应当对提交的证据做出明确的标注，并向商评委说明情况。商评委对是否属于保密证据进行形式的审查。商评委应将这些证据送达给对方当事人质证，但是应书面告知其保密及泄密的后果。简言之，需遵守商标评审规则之未经交换质证的证据不得采信这一基本原则。

（2）一方当事人及时获得对方证据材料的权利

质证的对象为证据材料，及时获得一方当事人的证据材料是质证的前提。商评委需承担两项法定义务：一是商评委应及时将证据材料转送给对方当事人，二是明确告知其在法定期限内质证的权利。❷ 在行政诉讼中，当事人对商评委的送达义务是否履行提出质疑时，由后者承担举证责任，在其不能证明履行送达义务时，对此应当承担不利的法律后果。❸

但是违反该法定义务的后果是什么呢？实践中产生了两种不同的看法：

有观点认为，构成程序违法，法院判决撤销商评委裁决，发回重审。

此处又可分为两种情况。

第一，法院认定构成程序违法，对实体问题不进行审理，直接发回重审。在

---

❶ 北京市一中院（2012）一中知行初字第2725号。在原告广东苹果实业有限公司诉被告商标评审委员会、第三人德士活有限公司请求对其提交的4份证据予以保密，故商评委未将这4份证据送达广东苹果实业公司。但商评委在认定"苹果牌"和"texwood及图"商标为驰名时仍将包括这4份证据在内的27份证据全部作为认定依据。对此法院认为，商评委的做法使得广东苹果实业公司无法就德士活公司提交的4份证据的真实性及案件争议事实的关联性发表意见。虽然苹果公司没有提出在承诺保密的前提下进行质证，但这并不意味着其已经放弃质证的权利。在广东苹果实业公司对认定"苹果牌"和"texwood及图"商标为驰名商标的部分证据未进行质证的情况下，商评委以此为依据对事实进行认定损害了苹果公司对证据进行质证的权利，在程序上显属不当，法院予以纠正。见北京市一中院（2004）一中行初字第692号。

❷ 《商标评审规则》第23条第2款规定："对当事人在法定期限内提供的证据材料，有对方当事人的，商标评审委员会应当将该证据材料副本送达给对方当事人。当事人应当在收到证据材料副本之日起三十日内进行质证。"

❸ 北京市高院（2014）高行终字第395号。

"史密斯 A. O SMITH"商标争议案中，北京市一中院认为商评委做出争议裁定前，"未将艾欧史密斯公司提交的证据向美国史密斯公司并由其进行质证，其直接依据上述证据做出对美国史密斯公司不利的裁定，违反了法定程序。"❶ 法院据此撤销了商评委的裁定，并责令商评委重新做出裁定。需要注意的是，该案法院认定商评委违反法定程序后，并未对实体问题进行审查（该案争议不仅限于程序争议，还包括商标是否构成近似等实体争议），而是全部发回重审。❷

第二，法院认定构成程序违法，同时对实体问题进行审理。

在"芦荟及图"商标案件中，法院针对原告提出的商评委违反法定程序的主张，认定此时应由商评委负有证明行政行为合法的责任，而后者并不能证明在复审程序中向原告送达了一方当事人提交的证据，对此应当承担不利的法律后果；在此基础上，法院针对争议商标是否构成"以不正当手段抢先注册他人已经使用并有一定影响的商标"这一实体性争议进行了裁决，经审理认为该项主张缺乏事实依据。❸

笔者认为商评委未按照法律规定送达相关证据材料，侵害了一方当事人的质证权这一法定权利。法院在认定商评委违反这一法定程序后，是否应当对实体争议进行审理？这主要取决于当事人的请求。因此，"芦荟及图"案中法院的做法较为合适。

还有观点认为，程序有误，但事实认定清楚，那么裁决中的质证可以通过诉讼中的质证予以弥补。

如在"瑞苗清"商标案中，商评委认可其3498号裁定中引据的证据并未交还给原告——五常公司，也未给予其意见陈述机会，但是一审法院认为，商评委

---

❶ 北京市一中院（2012）一中知行初字第2982号。
❷ 类似判决参见北京市一中院（2012）一中知行初字第2725号。在该判决中，法院认为被告未将上述证据向原告进行交换，对此事实被告亦予以认可，而其中证据34中的2002~2004年审计报告为第22914号裁定的定案依据，故被告作出的第22914号裁定违反了上述规定，本院依法予以撤销。鉴于第22914号裁定存在程序违法的问题，且原告确未收到2010年后提交证据，故本院对于引证商标实体上是否构成驰名商标不再进行评述。
❸ 北京市高院（2014）高行终字第395号。

采纳这些对原告不利的证据,也未给予原告质证的机会,违背"行政裁决听证原则,属于错误行为",但在该案审理中,"本诉讼程序明确给予五常公司对其不利证据作出意见陈述,并准其于举证期限内提出反驳证据,五常公司没有提出反驳证据。……鉴于五常公司质证权利已在诉讼中行使,且商标评审委员会对事实的认定结论并无不当,故应予维持。"❶ 二审法院在确认商评委程序有误的基础上,维持了一审判决。❷ 在另一个相关案件中,法院认为"就本案而言,在诉讼过程中,连某慧已就上述证据进行了质证,连某慧的实体权利未受到损害",法院做出这样的判决,是因为"程序既有其独立的价值,又必须以实体问题的解决和实体公正的实现为取向和终极目标。商标确权行政案件的处理也应当注重争议的实质性解决,尽可能地对案件的实体问题作出处理,避免陷入不必要的程序重复而增加当事人的诉讼成本,浪费诉讼资源"。❸ 这也是实质纠纷解决原则所决定的。

针对上述案件,笔者提出的问题是:首先,商评委违反商标评审规则的强制性法定程序——未给予一方当事人质证的机会,是否可以通过实体结果来证明其合法或者只是有误;其次,行政诉讼中的质证来弥补行政程序的瑕疵,依据为何?笔者认为,行政诉讼是审查行政行为的合法性,因此,诉讼中的质证无论如何不能用来弥补行政程序的瑕疵。最后,未遵循商标评审规则的程序的性质到底为何,是违法还是瑕疵?

当然,如果商评委未向当事人送达证据,并且实体结论也不正确时,法院一般会判决商评委裁定违反法定程序,撤销裁决,发回重审。❹

通过上述列举,大致可以得出一个结论:在通常情况下,程序违法在不影响实体正确的情况下,不构成撤销裁定的理由。这样的逻辑实际上是以牺牲程序的独立价值为代价的。那么,程序的价值到底为何呢?

---

❶ 北京市一中院(2013)一中知行初字第1498号。
❷ 参见北京市高院(2014)高行终字第1955号。
❸ 北京市高院(2014)高行终字第711号。
❹ 北京市高院(2014)高行终字第395号。

（3）商评委对送达材料的选择权

"在美国，对于质证的范围，法律并没有做出明确规定，只是规定'当事人为弄清事实真相有权进行质证。'美国国会在讨论《联邦行政程序法》第556条时关于质证的规定，曾有如下记录：'这项规定，很明显地没有授予所谓无限制的质证权力，主持听证的官员必须作出必要的初步决定：按照本款的要求，对于事实全面真正了解是否需要进行质证。本款规定也无意取消行政机关授予主持听证的官员，对于质证权利的行使具有合理的自由裁量权力。这个标准已在本款中规定，即为全面真正查明事实。'"❶ 据此，对于质证对象的范围，官员有裁量权，对于那些与案件无关的材料可以不予质证。

与美国类似，2014年《商标评审规则》对于接受质证的证据范围没有具体规定，而只规定需将一方提交的证据送达给对方。那么这里的证据材料如何确定。

首先，北京市法院的观点。

北京市法院的观点存在差异。在"鹰视"商标争议案中，北京市高院认为"在商标评审阶段，商标评审委员会并未采信太阳虎公司补充提交的两份证据，故原审法院认定东方维亿公司未对该证据进行质证并未影响其诉讼权利是恰当的，东方维亿公司关于第12266号裁定程序违法的主张缺乏事实与法律依据，本院不予支持。"❷ 该案显示，商评委对证据未予采信成为不予交换证据的抗辩事由。

而在"hotaitai"商标案中，一审法院认为，商评委应当及时将好太太电器公司的补充材料和证据发给好太太科技公司，以保障其在指定期限内答辩和质证的

---

❶ 徐继敏. 美国行政程序规则分析 [J]. 现代法学，2008 (1)：131. 王名扬. 美国行政法 [M]. 北京：中国法制出版社，1995：481.

❷ 北京市高院（2012）高行终字第1038号。北京市高院在（2012）高行终字第612号判决中认为，商评委没有采信优典公司提交的证据，补充理由书也只是优典公司的单方面意见陈述，故商评委没有向鸿海公司交换并未影响鸿海公司的实体或程序利益。因此，鸿海公司关于商评委做出第19305号裁定程序违法的主张没有事实和法律依据，本院不予支持。类似的判决还有北京市一中院（2010）一中知行初字第121号；北京市高院（2011）高行终字第822号。北京市高院在（2014）高行终字第536号判决中认为，商评委虽然未将澜石炜联公司在商标评审阶段提交的证据4及证据9—15送达给张某，但除上述证据外，澜石炜联公司向商标评审委员会提交的其他证据亦能证明两引证商标的使用情况，商评委据此作出第8653号裁定，审理程序虽有不当之处，但其结论正确，依法应予以维持。

权利，商评委未及时送达证据材料的行为构成程序违法，商评委认为根据行政效率原则未对补充意见和证据材料进行转交的主张缺乏法律依据。❶ 二审法院将"对当事人在法定期限内提供的证据材料，有对方当事人的，商标评审委员会应当将该证据材料发送给对方当事人，限其在指定期限内进行质证"这一条款解释为"对于当事人在规定时间内以规定的方式提交证据材料，商标评审委员会应当将该证据材料发送给对方当事人，限其在指定期限内进行质证"，推翻了商评委将其解释为"该款规定所指的证据材料应当为当事人在复审申请阶段和答辩阶段提交的补充意见和证据，而非质证阶段当事人提交的质证意见和证据材料。"❷ 从二审法院的措辞看，其也不赞同将质证材料限定为与案件有关联，商评委是否最终采纳也不构成其未履行送达义务的抗辩事由。该判决在一定程度上否决了商评委对质证范围的裁量权。

其次，最高院的观点。

最高院采取的还是较为实用主义的观点。

在"苏科版"商标争议案件中，最高院在商评委"未证明……送达了北京出版公司所提交补充证据问题"的情况下，认为"本案结论并不以上述证据为依据，所以该不当之处尚不足以导致商标评审委员会裁定予以撤销"，❸ 从而，认可了两审法院对商标评审程序不当的界定，驳回了再审请求。最高院的论证逻辑是以结果的合法性来论证过程。

再次，答辩材料是否需要寄送？

对此问题，现行《商标评审规则》并未做出明确规定。对此，笔者认为，应该划分不同的情况不同处理。

第一，如果答辩书所针对的仍然"是一方当事人提出的评审申请的具体理由，除此之外并无新的观点和意见"，❹ 不转交给对方当事人不会给其权利造成

---

❶ 北京市一中院（2013）一中知行初字第3239号。
❷ 北京市高院（2014）高行终字第792号。
❸ 最高院（2014）知行字第14号。
❹ 北京市一中院（2010）一中知行初字第364号。

损害，这时商评委可以不将其送达对方当事人。

第二，如果答辩书中针对申请人评审事由或证据材料质疑，并提交了证据材料，此时，商评委应将该答辩书转交对方当事人，以便其履行质证、辩论的权利。

但是，笔者认为，由于商标确权裁决采取书面方式进行，双方当事人针对证据材料无法进行口头质证，因此"为更加充分保障参与评审程序的各方当事人的利益……应尽可能全面地将当事人所提交的各种意见陈述、证据材料及时转交给对方当事人，以避免不必要的纠纷和争议。"❶

（4）在法定期限内准备质证材料、补充证据的权利

根据2014年《商标评审规则》第23条规定，当事人质证的期限是收到证据材料副本之日起30日内。该条可以作以下理解。

第一，如上所述，商评委应告知当事人享有质证的权利和质证的期限，当事人有获得告知的权利。若商评委不告知前述两点，将承担何种后果呢？在"大师贴膜TOP-TECHTINTING"商标争议案件中，北京市知识产权法院认定，虽然商评委"未告知北京慧鑫盛世公司质证权利和质证期限，属于程序上的瑕疵，但是考虑到慧鑫盛世公司的诉讼能力……之前的相关民事诉讼程序等因素，上述程序瑕疵尚不足以影响……的实体权利。因此……主张商标评审委员会程序违法，依据不足，不予支持。"❷

对于该案，首先，北京知识产权法院在判决中区分了程序的"瑕疵"和"违法"，但其并没有明确两者的含义。但是从法院判决书行文和措辞来看，瑕疵和违法的主要区别在于是否对当事人实体权利产生影响。如果影响了当事人实体权利的行使，则构成违法；如不影响实体权利履行，则构成瑕疵，不能构成撤销被诉裁决的原因。其次，商标裁决这一行政行为构成瑕疵而非违法的条件——诉讼能力、先前当事人的行为表现，而北京市高院在终审基础上相应增加了一个

---

❶ 北京市一中院（2010）一中知行初字第364号。
❷ 北京市知识产权法院（2014）京知行初字第91号。

原因，即"北京慧鑫盛世公司在原审诉讼中对上海追得公司提交的证据 3-11、证据 14、15 进行了质证。"❶ 北京市高院得出结论，商评委的"上述程序瑕疵，并未影响其结论的正确性，亦未影响北京慧鑫盛世公司的实体权利"。两级法院论证模式如出一辙。笔者认为，无论是知识产权法院还是北京市高院，其逻辑仍然是以结果的正确性来论证商标裁决过程的合法性。当事人知晓质证权利和质证的期限，并不免除商评委的告知义务，商评委仍然需要履行其法定义务，不能因此证明商评委行为的合法性。

第二，商评委必须在质证期限届满后，而非在质证期限内做出裁定，否则将构成侵犯当事人 30 日的期限权。在"金骏眉"商标案中，北京市高院认为商评委"在给桐木茶叶公司指定的质证期限尚未届满的情况下，即于 2013 年 1 月 4 日径行作出第 53057 号裁定，显属程序错误，依法应当予以纠正。"❷ 从而撤销了一审判决❸和商评委的裁定，并责令商评委重新做出裁定。

但在"周六福"商标案中，虽然商评委在质证期限届满前做出了裁定，但是最高院并没有因此撤销裁定，只是认定其构成"显属不当"（应该类似于前述"瑕疵"），理由是，商评委"发出证据交换通知书并要求首饰公司发表质证意见的是珠宝公司关于被异议商标使用情况及知名度的证据，而本案争议焦点系首饰公司是否享有在先商号权及是否在先使用'周六福'商标并具有一定影响，被

---

❶ 北京市高院（2015）高行（知）终字第 1025 号。
❷ 北京市高院（2013）高行终字第 1767 号。
❸ 北京市一中院在（2013）一中知行初字第 894 号判决中认为，(1) 复审程序是给当事人提供申辩的机会，属于行政救济措施。由于本案桐木茶叶公司围绕在行政程序中主张的被异议商标违反《商标法》禁止注册的有关规定，属于代替公众对行政行为进行监督的权利，这些内容均不涉及桐木茶叶公司自身的民事权利。(2) 桐木茶叶公司在提出复审的同时已经提交相关的证据材料，桐木茶叶公司补充提交的证据也并非基于新的事实形成的证据，不存在需要桐木茶叶公司提供证明在被诉行政行为之后，"金骏眉"成为茶叶的通用名称，或者其合法权益还在受到侵害从而产生的新证据。(3) 桐木茶叶公司在行政程序中提交了补充证据，也没有证明"金骏眉"成为茶叶的通用名称。故商评委在行政程序方面的错误并没有侵害桐木茶叶公司的合法权益，也不必然导致第 53057 号裁定的结论违法。因此，综合审查该案，出于维护市场竞争的公平与公正的目的，从公正效率角度出发，对商评委在行政程序上的过错予以指出，希望商评委在之后的执法过程中认真自觉遵守法律、法规以及规章所规定的行政程序。

异议商标的使用情况并非本案考虑的因素";且商评委也明确表示未予纳采珠宝公司在复审中的证据,该部分证据并非复审决定的证据,也就是说程序不当并未对裁定结果产生影响,也不会对首饰公司的合法权益造成实际损害而不予撤销该裁定未有不当。❶ 也就是说,最高院认为质证的对象、范围不是案件的争议焦点的情况下通常不会影响对案件的审理结果,因此,即使商评委在质证期限届满前做出裁定,也仅构成不当,而非撤销原裁定的实质依据。

(5)小结

通过以上分析,无论是最高院还是北京市法院,在通常情况下,认为只要商评委的裁定结论实体上正确,即便侵犯了当事人的质证权,也不会构成撤销商标裁决决定的依据。

但笔者认为,质证是认证的必经阶段,也是商评委认证合法性的保障。只有经过质证的证据的才能作为商评委定案的根据。但是这并不意味着商评委定案的证据才需质证,因为只有质证后才能进行商评委对证据的认证、采证阶段。另外,由于商标裁决主要采取书面形式,其不能及时获得双方当事人对事实的观点和争议焦点。因此,商评委如果选择性的选取证据材料进行交换,不利于对方当事人提出有效的辩论意见。

4.质证中的其他问题

在商标评审中,"证据能力和证明力是质证的重要内容,传统英美法系国家认为,质证主要围绕证据的可采性和证明力展开。"❷

---

❶ 最高院(2014)知行字第35号。北京市一中院在(2010)一中知行初字第121号判决中曾认定,商评委以争议商标与引证商标构成使用在同一种或类似商品上的近似商标为由,撤销了争议商标在部分商品上的注册。而第三人补充的理由和证据系用以证明原告注册商标系不正当竞争的恶意目的。该理由和证据与争议商标与引证商标是否属于近似商标的问题无关。被告对前述对原告不利的证据并未采纳,前述证据并非被告作出被诉决定的依据。被告未将前述与该案无关的证据交与原告进行质证并无违法之处。亦未对原告合法权益产生任何不利影响。原告据此认为被诉裁定违法的诉讼主张缺乏法律依据。

❷ 尚华.论质证[D].北京:中国政法大学,2011:78.

(1) 对证据证明能力的质疑

证明能力，又称为证据的合法性，是指"证据能够转化为定案根据的法律资格……对于不具有证据能力的证据，法律会规定一个排除性的后果，也就是否定其进入评审程序，或者对那些已经进入评审程序的证据，将其排除在定案根据之外。"❶

对证明能力的质疑可以围绕"取证主体的合法性、证据表现形式的合法性、取证手段的合法性"❷以及评审程序合法性等方面进行。

如取证主体的合法性方面，可以从其是否有相应的法律资格、相应的职权、是否有经办人的签名或盖章以及是否有其他证据佐证等方面进行质证。在原告江西巨元医药公司诉被告商评委、第三人杭州民生药业集团公司商标纠纷案中，在民生公司为证明其1998年以来的"21世纪金维他"产品质量、销量、销售收入、利润和广告投入持续上升，出具了由自己做出的，并由"杭州市地方税务局高新税务分局""杭州市滨江国家税务局"加盖印章，且注明"情况属实"的《统计数据》。对此证据，巨元公司质疑道，虽然有税务机关的签章，但就该证据而言，税务机关只有通过民生公司的纳税情况佐证民生公司的经营业绩，然而税务机关并未进一步提供民生公司的纳税情况以及待证的《统计数据》相互印证结果。简言之，税务机关超出其职权范围出具证明，使得该证据的证明能力存有疑问。❸

另外，评审程序的合法性也会影响证据的证明能力。如上所述，未经质证的证据，不得作为商评委裁决的依据。对此问题，上文已有详述，在此不再解释。

(2) 对证明力的质疑

证明力又称为"'证明价值''证明作用'，是指一个证据所具有的能够证明某一事实存在或不存在的能力，"其主要是一种经验问题或逻辑问题，可以从真

---

❶ 陈瑞华. 刑事证据法学 [M]. 北京：北京大学出版社，2012：86.
❷ 陈瑞华. 刑事证据法学 [M]. 北京：北京大学出版社，2012：87-89.
❸ 北京市一中院（2006）一中行初字第773号.

实性和相关性两方面来理解。❶

第一，关于真实性。

真实性有两层含义，又称为"'可靠性'或'可信性'，一是从证据载体的角度来说，证据本身必须是真实存在的，而不能是伪造、变造的，如物证必须是真实存在过的物品或痕迹，其真实来源得到笔录证据的印证；二是从证据事实的角度来说，证据所记录或反映的证据信息必须是可靠和可信的，而不能是虚假的。"❷ 在"万金及图"商标争议案中，万金工具厂为证明其商业信誉及争议商标知名度，提交了相关证据，其中有些证据是万金工具厂网站及案外人网站的打印件，形成时间无法确定，有些是万金工具厂与案外人的加工明细、结算单据及发票，其中数量单据与发票记载的数量及加工明细中的数量不符，其结算单据及发票记载的数量较少；经销商出具的证明中落款大多为经销部、经营部等，而且现有证据中无证据证明上述经销商的工商登记情况，且前述证明中仅有经销商的印章；相关经销商的照片无法显示具体地点或经销商名称；产品包装及宣传册为万金工具厂自行印制，无法证明其形成时间。❸ 在没有相关证据佐证的情形下，前述证据的真实性存在疑问。另外，如果当事人没有对其打印计算机网页的经过或者下载互联网的资料的经过进行公证认证，也没有其他证据佐证证据是如何形成，如何存储的，❹ 当事人对其真实性有充分的理由和根据质疑。

需要注意的是，对于书证、物证的真实性质疑的，必须有相应的证据支持。如果当事人没有提出相应的证据支持，商评委可以确定该复印件的真实性。在"好村长"商标争议案中，在商标评审阶段，老村长公司提交了证据复印件，但是争议商标持有人好村长公司对此并没有提出异议，在此情况下商评委认可了前述证据复印件的真实性；在一审、二审诉讼中商评委的前述行为为法院所认可，法院的观点是"在商标评审阶段老村长公司可以提交证据复印件，只有在好村长

---

❶❷ 陈瑞华. 刑事证据法学 [M]. 北京：北京大学出版社，2012：84.
❸ 北京市高院（2014）高行（知）终字第3880号.
❹ 北京市第一中级人民法院知识产权庭. 商标确权行政审判疑难问题研究 [M]. 北京：知识产权出版社，2008：242.

公司对此提出异议并有证据支持,以及商标评审委员会认为必要时老村长公司才必须提交证据原件,但在商标评审阶段好村长公司并未质疑老村长公司提交的证据,故商标评审委员会根据2001年《商标法》第二十八条作出裁定并无不当。……"❶但是笔者认为,法院和商评委的观点值得商榷。无论是2005年还是2014年颁布的《商标评审规则》对书证、物证均规定需要提交原件。只是在有困难的情形下才可以提供复印件,即以原件为原则,以复印件为例外。提供原件是当事人的法定义务,相应的商评委需要对当事人无法提供原件的条件进行审查,不符合条件的证据复印件不得作为裁决的依据。在一方当事人对证据复印件的真实性质疑时,对方当事人必须证明其"提供原件有困难"这一条件,否则其将承担举证不能的后果。

第二,从相关性角度对证据进行质证。

相关性是指证据所包含的证据事实与所要证明的案件事实的联系,其可以包括两个要素:一是证明性,一是实质性,"前者是指证据及其所要包含的证据事实的成立,足以使另一事实的成立变得更加可能或可能性更小一些;后者又称为'法律上的相关性',是指证据所要证明的事实与实体法的主张有直接的联系,也就是说该证据的存在足以支持某一主张。"❷质言之,证据与待证事实存在逻辑上的联系是相关性的本质特征。在商标评审程序中,一方当事人可以从证据的形成时间、地域、个案审查原则等方面对对方提出的证据与待证事实之间的关联性进行质证。例如,如果引证商标的证据形成晚于争议商标申请日,则一般不能证明引证商标已经具有一定的知名度,难以认定争议商标申请注册侵犯其商标权等权益。

---

❶ 北京市高院(2014)高行(知)终字第2450号。北京市一中院在(2014)一中知行初字第1885号判决中认定,时某在商标评审过程中并未明确对陶然居公司提交证据的真实性质疑,且未提交相应反证,在此情况下,商评委并无要求陶然居公司提供或者出示有关证据的原件的法定义务,其在综合考虑双方当事人所提交的证据后作出第106999号裁定,并不存在程序违法情形。

❷ 陈瑞华. 刑事证据法学[M]. 北京:北京大学出版社,2012:82-83.

（五）商标确权裁决程序中的认证

1. 认证的含义

认证是指"行政程序中判断哪些证据具有可采性，哪些证据不具有可采性的程序和实体规则。行政机关是行政程序判断证据是否具有可采性的唯一主体，当事人和利害关系人均无权判断证据是否具有可采性"。❶

根据2014年《商标评审规则》第44条规定，"评审人员对案件的全部证据，应当从各证据与案件事实的关联程度、各证据之间的联系等方面进行综合审查判断。有对方当事人的，未经交换质证的证据不应当予以采信"。商评委对证据的认定主要遵循的是关联性和可采性的规则。

关联性是指"证据与意图证明的争议事实之间存在的合理关系，如果证据与该事实关系极为微小，或者没有足够的证明价值，那就是无关联的。与待证事实不具有关联性的证据材料不能用来证明案件事实，应当排除其证据能力和证明力。"❷

认证还应遵循案卷排他性原则，即"行政决定只能以案卷中经过质证的证据为唯一的事实裁定依据，行政机关不能依靠案卷之外的证据作出裁定的原则。……如果行政机关采用听证笔录之外的证据，应当告知当事人并提供再次质证的机会。"❸

商评委对传闻证据有时也予以采纳。❹

2. 商标确权裁决程序对证据认证的特殊情形

（1）对当事人提交的统计数据的认证

这有两种情况，一种是由当事人一方统计的统计数额，另一种是由行政机关或相关行业协会盖章加以证明的统计数据。

---

❶❷ 徐继敏. 行政程序证据规则与案例 [M]. 北京：法律出版社，2011：151.
❸ 刘善春. 行政法学模板教程 [M]. 北京：中国政法大学出版社，2013：277.
❹ See Gary Lawson. *Federal Law*, West Publishing Co, 2009：204. 在美国，按照联邦行政程序法的规定，正式程序在很多方面都与司法审判程序不同。最明显的是，行政程序中，没有陪审团也没有第三修正案规定的法官。除此之外，在正式听证程序中，证据规则发挥的作用也没有司法审查那么重要。联邦行政程序法第556（d）宣布，任何口头或书面的证据都可以接受，但是行政机构会将那些无关、不重要的、反复重复的证据排除。这是对证据可接受性的一般规则。

很多案件中，当事人会向商评委提交其己方统计的数据，证明争议其商品的销售量、区域、广告支出、广告分布区域等情况。对于此类证据，由于其为一方统计的结果，对方当事人对其得出结果的方法、路径等情况不了解，因此如果没有其他相关的证据加以佐证，这些证据的真实性证明，商评委对此类证据一般不予采纳。

对于由行政机关或行业协会盖章的统计数据的认证问题。在前述巨元公司案中，商评委对于行政机关出具或者盖章的统计数据，应当从该行政机关是否具有相应的职权，其做出相关统计数额的依据，是否有经办人的签名或者盖章，是否有其他证据佐证等方面进行审查而后进行认证。如果没有其他证据为其提供佐证，一般不予采信。当然对于行业协会出具或者当事人自己出具行业协会盖章的数据统计，若没有其他证据佐证，商评委一般也不予采信。

(2) 委托调查机构调查所得证据的认证问题

当事人为证明己方之主张，有时会委托调查机构进行调查而做成调查报告。但是一方面，由于这些调查通常都是一方委托，对方当事人对委托调查的内容、具体调查要求、范围、方法、调查人的资格等问题不了解；另一方面，调查人员对调查范围、区域、对象、问卷设计等方面有相当的主观性。因而该类调查报告的公正性存有一定的疑问。一般情况下，商评委会从调查机构的资质、委托事项、调查方法、被调查对象等方面进行审查。如不具有调查资格的机构出具的不予采纳。实践中，商评委对此类调查研究报告持谨慎态度。

(3) 网络打印资料的认证问题

对于网络打印材料，一般需要经过公证。如果没有经过公证，也没有其他证据提供佐证的，商评委对其不予认可、采纳。

四、商评委对案件文书的送达

(一) 商评委的法定送达义务

送达制度设置是为了保障当事人的知情权，使其能够收到与之利益相关的法

律文书，以行使答辩权或获得其他救济的权利，因此，行政机关所承担的送达义务以保证文书能够送达当事人视为完成。❶

根据2014年《商标评审规则》第21条的规定，评审申请有被申请人的，应当及时将申请书副本及有关证据材料送达被申请人。商标行政案件的送达方式主要有直接送达、邮寄送达和公告送达。

在商标确权诉讼中，法院认定，商评委负有证明其履行送达义务的举证责任。因此，在当事人主张未收到邮寄的案件相关材料，从而丧失答辩机会时，商评委应当提供证据证明其邮寄的案件相关材料已经由当事人签收或者提供其他能够证明当事人收到或视为送达给当事人的证据。❷ 否则将承担举证不能的责任。

（二）实践中履行送达义务的困境及后果

一方面，商评委认为法院关于送达举证责任的分配，与商标法实施条例的规定不符，原因之一是"《商标法实施条例》第10条规定，商标局或者商评委向当事人送达各种文件的日期，邮寄的，以当事人收到的邮戳日为准；邮戳日不清晰或者没有邮戳的，自文件发出之日起满15日，视为送达当事人。""依据该规定，在商评委提供了交邮证据，且邮寄材料并未退回时，应视为该材料在文件发出之日起15日送达该当事人。此时，商评委已完成了关于文件送达的举证责任。若该当事人主张其并未收到该文件，其应去邮局调取相应证据予以举证，若不能证明邮局并未送达该邮件，则应按照实施条例的相关规定，推定其在商评委交邮后15日内收到了该文件。"❸

原因之二是，商标评审案件的审理具有一定的特殊性，"首先，评审案件以书面审理为原则，审查员无法通过开庭审理知悉相关法律文书是否已实际送达当事人。从行政效率和实际可操作性来看，商评委也无法像司法机关一样通过送达

---

❶ 商评委. 2012年商标评审案件行政诉讼情况汇总分析［R］. 法务通讯第60期.
❷ 北京市高级人民法院知识产权庭. 北京法院商标疑难案件法官评述（2013）［M］. 北京：法律出版社，2014：17.
❸ 商评委. 2012年1—6月商标评审案件行政诉讼情况汇总分析［R］. 法务通讯第59期.

回证来获悉法律文书的送达情况。其次，商标评审案件审理周期较长，从商评委发出答辩书到接受司法审查，一般都会超出邮政法规定的一年的查询期，因此，答辩通知书未退回且当事人未答辩的案件，若当事人在诉讼中提出并未收到答辩材料，商评委是无法举证材料是否已经实际送达当事人的。"❶

但另一方面，法院认为，商评委提交的商标争议答辩通知书、争议申请书副本是需要送达的文件本身，《商评委与邮局发文交接清单》以及《发文清单》是商评委的内部流程记录表，均不能证明其已经向被申请人送达了案件的相关材料，由此可以认定商评委的行为构成程序违法，❷ 成为撤销商评委裁决的理由之一。

法院的理由是"《商标法实施条例》（2002）第11条第2款的规定系对送达日期的明确与规制，并非释明送达文件是否收到，该款规定的，邮戳日不清晰或者没有邮戳的，是指当事人收到文件后出现的情况，并非商评委主张的'交邮'即视为收到"，并且商评委"提交的发文交接单，即便可以认可其真实性，也仅能证明其曾经向邮局递交了异议复审申请书和答辩通知书，不能证明……收到了上述文件。"❸ 鉴于此，法院认为商评委未能证明其已履行法定的送达义务，损害了当事人的实体权益，构成程序违法，而非瑕疵。

笔者认为，法院有关送达举证责任的分配符合商标法及其实施条例的规定。根据现行法律规定，商评委对案件文书的送达是其法定义务，相应地，送达义务的履行当然也应由商评委来举证证明。而商评委主张由当事人承担没有收到的举证责任，在法律上根本不可能完成。另外，由商评委承担举证责任也符合"接近证据"这一举证责任分配规则。

（三）商评委的努力

那么如何解决举证的困境，商评委认为，从目前实际情况来看，要从根本上

---

❶ 商评委. 2012年商标评审案件行政诉讼情况汇总分析 [R]. 法务通讯第60期.
❷ 北京市高院（2013）高行终字第456号.
❸ 北京市高院（2012）高行终字第1861号.

解决邮寄送达的问题，必须做到在文书交邮后及时了解和掌握实际送达情况。

如此，一是可以完善评审工作机制和程序，对于确实不能送达当事人的情况，及时发现并予以补救；二是对于实际已经送达当事人的，及时取得证据，以避免后续诉讼程序可能出现的被动局面。❶ 三是，对于被申请人在法定期限内没有答辩的，可以进行跟踪调查，定期打印清单，依据相关法律的规定，在交邮后一年内进行查询，对于确实未送达当事人，应当及时补送相关材料，在特殊情况下进行公告送达；对于已经送达的，应将查询结果予以留存根。

（四）法院对商评委的妥协

北京市高院在2014年发布的《关于商标授权确权行政案件的审理指南》中对送达问题做了明确规定。

一方面，商标评审程序中邮寄的相关材料均应以当事人收到作为送达的标准，但另一方面，若"商评委无法提供原告收到案件相关材料的证据……原告除主张送达程序违法之外未提出实体上的主张或证据，或者其主张或证据明显不能成立，或者不属于本案审理范围的，可以在认定送达程序不当的基础上，判决驳回原告的诉讼请求……商评委无法提供其将案件相关材料交邮的证据，而当事人在诉讼中提出的主张或证据可能影响商评委裁决结论且当事人再无其他救济途径的，则可以认定商评委的送达程序违法，判决撤销裁决。"❷

2014年由于送达举证败诉的比率下降到0.25%。❸

而且，就司法实践中的案例来看，最高院对商评委送达义务的举证降低了要求。"在长廉changlian及图"商标争议案中，最高院认为，商评委向黄某平在商

---

❶ 商评委. 2012年商标评审案件行政诉讼情况汇总分析 [R]. 法务通讯第60期.
❷ 北京市高级人民法院知识产权庭：北京法院商标疑难案件法官评述（第四卷）[M]. 北京：法律出版社，2015：55. 北京市在高院（2014）高行（知）终字第3266号认定"就该案而言，商评委未能提供证据证明华润顺峰公司已经收到其答辩通知书，华润顺峰在原审诉讼中提交的上述证据又可能影响商评委裁定的结论，如不予采纳可能对华润顺峰公司的权益产生影响并使其丧失救济机会，考虑到该案具体情况并同时考虑行政诉讼救济价值，应认定商评委的送达程序违法，原审法院对此未予评述且未采纳上述证据的做法亦违法，对此应一并加以纠正"。
❸ 商评委. 2014年商标评审案件行政诉讼情况汇总分析 [R]. 法务通讯第66期.

标局备案的地址邮寄了答辩通知书及证据,未被退回;其后,黄某平收到了商评委向相同地址邮寄的 14928 号裁定;另,黄某平确认为更改地址,因此商评委已经尽到了必要的注意义务。❶ 此判决表明商评委无须证明当事人实际收到答辩材料及证据材料,只需证明其将相关材料寄付正确地址并且没有退回即可。

---

❶ 最高院(2014)知行字第 60 号。

第六章 商标确权裁决的效力

商评委根据双方当事人举证、质证等情况,根据相关实体法和程序法的规定,做出注册商标是否无效的决定。如前所述,2001年《商标法》修改后,商评委的裁决不再具有终局性,需接受司法审查。

一、商标确权裁决的效力

(一)裁决的生效时间

商标确权裁决虽然具有准司法性,但其仍具有行政行为的一般特征。裁决的生效时间可以分为两种情况,一种是,根据行政诉讼法的规定,超过法定起诉期限未向法院起诉的,则起诉届满之日为裁决决定生效日;第二种是,若裁决被法院判决合法,从而驳回了当事人的诉讼请求时,则从终审判决生效之日起裁决生效。

(二)诉讼期间停止执行

如果当事人在法定期限内向法院起诉,按照通说认为,商评委的决定"不生效、不执行"。[1] 这是因为根据《行政诉讼法》第56条规定了诉讼期间停止执行

---

[1] 杨一平. 新《商标评审规则》解读 [N]. 中国工商报,2005-10-13 (B01).

的例外条件，因为商评委的裁决停止执行通常不会造成社会秩序的混乱，也不会影响公共利益，因此其应当在诉讼期间停止执行。

但是，此时商评委如何判断其裁决行为被诉呢？对此，2014年《商标评审规则》第35条规定"对商标评审委员会做出的决定、裁定，当事人不服向人民法院起诉的，应当在向人民法院递交起诉状的同时或者至迟十五日内将该起诉状副本抄送或者另行将起诉信息书面告知商标评审委员会。除商标评审委员会做出的准予初步审定或者予以核准注册的决定外，商标评审委员会自发出决定、裁定之日起四个月内未收到来自人民法院应诉通知或者当事人提交的起诉状副本、书面起诉通知的，该决定、裁定移送商标局执行。"

但是实践中存在在裁决生效前商评委公告争议商标无效，这是否违反法定程序。在创思科技案中，创思公司对撤销其商标的裁定不服在法定期限内提起诉讼，但发现在裁定未生效的情况下，商评委已经在商标公告上刊登了撤销争议商标的公告。创思公司认为商评委违反法定程序。但法院认为该案审理的对象是商评委的决定，而非商评委的执行行为，因此驳回了创思公司的诉讼请求。❶ 在现实中，有很多案件在进入法院后，已经执行完毕，有些案件商评委的被诉信息逾期一年半后才收到。而此时让已经执行的案件回到待诉形态是非常困难的。因此，当事人应当在法定期限内将起诉信息告知商评委。

二、一事不再理

（一）诉讼中一事不再理原则的含义、起源、发展

1. 一事不再理原则的含义、起源

对于一事不再理原则的确切含义，学界一直存在认识上的分歧：主要有广义说与狭义说两种代表性的观点。狭义说认为，一事不再理是判决生效后，不得对

---

❶ 北京市一中院（2006）一中行初字第311号判决书。

同一行为再启动新的程序。❶ 广义说则认为"当事人不得就已起诉之案件，于诉讼系属中，更行起诉，此因诉一经提起，即生诉讼系属之效力，该诉讼之原告或被告不得更以他造为被告，就同一诉讼标的，在同一法院或他法院，提起新诉或反诉；诉讼标的于确定之终局判决中经裁判者，除法律另有规定外，当事人不得就该法律关系更行起诉，此种效力称为判决之实质确定力或既判力。以上两种情形，自当事人言之，不得更行起诉，自法院言之，即不得更行受理，故称为一事不再理"。❷

显然，狭义说与广义说的区别在于：前者仅指"判决的既判力，即判决确定后不得就同一案件再次起诉；而广义说则认为一事不再理涵括了判决的既判力与诉讼系属的效力两个层面，不仅判决确定后不得就同一案件再次起诉，而且诉讼一经提起就不得以同一案件再次起诉，即仅指双重起诉也被视为一事不再理的内涵之一"。❸

追根溯源，一事不再理原则最初由古罗马人创设。古罗马人将案件的审理分为法律审理和事实审理两个阶段。❹ 在法律审理阶段，由原告依法定方式向法官陈述意见，被告可进行申述，双方还可进行反辩。法官听取双方意见后如认为该案件可被受理，就命令选定的承审员审理案件。这样案件就会进入事实审理阶段，由承审员查明事实，做出判决。法律审理和事实审理是同一审级的两个不同诉讼阶段，每个阶段都有终结的标志。事实审理结束的标志就是判决，而法律审理结束的标志是"证诉"。经过"证诉"，案件发生"一案不二诉"的效力，案件系属于法院，原告不能就同一案件再次起诉。虽然"证诉"可限制原告的重复起诉，但是对被告却没有约束力。如果被告败诉后，就同一案件起诉原告，还会造成对同一案件的重复审理。为了解决这个问题，古罗马人在"一案不二诉"

---

❶ [德] 约阿希姆·赫尔曼. 德国刑事诉讼法典 [M]. 李昌珂，译. 北京：中国政法大学出版社，1995：14.
❷ 何孝元. 云五社会科学大辞典·法律卷 [M]. 台北：商务印书馆，1976：1.
❸ 谢佑平、万毅. 一事不再理原则重述 [J]. 中国刑事法杂志，2001 (3)：73-74.
❹ 主要参考赖宇、董琳. 论一事不再理原则 [J]. 法制与社会发展，2003 (5)：128.

的基础上又发展了"既决案件"效力,也就是"一事不再理"原则,要求当事人对已经正式判决的案件,不得申请再审,既决案件的判决被看作真理,绝不允许被推翻。

从历史上看,一事不再理原则发轫于古罗马法中关于"诉权消耗"的法理和制度。❶ 古罗马人从古代朴素的物理世界观出发,将诉权也看作物质的,由于在常识上,物质的运作必然带来物质上的消耗,因而他们认为诉权的行使也将导致诉权的消耗。根据当时的观点,所谓诉权消耗,是指所有诉权都会因诉讼系属而消耗,对同一诉权或请求权,不允许二次诉讼系属。一旦限制同一诉权或请求权只能有一次诉讼系属,那么即使允许当事人对同一案件提出诉讼请求,被告也可以实施"既决案件的抗辩"或"诉讼系属的抗辩",使当事人的诉讼请求不至于诉讼系属。总之,对同一案件一旦诉讼系属后,就不能再次就这一案件提出诉讼请求,这就是罗马法中的一事不再理原则。

因此,在古罗马中,一事不再理的效力自案件发生诉讼系属后就产生了,而不是自判决确定时才产生。当案件尚在诉讼系属中时,被告可以针对原告的双重起诉实施"诉讼系属的抗辩",使原告的诉讼请求不至于诉讼系属;当案件的诉讼系属已因判决确定而消灭时,被告对原告方的再次起诉可实施"既决案件的抗辩",使原告方的诉讼请求不能系属于法院。可见,古罗马中的一事不再理原则实际上涵括了诉讼系属的效力与判决的既判力两层含义。❷

因此,广义的一事不再理含义更符合该原则起源的历史。

2. 一事不再理原则的发展

大陆法系国家就直接继承了古罗马"既决案件"的做法。在中世纪德国,就已承认一事不再理,案件一经审判,无论何人,均不允许其提起新的诉讼,对于无罪判决,不许其申明不服。

在当代,《德国基本法》第103条第3项规定:"根据普通刑事法律,任何人

---

❶ 张卫平. 程序公正实现中的冲突与衡平 [M]. 成都:成都出版社,1993:348-350.
❷ 谢佑平、万毅. 一事不再理原则重述 [J]. 中国刑事法杂志,2001 (3):74.

不得因同一行为遭受多次刑罚。"❶ 1958 年《法国刑事诉讼法典》第 358 条规定："任何人经依法宣告无罪，不得因同一行为受到拘捕或控诉，即使以不同的罪名拘捕或者控诉，亦同。"❷《意大利刑事诉讼法典》第 649 条规定，"在被告人宣告开释或者被判刑并且有关判决或刑事处罚令成为不可撤销之后，不得因同一事实对被告人提起刑事诉讼，即便对于该事实在罪名、程度或情节上给予不同的认定，第 69 条第 2 款和第 345 条的规定除外"。❸

很显然，当今大陆法系国家确立的一事不再理原则是指对既决案件，除法律另有规定外，当事人不得再行起诉，法院不得再行受理。其理论依据是既判力理论，而非系属法院理论。❹

在大陆法系国家，一事不再理原则作为限制法院生效裁判既判力的重要原则，主要给予以下考虑：首先，一事不再理原则是维护法的安定性的需要；其次，一事不再理原则是维护被告人利益和社会关系稳定性的重要保障；再次，一事不再理原则系基于国家处罚权已经耗尽的观念；最后，一事不再理原则是保持控辩双方地位平衡的要求，其通过禁止对同一罪行反复追诉和审判，束缚了国家追诉权的滥用，从一个方面增强了相对弱小的被告人抵御国家权力不当行使的能力。❺

在英美法系，承继罗马法中一事不再理原则的是禁止双重危险原则。❻ 但是该原则与一事不再理原则差别较大："免受双重危险原则更多地站在保障被告人权利的立场上，发挥着限制政府追诉权的功能，而基本上不把诸如维护司法权威、维持法的安定性、实现诉讼经济原则，作为自己的理论基础，二者的基本立场、旨趣和功能仍具有明显的区别。"❼ "禁止双重危险原则要求，被告人不因同

---

❶ 德国技术合作公司、国家行政学院．联邦德国的宪法和行政法［R］．1999：96．
❷ 余叔通，谢朝华译．法国刑事诉讼法典［M］．北京：中国政法大学出版社，1997：135．
❸ 黄风译．意大利刑事诉讼法典［M］．北京：中国政法大学出版社，1994：229．
❹ 肖建国．论刑事诉讼中的一事不再理原则［D］．成都：四川大学，2005：10．
❺ 宋英辉，李哲．一事不再理原则研究［J］．中国法学，2004（5）：130．
❻ ［日］田口守一．刑事诉讼法［M］．刘迪，等译．北京：法律出版社，2000：303．
❼ 陈瑞华．问题与主义之间—刑事诉讼基本问题研究法［M］．北京：中国人民大学出版社，2003：327－330．

一罪行而受到两次起诉、审判和科刑。美国宪法第5修正案规定，任何人不得因同一罪行而受到生命或身体上的危险。双重危险的理论是为了避免三种明显的滥用：（1）被无罪开释后的再次起诉；（2）受到有罪判决后的再次起诉；（3）对同一犯罪的多次处罚。"禁止双重危险对于同一罪行再次起诉的限制适用于可能被判处任何一种刑罚的犯罪。❶

根据美国联邦最高法院的判例，禁止双重危险原则要求：（1）若对被告人作无罪判决，则检察官无上诉权，即便该判决是因为法庭在审判中犯有某种对检察官不利的法律错误或者起诉状存在某种缺陷；（2）如果被法院判决有罪的被告人提起了上诉，上级法院可对其进行第二次审判，但如果被告人的有罪裁判在新的审判中得到维护，法官一般不得对被告人判处更重的刑罚；（3）如果一项起诉因证据不足而被法庭在做出最终裁决前予以驳回（相当于宣告无罪），被告人一般不得受到第二次审判；（4）如果一项针对某一罪行而做出的判决已经得到执行，法庭不得对该项罪行实行两次刑事处罚，但在该判决执行以前，法官仍可在判刑程序中纠正该判决的错误。❷

在行政法领域，该原则也有存在的空间。

（二）商标确权裁决中一事不再理原则的含义及适用

台湾地区"商标法"第61条规定，"评定案件经处分后，任何人不得就同一事实，以同一证据及理由，申请评定"。事实、证据及理由需同时具备同一性，才有一事不再理原则的适用，所以申请之主张，如为不同事实或不同理由，或为同一事实、理由但证据不同的，此时没有一事不再理原则之适用。同一事实、同一证据及同一理由，应当如何判断，实务上认为应以内容及待证事项，实质上是否相同等事项加以审查，不得仅拘泥于形式是否同一，换言之，纵然证据资料形式上有所不同，但其内容实质上仍属同一的，应当认定为同一证据。❸ 台湾地区

---

❶ 宋英辉、李哲. 一事不再理原则研究 [J]. 中国法学, 2004 (5): 131.
❷ 陈瑞华. 刑事审判原理论 [M]. 北京: 北京大学出版社, 1997: 196.
❸ 汪渡村. 商标法论 [M]. 台北: 五南图书出版公司, 2008: 215.

"行政法院"1983年判字第648号判决认定"……所谓同一证据系指具有同一性之证据而言,纵证据资料本身不同,而其内容实质上同一,例如甲刊物记载之内容与乙刊物记载之内容实质上相同,仍属同一证据……。盖所谓同一证据若解为同一形式内容之证据资料,则任何事件(不论司法事件或行政事件)于确定后,基于法之安定性,不得再持以争执,乃系当然之理,无待法律明文之规定。而'商标法'第59条乃系对于商标事件评定之评决确定后为防止持凭实质相同形式不同之证据,反复请求评定,影响商标权之安定而设之规定,故认定证据之是否同一,应审查其内容实质上是否相同,不得拘泥于其形式是否同一。"

2013年《商标法》没有规定一事不再理原则,但是2014年《商标法实施条例》第62条规定,"申请人撤回商标评审申请的,不得以相同的事实和理由再次提出评审申请。商标评审委员对商标评审申请已经作出裁定或者决定的,任何人不得以相同的事实和理由再次提出评审申请。但是经不予注册复审程序予以核准注册后向商评委提起宣告注册宣告无效的除外。"❶

笔者认为,"对于当事人提出的事实和理由与已决案件中的事实和理由是否相同,应当进行实质审查,而不仅仅是形式审查。❷ '事实'是指与当事人引为法律依据的实体法规范直接对应的构成要件事实,或者说是当事人据以要求获得救济的概括性事实,是产生法律效果的总体事实;'理由'是指当事人据以请求支持其评审申请的实体法律依据,以及当事人结合案件事实与法律规定所提出的基本主张。事实是在案件中需要当事人证明的对象,它一般不同于证明案件事实的一个个证据或一个个证据本身反映的事实。证据是证明手段,是用来证明案件事实的,证明对象和证明手段不同。新证据与新事实不同,应明确区分。"

在"采乐CAILE"商标案中,强生公司在三次申请评审中主张的其引证商标

---

❶ 本条修改自原条例第35条。第35条规定:"申请人撤回商标评审的,不得以相同的事实和理由再次提出评审申请;商标评审委员会对商标评审申请已经作出裁定或者决定的,任何人不得以相同的事实和理由再次提出评审申请。"

❷ 中国知识产权指导案例评注编委会. 中国知识产权指导案例评注[M]. 北京:中国法制出版社,2011:681.

是已为公众知悉的商标或者驰名商标、两商标共存易产生混淆，就属于上述"事实"；而强生公司所提交的各种相关证据，是要证明该事实的。而新的事实应该是以新证据证明的事实，而新证据应该是在裁定或者裁定之后新发现的证据，或者确实是在原行政程序中因客观原因无法取得或者在规定的期限内不能提供的证据。但是强生公司在第三次评审中提交的证明引证商标在1997年之前使用情况的审计报告和检测报告形成的时间虽然是在2004年，但是证明的是1997年前的事实，在前两次评审时相关资料均存在，所以不属于法律意义上的新证据。而通过对比强生公司的三次申请评审的事实和理由，发现其实质上相同。第三次评审中申请所主张的混淆误认、驰名商标的事实并非新的事实，在前两次申请中均已经提出过，商评委已经对此进行过实质审理。第三次评审申请所提出的法律依据与前两次相比，虽然有商标法修改前后条纹的区别，但是均有对应关系，所以强生公司在第三次评审申请中提出的理由与前两次实质上相同。因此，法院认定商评委的第二次受理和裁定已经不当，其第三次受理以同样的事实和理由提出的撤销争议商标申请并做出撤销争议商标的裁定，违反了一事不再理原则。❶

实践中适用一事不再理原则的情形有以下两种。

1. 撤回申请系申请人真实意思表示

在"北七家陈氏骨科"商标案中，原告主张被告商评委裁定违反"一事不再理"原则，属程序违法。一审法院认为，"虽然被告针对本案争议，曾依据2009年10月20日提交的有"陈某甲、陈某乙"署名的书面撤案申请，于2009年11月23日做出结案通知书，但在争议申请人明确表示上述撤案申请并非其真实意思表示，而是存在伪造嫌疑的情况下，被告追回本案的终结程序，重新对本案进行评审并无不当。由于并无证据证明2009年10月20日的书面撤案申请确为陈某甲、陈某乙的真实意思表示，而陈某乙又明确声明上述撤案申请并非其真实意思表示，故2009年10月20日的书面撤案申请无法视为有效的撤回，被告系针对陈某甲、陈某乙于2005年5月20日提出的争议申请，而非新的争议申请

---

❶ 最高人民法院（2008）行提字第2号。

作出的本案裁定。"❶ 该案不属《商标法实施条例》第 35 条所称的"申请人撤回商标评审申请的，不得以相同的事实和理由再次提出评审申请"，被告程序不构成违法。

2. 申请撤销的理由貌似不同，但实质上仍相同，适用一事不再理原则

在具体案件审理时，商评委、法院应当根据法律规定，结合证据对当事人的申请事由进行实质性审查。在"大厨"商标案中，申请人于 2001 年所提争议主要事实及理由涉及《商标法》第 13 条和第 31 条规定（相对撤销理由），但现以争议商标通过不正当手段恶意注册为由，依据《商标法》第 41 条第 1 款规定再次提出争议申请（绝对撤销事由）。商评委认为该条所指以其他不正当手段系指《商标法》第 13 条、第 15 条和第 1 条等规定之外，却有充分证据证明争议商标注册人明知或应知为他人在先使用的商标而申请注册。但是被告经审查后认定，根据现有证据并不能证明诉争商标申请人通过不正当手段获取商标注册，并且本质上前后两案所提证据所需要证明的是诉争商标侵犯在先权等权利，且原告在该案中用以证明争议商标系以不正当手段取得注册的事实于 2001 年所提争议案基本相同，并无新的证据，符合一事不再理原则的规定。❷ 被告此一观点也为法院判决所确认。

在"宝 A8 馬"商标案中，本案原告先后以相对事由（2000 年）和绝对事由（2008 年）为由申请撤销诉争商标（本案与前案有类似之处，当事人之所以以两种不同的事由提出申请，是因为以绝对事由提请撤销的没有 5 年除斥期间的限制，所以申请人一般在以相对事由申请撤销诉争商标失败后，就会寻找以后者为理由申请撤销诉争商标），商评委也做出了两次裁定，且前一裁定已经发生法律效力。法院认为，"商评委对争议商标是否违反商标法第 13 条第 2 款的规定进行了审理并作出裁定，且该裁定业已发生法律效力。虽然在本案中原告宝马公司提交的用以证明其商标驰名的证据与第 24588 号裁定中涉及的证据有所不同，但

---

❶ 北京市一中院（2012 一中知行初字第 172 号）。
❷ 北京市一中院（2010）一中知行初字第 2537 号。

是所欲证明的事实仍为其商标驰名的事实，其理由也仍然是争议商标的注册违反了《商标法》第13条第2款的规定，故宝马公司在该案中提出的撤销争议商标注册的申请与商评委作出的第24588号裁定时所针对的申请，均是基于相同的事实和理由，故原告的申请违反了《商标法实施条例》（2002）第35条有关一事不再理原则的规定。"❶

但是如果证据证明的内容、对象不同，不适用一事不再理原则。北京市一中院在（2010）一中知行初字第1767号判决中认为："……〔2006〕第3163号异议复审裁定书中的证据用以证明相关企业使用'益母草'文字的目的就是为了描述产品的原料特点，以及在卫生巾等产品中添加益母草成分已成为行业惯例。而第6049号裁定中的证据用以证明益母草为一种虫草药，争议商标文字使用'益母草'不但表明了产品的原料特点，还进一步表明了功能。因此两裁定所涉及的并非基于同样的事实和理由。"❷

三、商标重审裁决中的若干问题

在商标行政诉讼中，法院若认为商评委的裁决违反法律法规的规定，在撤销被诉裁决的同时，一般都会责令其重新做出裁决。法院不会直接判决商标有效或者无效，否则就将干预行政机关对行政权的行使。❸ 商评委根据法院的这一生效履行判决做出的即为重审裁决。而这也将导致原商标确权裁决自始不生效。

（一）商标重审裁决的类型

笔者根据现实案例，将重审裁决按照所涉及的内容划分为以下类型。

---

❶ 该案经过北京市一中院和高院两级法院审理。字号分别为（2011）一中知行初字第139号和（2011）高行终字第1414号。
❷ 案件来源北大法宝，【法宝引证码】CLI.C.292781.
❸ 在专利无效案件中，法院的权力似乎要大一些，在很多案例中，法院在宣布撤销专利复审委员会的决定时，会直接宣布某项专利有效抑或无效。

1. 实体性重审裁决

其是指法院未对全案的实体性问题做出决定，而将一部分问题留待商评委裁决。出现实体性裁决的原因有以下两种。

第一，未对当事人提交的证据进行全面评述，在"宝珀BANBOR"商标争议案中，二审法院就认为不能代替商评委对其没有评述的证据和认定的事实进行审查和确认，因此在商评委未全面评述该案证据的情况下，原审法院不能超越权限进行审理，其所作判令商评委重新做出裁定的判决，系执行法律规定所产生的必然结果，并无不当；商评委关于原审判决未对该案实质争议进行全面审理、当事人的争议未得到及时有效解决以及引发循环诉讼的上诉理由不能成立。❶

第二，商标裁决因程序违法被撤销。法院此时一般只对程序性违法做出评价，对实体性问题不做评论。如在"港城快讯GANGCHENGKUAIXUN及图"商标案中，商评委不能举证证明当事人收到案件相关材料，在该事实存在争议的情况下，法院认定由商评委承担举证不能的不利后果，据此认定商评委的裁定程序不合法，进而对实体问题不予评述。❷ 此时商评委在重审裁决中，需要弥补其程序性违法这一事实，但是对实体问题是否必须进行审查？对此，有法官认为，商评委裁决被撤销的原因在于其程序违法，而非实体认定有误，商评委只需对在先判决中的程序问题补正即可，无须对实体问题进行审查，也因为重审程序非新的争议申请程序。❸ 对此笔者认为，前述观点值得商榷。因为商评委需要弥补某一程序，如重新进行质证、对答辩材料重新送达等，但并不仅限于弥补，其结果必然是对当事人的重新质证、答辩所提出的请求进行考虑重新做出裁决，即使与在先裁决结果相同。

2. 程序性重审裁决

其是指法院已经对全案包括程序性问题和实体问题进行了审理，从而推翻了商评委的裁定，后者需要根据法院判决中的实体问题决定，做出裁决。在通常情

---

❶ 北京市高院（2011）高行终字第639号。
❷ 北京市高院（2014）高行终字第61号。
❸ 北京市高院（2012）一中知行初字第269号。

况下，商评委的裁决更多具有程序性，对实体问题的认定没有裁量权。如在"拳王 QUANWANG 及图"商标争议案中，商评委在对证据审查的基础上，认定引证商标构成驰名商标及争议商标构成抢注他人商标和侵犯他人在先著作权，裁定争议商标撤销，❶ 该裁定被一审法院维持。❷ 但是二审法院却认为，现有证据不足以认定"争议商标的注册人在申请注册争议商标时或之前实际接触了益华公司主张在先著作权的作品，且在益华公司主张著作权的作品公开之前，已有相同或相似的作品发表于公开出版发行的《广州青年报》"。❸ 因而二审法院认定一审判决和商评委认定损害在先著作权缺乏事实依据，争议商标与引证商标不构成近似商标。因此，二审法院撤销了一审法院和商评委的裁决，并责令商评委重新做出裁定。商评委根据二审判决认定，争议商标未损害益华公司的著作权，也不构成恶意抢注行为，因而裁定维持了争议商标。该案例显示，商评委重审裁决仅仅是执行二审法院的实体裁决决定。概言之，法院通过商评委的裁定实现了其实体决定，因为法院无权代替商评委做出商标是否有效的决定，但是其可以要求商评委按照法院的判决去做出决定。但是从纠纷解决的角度来说，该类型的案件完全可以由法院来对商标的有效性做出宣告，无须借商评委的裁决来达到目的，这样做可以减少当事人的讼累，解决诉讼资源，以免循环诉讼。❹

区分实体性裁决和程序性裁决意义在于在审理程序上对商评委要求不同：前者需要对实体问题进行审理，当然要求其按照新的争议案件重新进行全面审理；而对于后者法院已经对实体问题给出了答案，商评委可以从效率原则出发简单审理案件。

---

❶ 工商总局商标评审委员会商评字〔2009〕第 22600 号。
❷ 北京市一中院（2011）一中知行初字第 382 号。
❸ 北京市高院（2011）高行终字第 1035 号。
❹ 现实的案例显示，受重审裁定消极影响的一方当事人，必然会再提起诉讼，法院也会再受理。这样看往往是同一个案件循环进行诉讼，不利于法律秩序的稳定。

(二) 重审裁决中的合议组问题

1. 法院的观点——商评委重新审理时原合议庭人员是否可以参加

商评委根据法院生效判决重新审理时，应当重新组成合议组。❶ 但是对原合议组成员能否参加后来的新合议组，商标评审规则没有规定。对此，法院认为"首先，目前的法律、法规、规章等均未对商评委的重审程序作出具体的规定，亦未明确原合议组成员是否可以作为重审程序的合议组成员。其次，重审第402号裁定仅是依据生效判决确定的事实对生效判决的执行行为，无论合议组成员的组成如何，其结果是唯一且特定的，并不会影响到当事人的实体权利。因此，本案中，商评委另行组成合议组且合议组成员包含原裁定合议组成员的行为，均未违反法律规定……"❷ 但是，商评委认为涉诉裁定违法，主动撤销原裁定，重新做出裁定时，是否需要另行组成合议组。对此，法院认为"被告在此基础上纠正原裁定存在的程序性问题并做出新的裁定，其行为不同于人民法院经过审理判决发回重审的案件，也不存在应当组成新的合议组进行审理的法律依据和法理基础，原合议组在纠正原具体行政行为存在的错误的基础上做出新的裁定，未违反相关的法律规定，且没有损害当事人的合法权益。原告关于被告应当组成新的合议组进行审理的主张没有法律依据。"❸ 此种情况类似于法院依职权发现本法院出现了错误判决而主动启动审判监督程序，此时是否需要另行组成合议庭，答案是肯定的。理由就是为了防止先入为主的偏见。这就是程序的作用。因此，笔者认为商评委在上述情况下也应该另行组成合议组。

2. 笔者的观点——区分重审裁决类型而定

实体性重审裁决的对象是实体问题，其结果将会是宣告商标有效还是无效，因此其结果对当事人权利具有实质影响，因此笔者认为其程序需要按照一个新案

---

❶ 根据新《商标评审规则》第37条的规定，"商标评审决定、裁定经人民法院生效判决撤销的，商评委应当重新组成合议组，及时审理，并作出重审决定、裁定"。
❷ 北京市一中院（2011）一中知行初字第760号。
❸ 北京市一中院（2005）一中行初字第1060号。

件来审理；而对于程序性裁决，影响当事人实体权利的是法院判决，商评委只是执行法院判决，其行为不是影响当事人实体权利的最终要素，因此其审理程序可以简单化。有些案件中甚至可以不"按照《商标评审规则》所规定的程序重新进行审理"。❶

（三）商标重审裁决中的证据问题

笔者认为如何对待新证据或者商评委在重审裁决中是否可以接受新证据，应区分不同的裁决类型而不同。

首先，对于实体性裁决来说，因为商评委需要对该案中的实体性问题进行全面审查，而审查的依据当然是证据。为了避免行政资源的浪费，商评委在必要时可以要求当事人补充证据。对当事人在诉讼或者评审中主动提交的新证据应予以适当考虑。在"喜之郎及图"商标争议案中，商评委综合"喜之郎公司在评审阶段以及二审诉讼阶段提交的全部证据"，从而认定"喜之郎"商标为驰名商标，法院也认定，商评委"要求当事人在指定期限内补充相关证据并予以交换的做法符合《商标评审规则》的相关规定"。❷

其次，在诉讼中，当法院根据现有证据不能对某一实体问题做出确切的结论而发回商评委重新裁决时，后者可以要求当事人补充证据（或主动补充证据），但一般将补充证据的范围限定在法院未认定的或新发生的事实，当补充的证据从客观上对其相关主张进行补强或进一步印证，并影响案件实体结论时，在平衡维护行政行为稳定与保护当事人合法权益之间，商评委采信补充违反法定程序。❸笔者认为，有利于查清案件事实或影响案件实体结论是新证据采纳的最为核心的条件。❹

---

❶ 北京市一中院（2011）一中知行初字第760号。
❷ 北京市一中院（2012）一中知行初字第2426号。
❸ 孔庆兵. 特定情况下商标重新评审期间可对补充证据予以考虑 [N]. 中国知识产权报，2013-12-6（7）. 北京市高级人民法院知识产权庭. 北京法院商标疑难案件法官评述（2013）[M]. 北京：法律出版社，2014：121.
❹《商标评审规则》（2014）第37页。

最后，对于程序性裁决来说，如上所述，除非基于情势变更原则，一般不再接受当事人新证据，因为此时法院已经将实体结论确定，而这对商评委具有法律效力，其需要正确执行法律判决，不得随意推翻。

结　语

　　将商标确权裁决按照申请理由的不同划分为主观裁决和客观裁决，前者因公共利益侵犯而引起，后者因侵犯私权而引起，前者没有申请时间和申请人资格的限制，而后者刚好相反。

　　正是因为商标注册行为具有第三人效力，根据正当程序的要求，受其影响的第三人当然有权利就注册商标是否有效质疑，而申请国家知识产权局裁决。另外由于商标注册机关人员及资源的不足，其对注册商标的审查具有一定的局限性，这为引进公众审查制来辅助商标审查提供了理论支撑。这也是现代社会"参与式"行政、"合作式"行政这一新行政法模式在商标审查中的体现。

　　商标确权裁决需遵守个案审查原则，有其合理性基础，但是国家知识产权局（或法院）在坚持该原则的同时也应坚持商标审查的平等保护原则。实践中的案例显示不管是原商评委还是法院均未对申请人的类似请求予以一定的回应，增强确权裁决的说理是商评委针对当事人亟待解决的问题。

　　法院以及原商评委对商标确权裁决程序性瑕疵的态度值得进一步思考。法院一般将程序性瑕疵分为"程序性违法"和"程序性错误"，对于前者，法院一般撤销原行政裁决决定，而对于后者法院一般不予撤销。区分二者的标准主要在于是否对实体决定产生影响。这种以结果正确来论证程序的逻辑方式值得商榷。笔者认为程序性错误也构成对法定程序的违反，如侵犯他人质证权、申请回避权等，不能认为其不构成对实体结果的影响，就只是一种错误而已。但是这在一定程度上，是由于我国没有统一的行政程序法，欠缺对程序违法、程序性错误等概念的界定，也欠缺对可补正的行政程序的基本规定，导致实践中行政、司法对程序的选择权利较大。

参考文献

一、中文专著类

[1] 倪静. 知识产权仲裁机制研究[M]. 厦门：厦门大学出版社，2013.

[2] 张树义. 纠纷的行政解决机制研究——以行政裁决为中心[M]. 北京：中国政法大学出版社，2006.

[3] 孔祥俊. 商标与不正当竞争法——原理和判例[M]. 北京：法律出版社，2009.

[4] 中华人民共和国国家工商总局商标局、商评委. 中国商标战略年度发展报告（2011）[R]. 北京：中国工商出版社，2012.

[5] 中华人民共和国国家工商总局商标局、商评委. 中国商标战略年度发展报告（2012）[R]. 北京：中国工商出版社，2013.

[6] 中华人民共和国国家工商总局商标局、商评委. 中国商标战略年度发展报告（2013）[R]. 北京：中国工商出版社，2014.

[7] 李明德. 美国知识产权法（第二版）[M]. 北京：法律出版社，2014.

[8] 日本商标法[M]. 李扬，译. 北京：知识产权出版社，2011.

[9] [日] 森智香子，广濑文彦. 日本商标法实务[M]. 北京林达知识产权代理事务所译. 北京：知识产权出版社，2012.

[10] 汪渡村. 商标法论[M]. 台北：五南图书出版公司，2008.

[11] 杨海坤，章志远. 中国行政法基本理论理论研究［M］. 北京：北京大学出版社，2004.

[12] 张莉. 行政法教程［M］. 北京：对外经济贸易大学出版社，2010.

[13] 郭禾. 知识产权法（第三版）［M］. 北京：中国人民大学出版社，2009.

[14] 应松年. 行政法［M］. 北京：北京大学出版社，2010.

[15] 吴庚. 行政法之理论与实用（增订10版）［M］. 台北：三民书局，2008.

[16] 章剑生. 行政程序比较研究［M］. 杭州：杭州大学出版社，1997.

[17] 杨海坤，黄学贤. 中国行政程序法典化——从比较法角度研究［M］. 北京：法律出版社，1999.

[18] 皮纯协. 行政程序法比较研究［M］. 北京：中国人民公安大学出版社，2000.

[19] 王锡锌. 行政程序法理念与制度研究［M］. 北京：中国民主法制出版社，2007.

[20] 张千帆. 西方宪政体系：美国宪法［M］. 北京：中国政法大学出版社，2000.

[21] 郎胜. 中华人民共和国商标法释义［M］. 北京：法律出版社，2013.

[22] 陈新民. 行政法学总论［M］. 台北：三民书局，2000.

[23] 王泽鉴. 民法总论［M］. 北京：北京大学出版社，2009.

[24] 陈敏. 行政法总论［M］. 台北：新学林出版有限公司，2011.

[25] 方世荣，邓佑文，谭冰霖. 参与式行政的政府与公众关系［M］. 北京：北京大学出版社，2013.

[26] 王名扬. 美国行政法［M］. 北京：中国法制出版社，2005.

[27] 姜明安. 行政法与行政诉讼法［M］. 北京：北京大学出版社，高等教育出版社，2011.

[28] 北京市高级人民法院知识产权庭. 北京法院商标疑难案件法官评述（2012）［M］. 北京：法律出版社，2013.

[29] 北京市高级人民法院知识产权庭. 北京法院商标疑难案件法官评述

(2011) [M]. 北京：法律出版社，2012.

[30] 北京市高级人民法院知识产权庭．北京法院商标疑难案件法官评述（第四卷）[M]．北京：法律出版社，2015.

[31] 文学．商标使用与商标保护研究 [M]．北京：法律出版社，2008.

[32] 城仲模．行政法之一般法律原则（一）[M]．台北：三民书局，1997.

[33] 城仲模．行政法之一般法律原则（二）[M]．台北：三民书局，1999.

[34] 北京市高级人民法院知识产权庭．北京市高级人民法院知识产权审判新发展（2006~2011）[M]．北京：知识产权出版社，2012.

[35] 马怀德．行政诉讼原理 [M]．北京：法律出版社，2003.

[36] 中国知识产权指导案例评注编委会．中国知识产权指导案例评注（第四辑）[M]．北京：中国法制出版社，2013.

[37] 《最高人民法院知识产权审判案例指导》编委会．最高人民法院之产权审判案例指导（第二辑）[M]．北京：中国法制出版社，2010.

[38] 中国知识产权指导案例评注编委会．中国知识产权指导案例评注 [M]．北京：中国法制出版社，2011.

[39] 北京市第一中级人民法院知识产权庭．商标确权行政审判疑难问题研究 [M]．北京：知识产权出版社，2008.

[40] 陈锦川．商标授权确权的司法审查 [M]．北京：中国法制出版社，2014.

[41] 周云川．商标授权确权诉讼 [M]．北京：法律出版社，2014.

[42] 孔祥俊．最高人民法院知识产权司法解释理解与适用 [M]．北京：中国法制出版社，2012.

[43] 郑玉波．民法债编总论 [M]．北京：中国政法大学出版社，2004.

[44] 郑玉波．民法总则 [M]．北京：中国政法大学出版社，2003.

[45] 史尚宽．债法总论 [M]．北京：中国政法大学出版社，2000.

[46] 齐晓琨．德国新、旧债法比较研究——观念的转变和立法技术的提升 [M]．法律出版社，2006.

[47] 德国民法典 [M]．陈卫佐，译注．北京：法律出版社，2006.

[48] 卞耀武. 中华人民共和国商标法释义 [M]. 北京：法律出版社，2002.

[49] 郑玉波. 民法债编总论 [M]. 北京：中国政法大学出版社，2004.

[50] 孔祥俊. 反不正当竞争法新论 [M]. 北京：人民法院出版社，2001.

[51] 孟玉. 人身权的民法保护 [M]. 北京：北京出版社，1988.

[52] 杨立新. 人身权法论 [M]. 北京：中国检察出版社，1996.

[53] 江平. 法人制度论 [M]. 北京：中国政法大学出版社，1994.

[54] 刘春田. 知识产权法 [M]. 北京：高等教育出版社，北京大学出版社，2002.

[55] 姜明安. 行政法与行政诉讼法 [M]. 北京：北京大学出版社，高等教育出版社，2011.

[56] 徐继敏. 行政程序证据 [M]. 北京：法律出版社，2011.

[57] 徐继敏. 行政证据通论 [M]. 北京：法律出版社，2004.

[58] 徐继敏. 行政程序证据规则与案例 [M]. 北京：法律出版社，2011.

[59] 陈瑞华. 刑事诉讼的前沿问题 [M]. 北京：中国人民大学出版社，2005.

[60] 陈瑞华. 刑事证据法学 [M]. 北京：北京大学出版社，2012.

[61] 陈瑞华. 问题与主义之间——刑事诉讼基本问题研究法 [M]. 北京：中国人民大学出版社，2003.

[62] 陈瑞华. 刑事审判原理论 [M]. 北京：北京大学出版社，1997.

[63] 吴东都. 行政诉讼举证责任理论与判决之研究 [M]. 台北："司法院"印行，2002.

[64] 张卫平. 诉讼构架与程式——民事诉讼的法理分析 [M]. 北京：清华大学出版社，2000.

[65] 刘善春，毕玉谦，郑旭. 诉讼证据规则研究 [M]. 北京：中国法制出版社，2001.

[66] 刘善春. 行政法学模板教程 [M]. 北京：中国政法大学出版社，2013.

[67] 卞建林. 证据法学 [M]. 北京：中国政法大学出版社，2002.

[68] 刘金友. 证据法学 [M]. 北京：中国政法大学出版社，2001.

［69］陈朴生．刑事诉讼法实务［M］．台北：海天印刷厂有限公司，1981．

［70］北京市高级人民法院知识产权庭．北京市高级人民法院知识产权疑难案例要览（第一辑）［M］．北京：中国法制出版社，2014．

［71］公丕祥．法理学［M］．上海：复旦大学出版社，2002．

［72］张卫平．程序公正实现中的冲突与衡平［M］．成都：成都出版社，1993．

二、中文论文类

［1］徐琳．2013年商标评审案件行政诉讼情况汇总分析［J］．中华商标，2014（8）．

［2］王维连．新中国商标评审制度的沿革与思考［J］．工商行政管理，2004（19）．

［3］候淑雯．商标评审委员会的准司法性［J］．知识产权，2005（2）．

［4］何训班．中国商标评审制度30年［J］．中国工商管理研究，2012（8）．

［5］叶挺舟．商标法上在先权救济机制的质疑与重构［J］．四川理工学院学报·社会科学版，2013（5）．

［6］史新章．我国商标评审法律制度的历史、现状与制度完善［J］．知识产权2011（5）．

［7］王晔．论公示公信原则与知识产权保护［J］．知识产权，2001（5）．

［8］孔祥俊．商标的标识性与商标权保护的关系［J］．人民司法，2009（15）．

［9］刘春田．民法原则与商标立法［J］．知识产权，2010（1）．

［10］阳平．商标行政行为是一种"备案"［J］．中华商标，2004（7）．

［11］杜颖、王国立．知识产权行政授权及确权行为的性质解析［J］．法学，2011（8）．

［12］关保英．社会变迁中行政授权的法理基础［J］．中国社会科学，2013（10）．

［13］杨解君．整合视野下的行政许可定位分析［J］．江海学刊，2001（4）．

[14] 李明德．驰名商标是对商誉的保护［J］．电子知识产权，2009（8）．

[15] 朱最新、曹延亮．行政备案的法理界说［J］．法学杂志，2010（4）．

[16] 王红建．行政事实行为概念考［J］．河北法学，2009（7）．

[17] 郭勇．行政审批概念的反思［J］．机构与行政，2014（2）．

[18] 张恩蓉．非行政许可审批现象初探［J］．求索，2013（3）．

[19] 周怡萍．"非行政许可审批"内涵刍议［J］．人大研究，2010（10）．

[20] 金亮新，杨海坤．正当行政程序研究［J］．理论月刊，2008（2）．

[21] 季卫东．程序比较论［J］．比较法研究，1993（1）．

[22] 金伟峰．我国无效行政行为制度的现状、问题与建构［J］．中国法学，2005（1）．

[23] 苗连营．试论行政行为公定力之有限性［J］．河南社会科学，2004（1）．

[24] 王锡锌．行政行为无效理论与相对人抵抗权［J］．法学，2001（10）．

[25] 陈铭聪．我国台湾地区"行政程序法"立法争议问题研究［J］．甘肃行政学院学报，2012（2）．

[26] 莫于川．公众参与潮流和参与式行政法制模式［J］．国家检察官学院学报，2011（4）．

[27] 王青斌．论参与有效性的提高［J］．政法论坛，2012（7）．

[28] 刘莘，金成波．参与式行政：一种新型的行政法制模式［J］．江淮论坛，2013（6）．

[29] 王锡锌．我国行政决策模式之转型——从管理主义模式到参与式治理模式［J］．法商研究，2010（5）．

[30] 周波．商标知名度的认定与商事主体的历史传承［J］．人民司法，2011（8）．

[31] 罗晓霞．商标权的双重属性及其对商标法律制度变迁的影响［J］．知识产权，2012（5）．

[32] 蒋利玮．商标个案审查原则评析［J］．电子知识产权，2009（12）．

[33] 北京市高院知识产权庭．北京市高级人民法院2009年商标案件审判新发展［J］．中国专利与商标，2010（3）．

[34] 张小玲. 诉判同一原则理论与实践之评析 [J]. 法商研究, 2006 (3).

[35] 曹坚, 樊彦敏. 公诉案件差异问题研究——以某检察院五年来公诉判决案件情况为例 [J]. 中国刑事法杂志, 2012 (5).

[36] 薛刚凌. 行政诉讼法修订基本问题之思考 [J]. 中国法学, 2014 (3).

[37] 张旭勇. 行政诉讼维持判决制度之检讨 [J]. 法学, 2004 (1).

[38] 邓刚宏. 行政诉讼维持判决的理论基础及其完善 [J]. 政治与法律, 2009 (4).

[39] 杨桦, 张显伟. 行政诉讼维持判决制度之维护, [J]. 法学杂志, 2010 (4).

[40] 李雨峰. 寻求公平与秩序：商标法上的共存制度研究 [J]. 知识产权, 2012 (6).

[41] 薛洁. 商标共存制度初探 [J]. 电子知识产权, 2010 (8).

[42] 应苏楚. 消费者认知决定"共存协议" [J]. 中华商标, 2007 (12).

[43] 孔祥俊. 关于《审理商标授权确权行政案件若干问题的意见》的理解与适用 [J]. 人民司法, 2010 (11).

[44] 韩强. 情势变更原则的类型化研究 [J]. 法学研究, 2010 (4).

[45] [德] 卡斯腾·海尔斯特尔, 许德风. 情事变更原则研究 [J]. 中外法学, 2010 (4).

[46] 迟晓燕. 情事变更原则原则在行政诉讼中的适用——以商标行政诉讼为视角 [J]. 中国检察官, 2014 (1).

[47] 阳贤文. 商标许可中利益分享理论探析 [J]. 中南大学学报·社会科学版, 2015 (6).

[48] 马波. 制度语境与法律概念功能的界定路径分析 [J]. 内蒙古社会科学, 2014 (2).

[49] 李华. 我国商号保护的立法检讨及其完善 [J]. 商业研究, 2009 (9).

[50] 张元. 商号法律保护问题研究 [J]. 法律适用, 2006 (9).

[51] 朱冬. 商号权效力地域限制质疑 [J]. 知识产权, 2012 (2).

[52] 周波. 商标知名度的认定与商事主体的历史传承 [J]. 人民司法, 2011 (8).

[53] 李明德. 论作品的含义 [J]. 甘肃社会科学, 2012 (4).

[54] 卢海君. 论作品的原创性 [J]. 法制与社会发展, 2010 (2).

[55] 戴怡婷. 再论广告语的显著性判断 [J]. 中华商标, 2013 (9).

[56] 徐琳. 商标图样的著作权保护之困境与出路 [J]. 电子知识产权, 2014 (11).

[57] 李国良, 寿仲良等: 实质性相似加接触的侵权标准判断 [J]. 人民司法, 2010 (16).

[58] 许波. 著作权保护范围的确定及实质性相似——以历史剧本类文字作品为视角 [J]. 知识产权, 2012 (2).

[59] 卢修敏. 对知名商品特有名称不宜进行专用保护 [J]. 法学, 1996 (5).

[60] 郭寿康. 对"哈啤"案的几点思考——兼论商品特有名称的法律性质及其保护 [J]. 政法论丛, 2005 (5).

[61] 沈福俊. 论行政证据中的若干法律问题 [J]. 法商研究, 2004 (1).

[62] 藏宝清. 商标争议期限的法律性质 [J]. 中华商标, 2006 (9).

[63] 徐春成. 再议商标争议期限的法律性质 [J]. 中华商标, 2006 (12).

[64] 吴新华."惠爾康"商标争议案例评析与思考 [J]. 中国工商行政管理研究, 2007 (9).

[65] 王磊. 太阳神争夺案始末 [J]. 中华商标, 2007 (2).

[66] 吴新华. 商标评审案件的公开评审 [J]. 中国工商管理研究, 2004 (1).

[67] 胡刚等. 申请回避告知义务在商标评审程序中的适用 [J]. 中华商标, 2012 (8).

[68] 徐继敏. 行政裁决证据规则初论 [J]. 河北法学, 2006 (4).

[69] 徐继敏. 试论行政处罚证据制度 [J]. 中国法学, 2003 (2).

[70] 徐继敏. 美国行政程序规则分析 [J]. 现代法学, 2008 (1).

[71] 刘善春. 论行政程序举证责任 [J]. 政法论坛, 2009 (4).

[72] 陈楠楠. 知情同意书在医疗诉讼中的法律适用 [J]. 经营与管理, 2014 (6).

[73] 郭华. 口供补强证据规则研究 [J]. 甘肃政法学院学报, 2004 (3).

[74] 谢佑平, 万毅. 一事不再理原则重述 [J]. 中国刑事法杂志, 2001 (3).

[75] 赖宇, 董琳. 论一事不再理原则 [J]. 法制与社会发展, 2003 (5).

[76] 宋英辉, 李哲. 一事不再理原则研究 [J]. 中国法学, 2004 (5).

[77] 茆荣华, 洪波. 宏观调整背景下房屋买卖纠纷若干法律问题探析 [J]. 法学, 2006 (9).

三、学位论文类

[1] 何磊. 行政诉讼调解制度研究 [D]. 北京：中国政法大学, 2014.

[2] 曲彤彤. 注册商标无效制度问题研究 [D]. 上海：华东政法大学, 2014.

[3] 安娜. 我国驰名商标权行政法保护制度研究 [D]. 上海：复旦大学, 2010.

[4] 王智斌. 行政特许的私法分析 [D]. 重庆：西南政法大学, 2007.

[5] 姜雪. 行政备案的概念及法律属性分析 [D]. 北京：中国政法大学, 2011.

[6] 金亮新. 正当行政程序原则研究 [D]. 苏州：苏州大学, 2009.

[7] 刘雨婷. 我国非诉行政执行听证制度研究 [D]. 长春：吉林大学, 2011.

[8] 黄臻臻. 论民事纠纷的行政裁决 [D]. 厦门：厦门大学, 2007.

[9] 邓刚宏. 行政诉判关系的逻辑及其制度建构 [D]. 武汉：武汉大学, 2009.

[10] 孔军. 禁止双重危险原则及其在我国的确立 [D]. 北京：中国社会科学院研究生院, 2012.

[11] 张昕. 比较法视野下的情事变更原则考察 [D]. 北京：中国政法大学, 2009.

[12] 肖晓宁. 论情势变更原则的适用 [D]. 北京：首都经贸大学, 2010.

[13] 张钰梅. 注册商标损害在先姓名权法律问题研究 [D]. 上海：华东政法大学, 2012.

[14] 苏隆惠. 论民事集中审理之发展趋势——以审前程序为中心 [D]. 上海：中国政法大学，2006.

[15] 李继业. 程序基本权及其在民事诉讼中的保障 [D]. 保定：河北大学，2005.

[16] 尚华. 论质证 [D]. 北京：中国政法大学，2011.

[17] 王瑜娟. 行政程序证据质证规则 [D]. 北京：中国政法大学，2009.

[18] 肖建国. 论刑事诉讼中的一事不再理原则 [D]. 成都：四川大学，2005.

四、外文译著类

[1] [美] 墨杰斯，等，新技术时代的知识产权法 [M]. 齐筠，等译. 北京：中国政法大学出版社，2013.

[2] [英] 彼得·莱兰，戈登·安东尼：英国行政法教科书 [M]. 杨伟东，译. 北京：北京大学出版社，2007.

[3] [德] 毛雷尔，行政法学总论 [M]. 高家伟，译. 北京：法律出版社，2000.

[4] [美] 肯尼思·F. 沃伦，政治体制中的行政法 [M]. 王丛虎，等译. 北京：中国人民大学出版社，2005.

[5] [日] 兼子一，等，民事诉讼法 [M]. 白绿炫，译. 北京：法律出版社，1995.

[6] 日本民事诉讼法 [M]. 白绿炫，编译. 北京：中国法制出版社，2000.

[7] 法国新民事诉讼法典 [M]. 罗结珍，译. 北京：中国法制出版社，1999.

[8] [英] 施米托夫. 国际贸易法文选 [M]. 赵秀文，选译. 北京：中国大百科全书出版社，1993.

[9] [德] 汉斯·J. 沃尔夫，奥托·巴霍夫，罗尔夫·施托贝尔. 行政法（第二卷）[M]. 高家伟，译. 北京：商务印书馆，2002.

[10] [德] 埃贝哈德·施密特－阿斯曼，等. 德国行政法读本 [M]. 于安，译.

北京:高等教育出版社,2006.

[11] [英]韦德.行政法[M].徐炳,等译.北京:中国大百科全书出版社,1997.

[12] [德]约阿希姆·赫尔曼.德国刑事诉讼法典[M].李昌珂,译.北京:中国政法大学出版社,1995.

[13] 余叔通.法国刑事诉讼法典[M].谢朝华,译.北京:中国政法大学出版社,1997.

[14] 意大利刑事诉讼法典[M].黄风,译.北京:中国政法大学出版社,1994.

[15] [日]田口守一.刑事诉讼法[M].刘迪,等译.北京:法律出版社,2000.

五、外文类

[1] Gary Lawson. *Federal Law*, West Publishing Co, 2009.

[2] David C. Hilliard, Joseph Nye Welch, Uli Widmaier. *Trademarks and unfair competition : documentary supplement*, LexisNexis, 2014.

[3] David W. Barnes, Seton. *Trademark and unfair competition law : cases and problems in an intellectual property context*, Wolters Kluwer Law & Business, 2014.

[4] J. Thomas McCarthy. *McCarthy on trademarks and unfair competition*, Clark Boardman Callaghan, 1992.

[5] Ilanah Simon Fhima. *Trade mark law and sharing names : exploring use of the same mark by multiple undertakings*, Northampton, MA : Edward Elgar, 2009.

[6] Alfred C. Aman Jr., William T. Mayton. *Administrative law*. West Academic Publishing, 2014.

[7] Daniel L. Feldman. *Administrative law : the sources and limits of governmental agency power*, SAGE, c2016.

[8] Stanley A. Reigel, P. John Owen. Administrative law : the law of government agencies, Ann Arbor, Science, 1982.

[9] Daniel J. Gifford. *Administrative law*: *cases and materials*, LexisNexis, 2010.

[10] Jessica Litman, *Real Copyright Reform*, 96 Iowa Law Review 2010 (1).

六、网络及其他类

[1] 国家工商总局商标评审委员会法务通讯：《2014年商标评审案件行政诉讼情况汇总分析》，2015年第2期（总第66期），http://www.saic.gov.cn/spw/cwtx/201508/t20150827_161111.html. [EB/OL]，2015-10-2.

[2] 国家工商行政管理总局商标评审委员会法务通讯：《2013年商标评审案件行政诉讼情况汇总分析》，2014年第2期（总第63期），http://www.saic.gov.cn/spw/cwtx/201407/t20140731_147222.html [EB/OL]，2015-10-2.

[3] 国家工商行政管理总局商标评审委员会法务通讯：《2012年商标评审案件行政诉讼情况汇总分析》，2013年第1期（总第60期），http://www.saic.gov.cn/spw/cwtx/201304/t20130427_134815.html [EB/OL]，2015-10-2.

[4] 国家工商行政管理总局商标评审委员会法务通讯：《2011年商标评审案件行政诉讼情况汇总分析》，2012年第2期（总第57期），http://www.saic.gov.cn/spw/cwtx/201206/t20120618_127134.html [EB/OL]，2015-10-2.

[5] 国家工商行政管理总局商标评审委员会法务通讯：《2012年1-6月份商标评审案件行政诉讼情况汇总分析》，2012年第4期（总第59期），http://www.saic.gov.cn/spw/cwtx/201209/t20120928_129949.html [EB/OL]，2015-10-2.

[6] 国家工商行政管理总局商标评审委员会法务通讯：《〈商标法〉第四十一条第二款中"恶意"的理解与适用》，2007年第7期（总第30期），http://www.saic.gov.cn/spw/cwtx/200904/t20090409_55219.html [EB/OL]，2015-10-2.

[7] 德国技术合作公司、中国国家行政学院：《联邦德国的宪法和行政法》.

[8] 李佳梅，杜梅：《"实质性相似加接触"是判定作品侵权的核心标准》ht-

tp://cdfy.chinacourt.org/article/detail/2013/10/id/1105837.shtml［EB/OL］，2014-12-10．

七、判决书及工商总局商评委裁定类

（一）最高院判决

［1］最高院（2016）最高法行申122号。

［2］最高院（2016）最高法行再7、8号。

［3］最高院（2015）行提字第4号。

［4］最高院（2015）知行字第368号、第71号、第265号、第3号、第266号、第185号、第24号、第74号、第88号。

［5］最高院（2014）知行字第14号、第33号、第35号、第60号。

［6］最高院（2014）行提字第2号、第30号。

［7］最高院（2013）行提字第23号。

［8］最高院（2013）知行字第42号、第81号、第108号。

［9］最高院（2012）行提字第22号。

［10］最高院（2012）知行字第16号、第18号、第38号、第60号、第64号。

［11］最高院（2011）知行字第37号、第59号。

［12］最高院（2010）知行字第52号、第55号。

［13］最高院（2008）行提字第2号。

（二）北京市高院判决

［1］北京市高院（2016）京行终第1939号、第1887号、第1593号、第2355号、第1765号、第1884号、第1974号、第1885号、第1397号、第2047号、第1397号、第1973号、第1783号、第1756号、第1969号。

［2］北京市高院（2015）高行（知）终字第75号、第1024号、第1025号、第1586号。

［3］北京市高院（2014）高行终字第61号、第384号、第395号、第486号、

第 536 号、第 631 号、第 709 号、第 711 号、第 792 号、第 1036 号、第 1044 号、第 1080 号、第 1175 号、第 1183 号、第 1396 号、第 1416 号、第 1519 号、第 1532 号、第 1935 号、第 1955 号、第 2246 号、第 2450 号、第 2895 号、第 3024 号、第 3880 号。

[4] 北京市高院（2013）高行终字第 456 号、第 509 号、第 515 号、第 635 号、第 878 号、第 883 号、第 921 号、第 959 号、第 1188 号、第 1812 号、第 1201 号、第 1450 号、第 1767 号、第 2277 号、第 2385 号。

[5] 北京市高院（2012）高行终字第 125 号、第 590 号、第 612 号、第 703 号、第 705 号、第 722 号、第 742 号、第 899 号、第 949 号、第 977 号、第 1038 号、第 1067 号、第 1237 号、第 1255 号、第 1420 号、第 1652 号、第 1826 号、第 1861 号、第 1884 号。

[6] 北京市高院（2011）高行终字第 124 号、第 338 号、第 346 号、第 532 号、第 639 号、第 664 号、第 670 号、第 723 号、第 822 号、第 873 号、第 957 号、第 961 号、第 1035 号、第 1126 号、第 1370 号、第 1432 号、第 1461 号、第 1496 号、第 1540 号。

[7] 北京市高院（2010）高行终字第 308 号、第 409 号、第 479 号、第 453 号、第 818 号、第 518 号、第 981 号、第 1116 号、第 1350 号、第 1387 号、第 1498 号、第 1503 号。

[8] 北京市高院（2009）高行终字第 8 号、第 120 号、第 467 号、第 1079 号、第 1415 号、第 1455 号。

[9] 北京市高院（2007）高行终字第 331 号。

[10] 北京市高院（2005）高行终字第 397 号。

（三）北京市一中院判决

[1] 北京市一中院（2014）一中知行初字第 1885 号。

[2] 北京市一中院（2013）一中知行初字第 894 号、第 1498 号、第 3239 号判决。

[3] 北京市一中院（2012）一中知行初字第 133 号、第 170 号、第 172 号、第

269号、第339号、第524号、第631号、第708号、第1120号、第1546号、第1631号、第1759号、第1976号、第2236号、第2285号、第2386号、第2426号、第2585号、第2713号、第2725号、第2982号。

［4］北京市一中院（2011）一中知行初字第55号、第139号、第382号、第562号、第649号、第661号、第760号、第787号、第1568号、第2272号。

［5］北京市一中院（2010）一中知行初字第121号、第232号、第364号、第403号、第1421号、第2487号、第2537号、第2549号、第2629号、第2710号、第2872号、第3310号、3650号。

［6］北京市一中院（2006）一中行初字第723号、第735号、第765号、第766号、第773号、第792号。

［7］北京市一中院（2005）一中知行初字第24号、第203号、第671号、第1060号、第1090号。

［8］北京市一中院（2004）一中行初字第692号。

（四）北京市知识产权法院判决

［1］北京市知识产权法院（2014）京知行初字第91号。

［2］北京市知识产权法院（2015）京知行初字第4929号、第5368号、第6519号、第3148、第3209号、第3906号、第5237号、第6382号、第1869号、第2981号、第5708号、第5384号、第6188号、第4929号。

［3］北京市知识产权法院（2016）京73行初第831号。

［4］北京市知识产权法院（2016）京73行初第615号。

［5］北京市知识产权法院（2015）京知行初字第6080号。

（五）国家工商总局商标评审委员会裁定

［1］国家工商总局商评委商评字（2014）第67230号。

［2］国家工商总局商评委商评字（2014）第65652号。

［3］国家工商总局商评委商评字（2013）第110521号。

［4］国家工商总局商评委商评字（2012）第4916920号。

［5］国家工商总局商评委商评字（2012）第 35457 号。
［6］国家工商总局商评委商评字（2012）第 08171 号。
［7］国家工商总局商评委商评字（2011）第 14987 号。
［8］国家工商总局商评委商评字（2010）第 1786195 号。
［9］国家工商总局商评委商评字（2009）第 22600 号。
［10］国家工商总局商评委商评字（2008）第 6757 号。
［11］国家工商总局商评委商评字（2004）第 6498 号。